Vom Fachexperten zum Wissensunternehmer

Wolfgang Reiber

Vom Fachexperten zum Wissensunternehmer

Wissenspotenziale stärker nutzen, die persönliche Wirksamkeit erhöhen

 Springer Gabler

Wolfgang Reiber
Frankfurt/Main, Deutschland

ISBN 978-3-8349-2414-8   ISBN 978-3-8349-3690-5 (eBook)
DOI 10.1007/978-3-8349-3690-5

Die Deutsche Nationalbibliothek verzeichnet diese Publikation in der Deutschen Nationalbibliografie;
detaillierte bibliografische Daten sind im Internet über http://dnb.d-nb.de abrufbar.

Springer Gabler
© Springer Fachmedien Wiesbaden 2013

Lektorat: Ulrike M. Vetter, Sabine Bernatz

Gedruckt auf säurefreiem und chlorfrei gebleichtem Papier

Springer Gabler ist eine Marke von Springer DE. Springer DE ist Teil der Fachverlagsgruppe Springer
Science+Business Media.
www.springer-gabler.de

Inhaltsverzeichnis

Für Katrin

Dank

Danken möchte ich Ulrike M. Vetter vom Springer Gabler Verlag für ihre große Geduld. Weil die letzten beiden Jahre für mich als Managementberater, Trainer und Coach ungewöhnlich arbeitsintensiv gewesen sind, musste ich sie immer wieder um Aufschub für die Fertigstellung dieses Buches bitten. Ich bin sehr froh, mit ihr eine nicht nur geduldige, sondern auch kompetente, freundliche und sehr entgegenkommende Partnerin auf der Verlagsseite zu haben.

Danken möchte ich auch Dr. Martin Seip, der während der ganzen Zeit meines Schreibens ein kritischer und konstruktiver Sparringspartner gewesen ist. Von ihm stammen viele Anregungen sprachlicher, struktureller und inhaltlicher Art, die mir immer wieder zusätzliche Arbeit beschert haben, die aber im Ergebnis das Buch deutlich besser werden ließen, als es ohne seine Unterstützung geworden wäre.

Weiterhin danke ich Bettina Quabius, die viele meiner Formulierungen lesbarer und verständlicher gemacht hat. Ohne sie wären manche Textpassagen deutlich verquaster und umständlicher geraten. Darüber hinaus verdanke ich auch Frau Quabius viele inhaltliche und strukturelle Anregungen.

Jasmin Cosentino hat alle Grafiken im Buch kreativ und engagiert erstellt und mir außerdem bei Formatierung und Layout geholfen. Vielen Dank dafür!

Dankbar bin ich auch meinem Freund und Firmenkollegen Stefan Hölscher. Auf seine unnachahmliche Weise hat er mich freundlich und hartnäckig immer wieder an meine zunächst sehr vage und gar nicht mit allzu viel Motivation aufgeladene Idee erinnert, ein Buch über Fachexperten zu schreiben. Ohne ihn wäre dieses Buch vermutlich nie zustande gekommen. Darüber hinaus habe ich sehr von seinen Ideen profitiert, insbesondere im zweiten Teil dieses Buches.

Bedanken möchte ich mich weiterhin bei den knapp 1.000 Teilnehmern meiner in unterschiedlichen Unternehmen bisher durchgeführten Seminare für Fachexperten sowie bei einigen Coachees, die mit meiner Unterstützung ihre Wirksamkeit im Unternehmen als Fachexperten steigern wollten. Aus kritischen Nachfragen und engagierten Diskussionen mit diesen Menschen habe ich viel gelernt.

Meine Tochter Katrin muss ebenfalls genannt werden. Ihr ist dieses Buch gewidmet. Sie ist wie ich Expertin für Personal- und Organisationsentwicklung und hat alle meine

Skripte sorgfältig gelesen. Danke für das Feedback! Aus ihrer Diplomarbeit über virtuelle Teams habe ich zusätzlich einiges lernen können.

Nicht zuletzt danke ich meiner Frau. Besonders in den letzten zwei Jahren „brummte das Geschäft", wie es so schön heißt. Und das Buchprojekt saugte oft die letzten verfügbaren freien Tage, Halbtage und Stunden auf. Vielen Dank, Rossy, dass Du diesen Umstand klaglos hingenommen hast und mich im Gegenteil immer wieder ermuntert und motiviert hast, weiterzuschreiben.

Vorüberlegungen

„Wenn wir wüssten, was bei uns im Unternehmen alles gewusst wird …"

Wussten Sie, dass die Quarz-Armbanduhr mit digitaler Anzeige in der Schweiz erfunden wurde, obwohl es vor allem *japanische* Unternehmen waren, die damit viel Geld verdienten und der Schweizer Uhrenindustrie fast den Garaus gemacht hätten?

Es ist sehr wahrscheinlich, dass genügend viele kluge Schweizer frühzeitig wussten oder zumindest ahnten, welche Märkte sich mit Digitaluhren erschließen ließen. Doch ihr – vielleicht intuitives – Wissen blieb ungenutzt, sie drangen in ihren Organisationen nicht durch. Für eine ganze Weile zogen es Schweizer Unternehmen vor, weiterhin auf ihre mechanische Exzellenz zu bauen. Alternative Techniken erschienen ihnen lediglich vorübergehende Modeerscheinungen zu sein.

Solche Beispiele sind nicht selten. In unseren Seminaren treffen wir häufig auf Mitarbeiter, die kopfschüttelnd davon berichten, welche letztlich ungenutzt gebliebenen Chancen und Möglichkeiten und welche tatsächlich eingetretenen Schwierigkeiten und Katastrophen sie für ihre Organisationen vorausgesehen haben – aber sie wurden nicht gefragt, blieben selbst passiv oder man hörte ihnen nicht zu. Allgemeiner ausgedrückt: Es ist eine wiederkehrende Erfahrung, dass ein erheblicher Teil des in einem Unternehmen vorhandenen Wissens ungenutzt bleibt. In den letzten Jahren haben wir insgesamt einige hundert Seminarteilnehmer – in der Regel Fachexperten – danach gefragt, inwieweit ihr Wissen bisher Eingang in die relevanten Entscheidungsprozesse ihres Unternehmens gefunden habe. Die groben Schätzungen „mit dem dicken Daumen" lagen meist zwischen zehn und 40 Prozent, selten höher. Wenn man das Verhältnis aus genutztem Wissen und prinzipiell vorhandenem relevanten Wissen als den *Nutzungsgrad des verfügbaren Wissens* beschreibt, liegt dieser also bei vielleicht 25 Prozent.

Natürlich ist diese Aussage sehr spekulativ. Der tatsächliche Wirkungsgrad des in einer Organisation potenziell verfügbaren Wissens lässt sich, wenn überhaupt, nur sehr schwer methodisch sauber ermitteln. Auch lässt sich leicht begründen, dass ein Wirkungsgrad von 100 Prozent praktisch unmöglich ist. Aber dennoch: Wenn in einer Organisation ca. 75 Prozent des für eine konkrete Entscheidung relevanten Wissens nicht genutzt werden, muss man von einer gewaltigen Verschwendung dieser Ressource sprechen. Umgekehrt: Wenn es gelingen würde, den Wirkungsgrad des im Unternehmen vorhandenen Wissens auch nur um fünf Prozent zu erhöhen, käme das vermutlich einem Quantensprung in der Unternehmensentwicklung gleich.

Sollte ein Unternehmen ein solches Ziel erfolgversprechend angehen wollen, müsste
es an mehreren, teilweise nicht leicht zugänglichen Stellhebeln ansetzen. Die wichtigsten
lassen sich unter den Gesichtspunkten „Organisation", „Technologie" und „Verhalten"
zusammenfassen.

Organisation: Gemeint sind die formalen und informellen Aspekte, die für den Einzelnen
einen Handlungsrahmen bilden und die das Zusammenspiel der Organisationsmitglieder
regeln. In unserem Zusammenhang geht es dabei u. a. um folgende Fragen:

Sind die gegebenen Strukturen und Prozesse sowie die maßgeblichen Strategien, Leit-
bilder, Programme und Routinen geeignet, diejenigen Personen tatsächlich zusammen-
zubringen, die sich zum Vorteil der Organisation austauschen sollten? Inwieweit werden
der Austausch und die Generierung von Wissen überhaupt gefördert? Ist das ein Wert an
sich? Wird das selbst initiierte Einbringen von Ideen und Wissensbeiträgen gewünscht
und belohnt? Erlaubt die Kultur die Einmischung in laufende Meinungsbildungs- und
Entscheidungsprozesse? Oder heißt es vielleicht „Bitte nicht stören", „Keine Experimen-
te", „Never change a running system" oder gar „Wissen ist Macht", sodass es sich lohnt,
separate Wissensinseln und Wissensmonopole auszubilden?

Technologie: Die Grundfragen lauten: Wie lässt sich relevantes Wissen digitalisieren und
in Datenbanken speichern? Mit welchen Werkzeugen lässt sich der Wissensaustausch
einfach, effizient und motivierend gestalten? Aktuelle Antworten darauf sind u. a. wissens-
basierte Systeme für das Daten- und Kommunikationsmanagement, Wissensplattformen
und Portale oder auch Social Software wie Weblogs und Wikis.

Zu Beginn der 1990er Jahre entstand mit Wissensmanagement eine neue Disziplin,
die sich zunächst intensiv mit Fragen der Wissensidentifikation und der Wissensspeiche-
rung beschäftigte. Die Erwartungen an die Möglichkeiten der modernen Technik waren
groß, die Resultate jedoch ernüchternd. Datenbänke blieben entweder leer, weil es nur
wenige Anreize gab, sie zu füllen, oder sie quollen vor allen möglichen unsortierten Inhalten über und wurden kaum genutzt. Nach Meinung vieler potenzieller Nutzer blieben sie
vor allem deshalb von geringem Wert, weil man das, was man gerade suchte, nicht finden
konnte oder weil man die Suchergebnisse vor ihrem Gebrauch zunächst einmal „verle-
bendigen", d. h. in die eigene Erfahrungswelt übersetzen und bezogen auf das jeweilige
Thema differenzieren, modifizieren und ergänzen musste. Das war oft mühselig, schwierig oder gar unmöglich. Heute ist die entsprechende Hard- und Software deutlich leistungsstärker und nutzerfreundlicher geworden und die technischen Möglichkeiten sind
sicher noch längst nicht ausgereizt. Dennoch scheint der spezifische Beitrag, den Technologie leisten kann, um den Nutzungsgrad des im Unternehmen vorhandenen Wissens zu
erhöhen, deutlich limitiert.

Verhalten im beruflichen Zusammenhang resultiert einerseits aus den Anforderungen,
die die Organisation ihren Mitgliedern stellt, und den prinzipiellen Möglichkeiten, die sie

ihnen gewährt. Andererseits resultiert das Verhalten aus der Motivation der Menschen, sich in die Organisation einzubringen, und zwar mit den Leistungs- und Handlungsmöglichkeiten, über die sie verfügen. Die ausdrücklichen oder stillschweigenden Verhaltenserwartungen bündeln sich in Rollen. Was soll wozu getan werden? In welcher Weise? Und welche Verantwortung ist damit verbunden? Rollenanforderungen sind selten völlig eindeutig und erlauben meistens Interpretations- und Gestaltungsspielräume. Dennoch ist neben der Akzeptanz die grundsätzliche Klarheit von Rollen für die Effektivität und Effizienz der Organisation enorm wichtig. In der Praxis beobachten wir demgegenüber oft erstaunliche Unklarheiten und Missverständnisse, die teilweise zu Irritationen, Verzögerungen, Doppelarbeiten, Enttäuschungen, Konflikten etc. führen.

In diesem Buch werden drei fundamentale Rollen unterschieden: die Rolle des Linienmanagers, des Projektleiters und des Fachexperten. Linienmanager sind Vorgesetzte aller Ebenen, vom Gruppenleiter bis zum Vorstandsvorsitzenden. Sie repräsentieren die Hierarchie. Mit Projektleitern sind die Leiter kleinerer Teilprojekte genauso gemeint wie die Leiter großer und komplexer Gesamtprojekte. Fachexperten sind hoch qualifizierte Sachbearbeiter. In formalen Expertenhierarchien werden sie auch als Senior Experts bzw. Chief Experts bezeichnet.

Über die Rolle des Linienmanagers (synonym im Folgenden auch als Führungskraft oder einfach nur als Manager bezeichnet) besteht heute weitgehend Einigkeit, auch wenn sie sich in Teilbereichen ständig verändert und differenziert. In den letzten 20 bis 30 Jahren wurden viele Modelle entwickelt, Erfahrungen ausgetauscht, Bücher geschrieben und Weiterbildungsveranstaltungen durchgeführt. In den meisten Organisationen gibt es auf dieser Grundlage klar beschriebene Entwicklungspfade und Führungslaufbahnen. Für die Rolle eines Fachexperten gilt das überwiegend nicht. Fachexperten (zum Beispiel Forscher und Entwickler, Qualitätsbeauftragte, Marketingspezialisten, Juristen, Controller oder Personalentwickler) haben oft nur ungefähre Vorstellungen von ihrer Funktion und Verantwortung und sehen den Unterschied zu Führungskräften vor allem im Hinblick auf Entwicklungschancen, Vergütung und Status. „Wir sind die Esel, auf deren Rücken die Manager reiten und ihre Erfolge erzielen", sagte einmal ein frustrierter Fachexperte in einem unserer Seminare. Damit sprach er auch die Frage der Wertigkeit an. Viele Fachexperten erleben sich gegenüber Führungskräften als Mitarbeiter zweiter Klasse, was zu Motivationsverlusten führen kann oder zum Bestreben, selbst in eine Führungslaufbahn einzusteigen. Im Erfolgsfall verliert das Unternehmen dann häufig einen hervorragenden Fachmann bzw. eine Fachfrau und gewinnt einen mittelmäßigen Manager.

Da ein Fachexperte wichtige Wissenspotenziale besitzt, die schon alleine wegen der globalen Marktverhältnisse immer wertvoller werden und geworden sind, kann er nicht grundsätzlich weniger wichtig sein als die Entscheider, mit denen er zusammenarbeitet. Sein betriebswirtschaftlicher Wert ist jedoch direkt davon abhängig, inwieweit sein spezifisches Wissen für seine Organisation nutzbar wird. An dieser Stelle kommt die Metapher des „Wissensunternehmers" ins Spiel.

Unternehmerisches Handeln heißt, im Kern zu wissen, was man will, sich mit Courage und Herzblut auf den Weg zu machen und unterwegs konsequent Chancen zu nutzen und Risiken abzumildern oder zu umgehen. Der Wissensunternehmer ist dabei im doppelten Sinne unterwegs: zum einen als Mitunternehmer in „seiner" Organisation und zum anderen als Unternehmer in eigener Sache, quasi als Frau oder Herr XYZ GmbH. In seiner Eigenschaft als Mitunternehmer ist er hoch identifiziert mit mit seinem Fachgebiet *und* seiner Organisation. Hier schaut er durch eine ganz spezifische fachliche Brille, die er aufgrund seiner Fachkompetenz und persönlichen Erfahrung exklusiv besitzt, in Richtung auf das Organisationsziel. Bestimmte Chancen und Risiken sieht dann nur er. Wenn er als Wissensunternehmer handelt, wird er sich einschalten und – wenn nötig – auch Konflikte austragen. Damit er etwas bewirken kann, muss er seine Organisation allerdings gut kennen und in strategische Diskussionen über die Zukunft eingebunden sein. Als Unternehmer in eigener Sache hat der Fachexperte eine eigene Vision, d. h. eine klare Vorstellung von einer für ihn attraktiven Zukunft. Zur Realisierung dieser Vision ist er bereit, sich zu engagieren und Risiken einzugehen. Er muss dann zum Beispiel die Frage beantworten können, was er davon hat, wenn er sich – auch gegen Widerstände – anstrengt, Einfluss auszuüben und Spuren in der Organisation zu hinterlassen. Als Unternehmer in eigener Sache benötigt er zumindest eine ihn inspirierende Idee davon, was er längerfristig beruflich erreichen und wie er Beruf und Privatleben balancieren möchte. Er muss wissen, worauf es ihm ankommt.

Anders ausgedrückt: Die Wirksamkeit des Fachexperten hängt davon ab, welche Identifikationsmöglichkeiten und Unterstützung seine Organisation ihm anbietet, aber auch davon, inwieweit er sich als Unternehmer in eigener Sache versteht und sich auf dieser Grundlage selbst zu managen weiß. Der Normalfall sollte sein, dass er mit seinen Anstrengungen dazu beiträgt, dass die Organisation erfolgreich ist, und dass er gleichzeitig durch sein Tun seinen eigenen Zielen näherkommt. Die Verantwortung dafür, dass dies geschieht, tragen beide Seiten gleichermaßen.

Persönliche Wirksamkeit ist darüber hinaus von handwerklichem Können abhängig. Im Fall des Fachexperten ist damit vor allem Kommunikation gemeint, und zwar mit unterschiedlichen Zielen in unterschiedlichen Kontexten: beraten und überzeugen, Wissen vermitteln und Empfehlungen adressieren, Fragen stellen, Konflikte handhaben, Wissen im Team austauschen und generieren etc.

Dieses Buch konzentriert sich auf die Rolle und das Verhalten von Fachexperten im Rahmen ihrer Organisationen. Es soll ihnen helfen herauszufinden, was sie selbst wollen, welche Spuren sie in ihren Organisationen hinterlassen möchten und wie sie das bewerkstelligen können. Der Gedanke des „Wissensunternehmers" liefert dafür die Leitidee. Interessierte Führungskräfte und Personalentwickler erhalten die Möglichkeit, sich eine (größere) Klarheit über die Besonderheiten und Entwicklungschancen von Fachexperten zu verschaffen, damit deren Wirksamkeit in der Organisation wachsen kann.

Vor diesem Hintergrund ist das Buch in drei Teile unterteilt, die gegebenenfalls auch unabhängig voneinander gelesen werden können. In Teil I werden einige allgemeine und zum Teil theoretische Grundlagen diskutiert. Sie betreffen den Kontext und die wichtigsten Wirksamkeitsaspekte. In Teil II geht es um die Frage des Selbstmanagements von Fachexperten. Was wollen sie selbst, in welchem Rahmen und warum? Teil III beschäftigt sich mit den wichtigsten Techniken für das Gestalten der Rolle des Fachexperten und das Umsetzen der persönlichen Ziele. Jedes Kapitel beginnt mir einer kurzen Übersicht („Auf einen Blick"). Für eilige Leser mag die eine oder andere Zusammenfassung schon genügen. Abschließende Überlegungen zur Führung von Fachexperten sowie Hinweise auf Literatur befinden sich am Ende des Buches.

Teil I:
Hintergründe, Kontext und Handlungsfelder von Fachexperten

Warum Fachexperten wichtiger geworden sind 1

1.1 Auf einen Blick

Globalisierung bedeutet, dass unsere Welt zusammenwächst. Die Vernetzung auch über Kontinente hinweg hat ein noch nie da gewesenes Ausmaß erreicht. Dabei spielt die Entwicklung des Internets eine große Rolle. Für Unternehmen bringt das große Chancen, jedoch auch große Risiken mit sich. Die Konkurrenz ist oft nur einen Mausklick entfernt. Gleichzeitig ist es heute vergleichsweise einfach, selbst global präsent zu sein. Die Herausforderung besteht darin, sich permanent positiv von seinen Mitbewerbern abzuheben. Auf den Neuigkeitsgrad der Angebote kommt es an und auf die in Verfahren und Produkte eingebaute Intelligenz. Der Unternehmenserfolg hängt stark davon ab, wie umfassend, effizient und zeitnah das Wissen und die Kreativität der Mitarbeiter genutzt werden können. Speicherbares Faktenwissen bleibt dabei wichtig, aber noch wichtiger sind für die Organisation die Strukturen und Prozesse der Wissensproduktion und des Wissenstransfers geworden. Die zentrale Fähigkeit des Fachexperten ist heute daher, aus einem undurchschaubar gewordenen Datenmeer das wirklich Relevante herauszulesen und es in nachvollziehbarer Weise zu vermitteln. Von seinem Wissen und gekonnten Handeln hängt viel ab. Der Nutzungsgrad des verfügbaren Wissens in seiner Organisation ist mit seiner persönlichen Wirksamkeit eng verbunden.

1.2 Wissen und Globalisierung

Die Medien berichten jeden Tag darüber: Unsere Welt wächst zusammen. Bedingt durch die Liberalisierung der Kapital- und Warenströme in den letzten Jahren und Jahrzehnten sowie durch den technischen Fortschritt insbesondere auf dem Gebiet der Telekommunikation, erleben wir eine bislang noch nicht da gewesene globale Vernetzung mit einer früher kaum für möglich gehaltenen räumlichen und zeitlichen Verdichtung. Länderübergreifende Kommunikation und Datentransfers wachsen exponentiell. Die Menge an Daten, die man heute innerhalb einer Woche über das Internet empfangen kann, ist größer als die Datenmenge, der man vor vielleicht 100 Jahren in einem ganzen Leben begegnen konnte. Die Folgen sind eine immer weiter wachsende Komplexität und Veränderungsgeschwindigkeit mit immer schwerer vorhersehbaren Wirkungen und Rückwirkungen. Das Tempo hat zugenommen, aber teilweise auch die Transparenz: Was heute zum Beispiel in Nordamerika neu und spektakulär auf den Markt kommt, ist schon Stunden später auf der ganzen Welt in vielen Details bekannt.

Für Unternehmen bedeuten diese Entwicklungen große Chancen, aber auch große Risiken. Insbesondere hat durch das Internet die Zahl der tatsächlichen und potenziellen Wettbewerber dramatisch zugenommen. Die Konkurrenz ist fast immer nur wenige Mausklicks entfernt. Für die großen und international operierenden Konzerne ist das nichts Neues, aber heutzutage trifft diese Aussage auch für die meisten lokal operierenden Mittelständler zu, die sich mehr und mehr gezwungen sehen, sich mit Wettbewerbern aus entfernten Gegenden der Welt auseinanderzusetzen. Einfache, teuer hergestellte und leicht imitierbare Produkte und Leistungen haben jedenfalls auf mittlere Sicht kaum mehr eine Chance. Langjährige Geschäftsbeziehungen und traditionelle Kundenbindungen verlieren gleichzeitig an Wert. Natürlich stellt eine vorbildlich praktizierte Kunden- und Serviceorientierung immer noch eine Möglichkeit dar, geringe Preisnachteile auszugleichen. Aber wenn dieser Preisnachteil bei ungefähr gleichen Produkteigenschaften zu groß wird, ist der Auftrag meistens weg.

Sich von seinen Wettbewerbern abzuheben, ist vor diesem Hintergrund zu einer Daueraufgabe geworden. Und das bedeutet vor allem, innovationsfähig zu sein. Es kommt auf den globalen Märkten vor allem auf den Neuigkeitsgrad und auf die in Verfahren und Produkte eingebaute Intelligenz an. „Eingebautes" Wissen zeigt sich u. a. in den Produkteigenschaften, der Qualität, den Kosten und/oder dem Marktauftritt des Unternehmens. Erfindungsreichtum und Wissen sind damit zur strategischen Ressource geworden. Mit anderen Worten: Der Unternehmenserfolg hängt stark davon ab, wie umfassend, effizient und zeitnah das Wissen und die Kreativität der Mitarbeiter genutzt werden können.

Aber auch Wissen ist nicht mehr das, was es einmal war. Zum einen wächst es sehr schnell: Die Wissensmenge der Menschheit verdoppelt sich nach Schätzungen von Experten alle sieben Jahre. Zum anderen hat sich die sogenannte Halbwertszeit des Wissens, also die Zeit, innerhalb der die Hälfte des vorhandenen Wissens veraltet und zumindest teilweise ungültig wird, dramatisch verkürzt: Für akademisches Wissen werden ca. zehn Jahre angenommen, für berufliches Fachwissen fünf Jahre und für technologisches Wissen drei Jahre. Diese Zahlen illustrieren sehr deutlich, wie schnell jemand an fachlicher Kompetenz verliert, wenn er das Wissen über sein Fachgebiet nicht ständig auf dem neuesten Stand hält.

Darüber hinaus hat sich das Grundverständnis über die Natur von Wissen geändert. Lange Zeit wurde Wissen mit Wahrheit gleichgesetzt; eine Idee, die bis in die Zeit der Aufklärung im 17. Jahrhundert zurückreicht. Dieser Anspruch kann und muss in der Unternehmenspraxis nicht gelten. Es geht dort stattdessen um pragmatisches Problemlösungswissen. Und hierbei kommt es vor allem auf Aktualität, Zuverlässigkeit, Verfügbarkeit und Übertragbarkeit an. Wissen in diesem bescheidener gewordenen Sinne wird grundsätzlich als vorläufig und verbesserungsfähig betrachtet, was bedeutet, dass Nicht-Wissen genauso bedeutsam geworden ist wie Wissen. Zu wissen, dass man sich auf ein bestimmtes, scheinbar gesichertes Wissen nicht hinreichend verlassen kann oder dass es zu bestimmten Fragen einfach noch keine belastbaren Antworten gibt, erfordert ebenfalls Expertise.

Fast noch wichtiger als Faktenwissen sind heute schon die Strukturen und Prozesse der Wissensproduktion und des Wissenstransfers im Unternehmen geworden. Bei Fachexperten ist dementsprechend weniger lexikalisches Wissen gefragt als vielmehr die Fähigkeit, aus einem unüberschaubar und chaotisch erscheinenden Datenmeer die wichtigsten Informationen herauszufinden. Auf Mustererkennung kommt es an, und besonders diese Fähigkeit erfordert die langjährige und beständige Beschäftigung mit einem Fachgebiet.

Entscheidungen sind angesichts überbordender Komplexität und der ständigen Relativierung und Entwertung von Wissensbeständen schwieriger und riskanter geworden. Manager, die in ihrer Praxis keine Chance haben, mit der Entwicklung in ihrem alten Fachgebiet Schritt zu halten – geschweige denn mit den Entwicklungen in für sie fremden Fachgebieten – sind mehr denn je auf das in ihren Unternehmen vorhandene Wissen angewiesen. Es befindet sich zum größten Teil in den Köpfen der Fachexperten, also der Ingenieure, Physiker, Betriebswirte oder Juristen in den verschiedenen Fachabteilungen. Diese kennen (hoffentlich) den „State of the Art" und verfügen sowohl über relevantes anwendungsbezogenes Wissen (anspruchsvolle Routinetätigkeiten zum Beispiel informationstechnologischer, betriebswirtschaftlicher, juristischer oder sonstiger Art) als auch über das noch wichtigere entwicklungsbezogene Wissen (Innovationen herbeiführen, Wissen generieren und austauschen können).

Der Alltag des Fachexperten ist geprägt von anspruchsvoller Wissensarbeit. Dabei verbringt er immer mehr Zeit in interdisziplinär und häufig auch interkulturell zusammengesetzten Problemlösungsteams. Von seinem Handeln innerhalb wie außerhalb von Teams hängt viel ab. Wirksam wird er dann, wenn er das, was er zu sagen hat, auch tatsächlich sagt und wenn das Gesagte von den relevanten Personen richtig gehört, in dem vom Fachexperten gemeinten Sinne verstanden und vor dem Treffen von Entscheidungen ernsthaft bedacht wird. Der Nutzungsgrad des verfügbaren Wissens in seiner Organisation ist insofern mit seiner persönlichen Wirksamkeit eng verbunden.

2.1 Auf einen Blick

Die Wirksamkeit des Fachexperten hängt stark von seinem Verhalten und von dem Verhalten relevanter Entscheider in seinem Umfeld ab. Sein Ziel ist es (idealiter), Einfluss im Sinne des Unternehmens auszuüben, d. h. zu führen.

Führung gehört nach wie vor zu den wichtigsten Erfolgsfaktoren in Organisationen. Jedoch hat sich der Begriff im Laufe der letzten Jahre und Jahrzehnte in zumindest vier Varianten ausdifferenziert. Einerseits ist mit klassischer hierarchischer Führung das zielorientierte Einsetzen, Steuern und Kontrollieren von Mitarbeitern gemeint. Eine zweite Form wird als „laterales (seitliches) Führen" bezeichnet: das zielorientierte Handeln von Mitarbeitern in beratender Funktion (Fachexperten), das Wirken als fachlicher Vorgesetzter, das Verhalten an Schnittstellen bzw. allgemein in Matrixstrukturen. Das Führen von (Projekt-)Teams ohne Anweisungsbefugnisse gehört im Grunde dazu, wird aber häufig separat als eine dritte spezifische Führungsform danebengestellt. Den Varianten zwei und drei ist es gemein, dass eine Einflussnahme nur durch persönliche Autorität sinnvoll und möglich ist, auf dem Weg der Verständigung, der Überzeugung und der Vertrauensbildung. Gleichzeitig und im Zusammenhang damit rückt eine vierte Form der Führung in den Vordergrund: das Führen der eigenen Person. Moderne Organisationsformen geben Mitarbeitern große Handlungsspielräume und Entfaltungsmöglichkeiten. Um sie zum eigenen Vorteil und zum Vorteil ihrer Organisation nutzen zu können, ist bewusstes und entschiedenes Handeln auf der Grundlage klarer persönlicher Ziele und Werte gefragt.

Parallel zur Verbreiterung des Führungsbegriffs haben sich in den letzten Jahren und Jahrzehnten auch die wichtigsten Rollen in den Organisationen ausdifferenziert. Individuell wird das Verhalten durch die Rolle bzw. das Rollenverständnis im jeweiligen Kontext geformt. Die Wirksamkeit des Fachexperten hängt also zu einem großen Teil vom Rollenverständnis der Beteiligten und von einem funktionierenden Zusammenspiel dieser Rollen ab.

Gab es zu früheren Zeiten lediglich zwei fundamentale Rollen, nämlich die Führungskraft und den (einfachen) Sachbearbeiter, lassen sich heute vier Hauptrollen unterscheiden: der Linienmanager, der Projektleiter, der Fachexperte als hoch qualifizierter Sachbearbeiter und der einfache Sachbearbeiter. Letzterer arbeitet zwar normalerweise auch auf der Grundlage einer mehrjährigen Berufsausbildung, im Vergleich zum Fachexperten sind seine Aufgaben jedoch einfacher und verlangen weniger Expertise. Dementsprechend wird von ihm auch gewöhnlich weniger unternehmerisches Denken und Handeln erwartet. Für den hier relevanten Zusammenhang genügt es, die wichtigsten Aufgaben und Verantwortlichkeiten der ersten drei Rollen zusammenzufassen:

Der Linienmanager:

- Er trägt Verantwortung für alle materiellen wie immateriellen Ergebnisse, insbesondere für die Zielerreichung seiner Einheit sowie allgemein für deren „Fitness" und Zukunftsfähigkeit.
- Seine Primäraufgabe ist das Treffen von Entscheidungen. Damit er seiner Verantwortung nachkommen und sie notfalls auch gegen Widerstände durchsetzen kann, besitzt er hierarchische Macht in Form von Anweisungsbefugnissen.
- Entscheidungssituationen sind typischerweise unbestimmt. Zur Reduktion von Unsicherheit benötigt er Fachexperten.

Der Projektleiter:

- Er führt die temporäre Quasi-Organisation „Projekt".
- Er trägt Verantwortung für die Zielerreichung, besitzt aber meistens keine Anweisungsbefugnis und
- ist insofern primus inter pares.
- Im Team dominiert deshalb die horizontale Kommunikation. Stabilisieren und motivieren muss ein gemeinsam wahrgenommener Sinn, der eventuell zunächst gemeinsam definiert werden muss. Für wichtige Entscheidungen wird ein Konsens benötigt.

Der Fachexperte:

- Er gestaltet Entscheidungssituationen konstruktiv mit, entscheidet in grundlegenden Fragen aber nicht selbst.
- Er trägt Verantwortung dafür, dass sein Wissen Eingang in relevante Entscheidungsprozesse findet.
- Dafür handelt er auftragsbezogen, aber auch pro-aktiv, um Chancen und Risiken zu identifizieren und zu kommunizieren.

2.2 Führen ist nicht gleich Führen

Wenn von Erfolgsfaktoren in Unternehmen die Rede ist, wird „Führung" meistens mit als Erstes genannt. Dementsprechend erhält Führung nicht erst seit Kurzem große Aufmerksamkeit in Forschung und Praxis. Auch ein großer Teil der betrieblichen Weiterbildung widmet sich traditionell diesem Thema. Was aber ist mit Führung eigentlich gemeint?

Noch bis in die 1980er und 1990er Jahre hinein schien die Antwort klar zu sein: Als Führung wurde das bezeichnet, was Unternehmensleiter und Vorgesetzte tun, nämlich Mitarbeiter in einer klar umrissenen Unternehmenseinheit, zum Beispiel einer Abteilung, zielorientiert einsetzen, steuern und kontrollieren. Schon in dieser Zeit hat diese Vorstellung allerdings mit der Figur des Projektleiters Konkurrenz bekommen. Dieser führt offensichtlich auch, aber anders, weil er bei seiner Arbeit in der Regel ohne Anweisungsbefugnisse auskommen muss. Erst seit wenigen Jahren ist in der Unternehmenspraxis der Begriff des „lateralen Führens" populär geworden. Es bedeutet „seitliches" Führen und wird gelegentlich als „Führen, ohne zu führen" bezeichnet. Das Einsetzen, Steuern und Kontrollieren von anderen Menschen geschieht dann nicht qua Autorität des Amtes, sondern vielmehr auf der Basis der persönlichen Autorität: Einflussnahme auf dem Weg der Verständigung, der Überzeugung und der Vertrauensbildung. Einen Teil der Tätigkeit von Projektleitern in ihren Teams kann man so umschreiben. Aber auch ein wichtiger Teil des Handelns von Mitarbeitern in beratender Funktion, also von Fachexperten, lässt sich so charakterisieren. Ferner führen fachliche Vorgesetzte in Matrixstrukturen lateral sowie disziplinarische Vorgesetzte und Projektleiter, die sich mit ihren Systempartnern an Schnittstellen auseinandersetzen. In allen diesen Fällen könnte hierarchische Macht wenig Positives bewirken.

Die sich immer stärker verbreitende Praxis der lateralen Führung steht im Zusammenhang mit der allgemeinen Zunahme der Komplexität von Märkten und Organisationen. Die sich weltweit ständig verändernden Anforderungen führen tendenziell zu flachen Hierarchien mit vielfältigen dezentralen Einheiten, die sich den lokalen Bedingungen anpassen und netzwerkartig miteinander verbunden sind. Mitarbeiter arbeiten in sich immer wieder neu bildenden, problembezogenen Projektteams zusammen und generieren Problemlösungen und Innovationen auf der Grundlage der vorhandenen Vielfalt an Erfahrungen und Wissen. Die Unternehmensleitung bleibt im Schatten, solange alles weitgehend selbstorganisiert funktioniert. Sie behält die Gesamtverantwortung, beschränkt sich aber weitestgehend auf die Koordination und das Treffen der wichtigsten Entscheidungen.

Eine vierte Variante von Führung ist in den letzten Jahren zusammen mit lateraler Führung in den Vordergrund gerückt: das Führen der eigenen Person. Erfolgreiches Arbeiten in teilweise sich selbst organisierenden Teams und Netzwerken erfordert Handlungsspielräume und Fehlertoleranz auf Seiten der Organisation sowie ein hohes Maß an Eigeninitiative und Selbstverantwortung auf Seiten der Mitarbeiter. Vor diesem Hintergrund ist die Figur der „Selbst GmbH" (oft findet man dafür auch den Terminus „Ich-AG") entstanden. Selbstzentriertes und egoistisches Verhalten ist damit nicht gemeint (auch wenn es mancherorts damit verwechselt werden mag), sondern ein bewusstes und entschiedenes Handeln auf der Grundlage klarer persönlicher Ziele und Werte. Wer nicht weiß, was er will, kann auch nicht im gewünschten Sinne wirksam sein. Eine Herausforderung für die Organisation besteht darin, Angebote und Gelegenheiten zur Verfügung zu stellen, die so attraktiv sind, dass die persönlichen Ziele der Leistungsträger mit den Zielen der Organisation weitgehend in Einklang kommen.

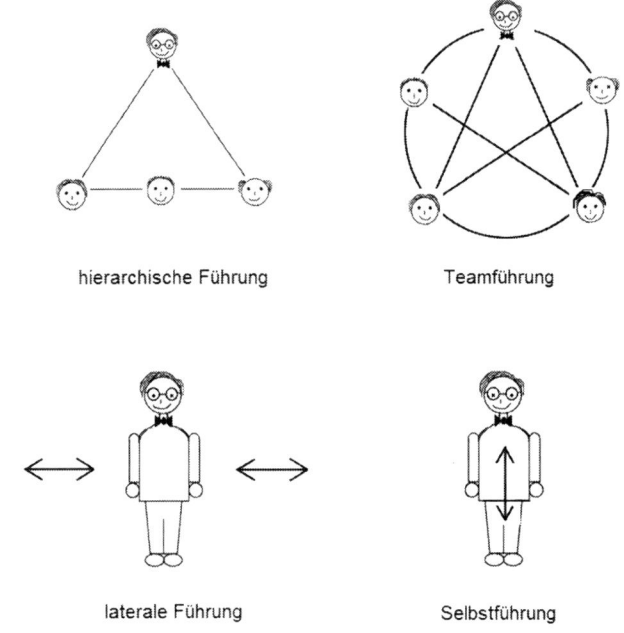

hierarchische Führung   Teamführung

laterale Führung   Selbstführung

Abb. 1   Vier Varianten von Führung

2.3   Rollen in der Organisation

Damit Organisationen gut funktionieren, ist es wichtig, dass die Mitglieder ihre Rollen kennen, sie akzeptieren und auch ausfüllen können. In der Rolle bündeln sich die Verhaltenserwartungen des beruflichen Umfeldes und die damit zusammenhängenden Vorstellungen von den jeweils wichtigsten Aufgaben und Verantwortlichkeiten. Verhaltenserwartungen sind allerdings selten widerspruchsfrei und völlig eindeutig. Moderne Organisationsstrukturen sind in vielen Teilbereichen auch gewollt undeutlich, weil sich vieles nicht vorab regeln lässt, schon gar nicht im Detail. Dadurch öffnen sich kreative Freiräume.

Es muss zwischen Rollen und Stellen unterschieden werden. Ein Mitarbeiter auf einer bestimmten Stelle kann durchaus unterschiedliche berufliche Rollen wahrnehmen, allerdings nicht gleichzeitig. Zum Beispiel ist es gar nicht selten, dass ein Fachexperte seine „eigentliche" Arbeit individuell erledigt, außerdem Mitglied in verschiedenen Projektgruppen ist und zusätzlich selbst ein Projektteam führt. Vielleicht leitet er als Abteilungsleiter in der Entwicklung obendrein noch mehrere Fachexperten, die ihm themenbezogen zugeordnet sind.

Noch bis vor wenigen Jahrzehnten kannte man in Organisationen nur zwei grundlegende Rollen: Vorgesetzte und Sachbearbeiter. Vorgesetzte sollten grundsätzlich mehr wissen als ihre Mitarbeiter. Fachliche Tüchtigkeit war meistens der Anlass für ihre Beförderung – zumindest offiziell, denn natürlich gab es auch früher Vetternwirtschaft und das gezielte Ausnutzen guter Beziehungen zugunsten der eigenen Karriere. Im Allgemeinen jedoch definierten sich die meisten Chefs vor allem als Fachleute. Die vor etwa 40 bis 50 Jahren laut gewordene Forderung, nicht länger (nur) Fachmann, sondern Manager zu sein, wurde von vielen nicht verstanden und schon gar nicht akzeptiert. Obwohl Führungskräfte dem Anspruch, mehr zu wissen als ihre Mitarbeiter, heute kaum mehr gerecht werden können, halten immer noch viele Vorgesetzte an diesem Leitbild fest und tun damit weder sich selbst noch ihren Mitarbeitern und ihren Unternehmen einen Gefallen. Aber auch manche älteren Mitarbeiter sprechen noch mit verklärtem Blick von ihrem langjährigen Chef, der leider schon im Ruhestand ist, zu dem man mit allen denkbaren fachlichen Fragen kommen konnte und stets eine fundierte Antwort bekam.

Problemstellungen, die außerhalb des Normalgeschäftes zu bearbeiten waren, wurden überwiegend als Sonderaufgaben innerhalb der Regelorganisation erledigt, häufig vom Chef selbst. Projektarbeit gab es höchstens in ersten Ansätzen. Neben fachlicher Überlegenheit wurde von Linienmanagern erwartet, dass sie als Persönlichkeiten Eindruck machten und Autorität bzw. Dominanz ausstrahlten. Nicht wenige bezweifelten, dass man so etwas wie Führung überhaupt erlernen könne.

Die komplementäre Rolle zum Vorgesetzten war diejenige des Sachbearbeiters. Dieser sollte loyal, willig und im notwendigen Maße kundiger Umsetzer des von „oben" Entschiedenen sein. In großen Unternehmen existierten darüber hinaus noch kleinere (Experten-)Stäbe, deren Mitarbeiter vor allem die Unternehmensleitungen fachlich berieten.

Die Ausdifferenzierung in die Rollen Linienmanager, Projektleiter und Fachexperten (= hoch qualifizierte Sachbearbeiter) ist Ausdruck der gestiegenen Komplexität in den letzten Jahren. Den „gewöhnlichen" Sachbearbeiter findet man natürlich auch heute noch in großer Zahl. Er verfügt in der Regel ebenfalls über eine Berufsausbildung, allerdings eine kürzere und nicht akademische.

Abb. 2 Führung früher und heute

2.3.1 Der Linienmanager

Linienmanager führen die Organisation als Ganze bzw. in ihren Teilen. Sie haben dafür zu sorgen, dass die gewünschten Ergebnisse erzielt werden. Manager werden an Ergebnissen gemessen, primär an den materiellen, aber auch an den immateriellen wie Image, Binnenklima oder Zufriedenheit der Mitarbeiter. Neben dem Erzielen von Sachergebnissen gehört es zu den Kernaufgaben der Linienmanager, die von ihnen geführten Einheiten einigermaßen stabil zusammenzuhalten sowie dafür zu sorgen, dass diese sich in die strategisch gewünschte Richtung bewegen und im Hinblick auf ihre innere Verfassung leistungsstark und zukunftsfähig sind. Um ihre Aufgaben erfüllen zu können, müssen Linienmanager entscheiden. Entscheidungen zu treffen, steht deshalb im Zentrum ihrer Rolle. Damit diese auch sicher umgesetzt werden, verfügen Linienmanager über Anweisungsbefugnisse. Dadurch entsteht eine asymmetrische Machtverteilung, was als Konsequenz u. a. einen verantwortungsvollen Umgang mit den unterstellten Mitarbeitern verlangt.

Macht wird grundsätzlich „von oben" verliehen und „nach unten" wirksam. Deshalb bekommt die vertikale Kommunikation (der „Dienstweg") in Hierarchien eine herausragende Bedeutung. Horizontale Kommunikation unter Gleichgestellten ist freigestellt, mitunter auch erwünscht, aber unmittelbar folgenlos. Diagonale Kommunikation erfolgt im Normalfall eher zufällig.

Wenn ein Manager Entscheidungen trifft, werden Mehrdeutigkeiten und Unklarheiten (teilweise) aufgelöst und es kann (zunächst) zielorientiert weiter gehandelt werden. Wichtige Entscheidungssituationen sind allerdings typischerweise unstrukturiert und komplex. Passende Algorithmen fehlen, und es gibt kein eindeutiges „Richtig". Stattdessen muss der Manager einschätzen, was riskant ist, weil ihm in der Regel Informationen fehlen und er die zu erwartenden Folgen und Nebenfolgen höchstens teilweise überblicken kann. Viele Aspekte kann er fachlich kaum durchdringen, und die Zukunft ist ohnehin unbekannt. Dennoch behält er die Gesamtverantwortung. Um erfolgreich zu sein, ist der Manager von der Qualität der Entscheidungsvorbereitung „seiner" Fachexperten abhängig. Er muss darauf vertrauen, dass diese fachlich fit sind und sich mit dem gemeinsamen Ziel identifizieren. Der Manager wird zusätzlich gewinnen, wenn „seine" Experten nicht nur auftragsbezogen, sondern gegebenenfalls auch eigeninitiativ handeln, und zwar dann, wenn sie durch ihre Expertenbrille wichtige Risiken oder Chancen innerhalb oder außerhalb des Unternehmens erkennen und sich daraufhin mit ihm in Verbindung setzen.

Moderne Organisationsformen verlangen größere Handlungsspielräume für Mitarbeiter. Nur so lassen sich komplexe Aufgabenstellungen zeitnah und kompetent bearbeiten. Allerdings verliert der Vorgesetzte dadurch die Möglichkeit einer engen (Durchführungs-)Kontrolle. Es bleibt ihm nichts anderes übrig, als bei der Personalauswahl Sorgfalt walten zu lassen und in die Kompetenz und Loyalität seiner Mitarbeiter zu vertrauen.

Durch die allgemeine Zunahme an Komplexität hat sich das Anforderungsprofil eines Linienmanagers verschoben. Er muss mit undeutlichen Fragestellungen in unstrukturierten Situationen umgehen und sie managen können. Dafür braucht er Modelle, Werkzeuge und Erfahrung, weil sie nach wie vor das beste Rüstzeug für den Umgang mit Komplexität sind. Darüber hinaus benötigt er eine hohe soziale Kompetenz, u. a. deshalb, weil seine Glaubwürdigkeit und seine Fähigkeit, zu vertrauen und Vertrauen zu erzeugen, zentral geworden sind. Management ist vor diesem Hintergrund zu einer spezifischen und anspruchsvollen Fachdisziplin geworden. Aber auch fachliches Wissen bleibt unverzichtbar. Fachlich gefragt ist vor allem der Generalist, der ganzheitlich denkt, wenn es gilt, unterschiedliche und zum Teil widersprüchliche Aspekte aus unterschiedlichen Wissensgebieten verschiedener Fakultäten in einen sinnvollen Zusammenhang zu bringen, als Grundlage für seine persönliche Entscheidung. Wäre er „nur" Experte in einem bestimmten Fachgebiet oder verstünde er sich als solcher, müssten seine Entscheidungen notwendigerweise einseitig und unbalanciert sein. Ein erfolgreicher Linienmanager ist von daher eine Art Wissensintegrator, der es versteht, intelligent zu fragen, um Plausibilitäten und die Fundiertheit der Aussagen seiner Experten zu überprüfen.

2.3.2   Der Projektleiter

Projekte sind so etwas wie zeitlich befristete Einproduktunternehmen. Sie werden von der Unternehmensleitung beauftragt und kontrolliert. Projektleiter sind – wie Linienmanager – für die Ergebnisse verantwortlich, die materiellen und – vielleicht in etwas geringerem Maße – die immateriellen. Projektleiter besitzen in der Regel keine Anweisungsbefugnisse. Für die Durchsetzung von Entscheidungen müssen sie deshalb ihre persönliche Autorität ins Spiel bringen oder gegebenenfalls „eskalieren", d. h. die übergeordnete Hierarchieebene einschalten. Wenn sie das allzu häufig tun, wird sich dieses Mittel allerdings mit der Zeit abnutzen.

Wegen der fehlenden Anweisungsbefugnis des Leiters dominiert im Team die horizontale Kommunikation. Dadurch steigt die Problemlösungskompetenz, weil die Teammitglieder zumindest formal gleichrangig und ihre Beiträge deshalb grundsätzlich gleichwertig sind. Das im Team vorhandene Wissen kann so gleichmäßiger und leichter aktiviert und genutzt werden. Die interne Struktur kann sich entsprechend der jeweiligen Problemstellung flexibel ausbilden, Kommunikations- und Entscheidungsregeln können mit Blick auf die sachlichen Notwendigkeiten ausgehandelt und „Richtigkeiten" gemeinsam festgelegt werden. Der Preis dafür ist eine vergleichsweise höhere emotionale Anspannung durch häufige Konflikte und gelegentliche Turbulenzen und Krisen.

Das Führen von Projektteams ist wegen der fehlenden Anweisungsbefugnisse anspruchsvoller als die Leitung von Gruppen oder Abteilungen innerhalb der Hierarchie. Um sich durchzusetzen, muss der Projektleiter überzeugen – oder eskalieren, was er, wie bereits erwähnt, nicht allzu oft machen sollte. Eine konsensorientierte Kommunikation, in der es nicht auf Dominanz ankommt, sondern darauf, dass via Dialog möglichst alle Ideen von allen verstanden werden, ist aber gleichzeitig eine Voraussetzung dafür, dass die Wissenspotenziale des Teams zum Tragen kommen. Hierfür zu sorgen, ist die möglicherweise wichtigste Aufgabe des Projektleiters.

Projektleiter müssen neben fachlichen Themen die mittlerweile sehr ausdifferenzierten Methoden und Verfahren des Projektmanagements beherrschen. Die besseren unter ihnen können damit auch unkonventionell umgehen und bei Bedarf manches variieren, ergänzen oder ganz neu erfinden. Im Vergleich zu Linienmanagern benötigen sie ein tieferes Verständnis der relevanten Wissensgebiete. Sie vernetzen Fachexperten unterschiedlicher Couleur und wirken damit ebenfalls als Wissensintegratoren. Im Vergleich zu Linienmanagern ist das für sie zu integrierende Wissensfeld zwar kleiner, aber tiefer. Um diese Anforderungen erfüllen zu können, müssen sie auch führen, allerdings nicht hierarchisch.

2.3.3 Der Fachexperte

Fachexperten sind Spezialisten im Hinblick auf bestimmte, relativ eng umrissene Fach- oder Wissensgebiete. Ihre Expertise ist nicht sonderlich breit, aber besonders tief. Sie halten (hoffentlich) Kontakt zur allgemeinen Wissensentwicklung (State of the Art) und sind häufig Mitglieder von Projektgruppen sowie fachliche Gesprächspartner von Linienmanagern, Projektleitern und anderen Fachkollegen. Ganz besonders sind sie gefragt, wenn es um Innovationen bzw. um die Weiterentwicklung von Bestehendem geht. Sie können und sollen Impulsgeber für die unternehmerische Umsetzung des wissenschaftlich-technischen Fortschritts sein. Dafür benötigen sie zusätzlich ausgeprägte kommunikative Fähigkeiten und politisches Geschick im Umgang mit Interessenkonflikten und den sozialen Dynamiken in ihren Organisationen.

Fachexperten könnte man als hoch qualifizierte Sachbearbeiter bezeichnen. Einfache Sachbearbeiter pflegen Routinen oder setzen Entscheidungen im Rahmen ihrer Fachlichkeit um. Die Ansprüche an ihr Wissensrepertoire beschränken sich auf die Beherrschung von (unter Umständen durchaus komplizierten) Regelabläufen und standardisierten Verfahren. Auch dafür ist normalerweise eine Berufsausbildung erforderlich. Fachexperten in unserem Sinne verfügen über zusätzliche Wissenspotenziale. Während es für den einfachen Sachbearbeiter ausreicht, beispielsweise ein Softwareprogramm gut zu beherrschen (wissen, *wie* es geht), weiß der Experte, wie das Softwareprogramm selbst funktioniert (wissen, *warum* es geht). Er hat es vielleicht selbst entwickelt, weiß um die getroffenen Optionen, die Zielkonflikte und die eingebauten Kompromisse. Er kann es deshalb auch weiterentwickeln oder ganz neue Lösungen (er-)finden.

Das Wissen des Fachexperten ist in hohem Maße an seine Person gebunden. Allgemein formuliert, hängt sein individueller betriebswirtschaftlicher Wert davon ab, wie gut es ihm gelingt, seinen spezifischen Wissensbeitrag in die relevanten Entscheidungsprozesse der Organisation einzubringen. Dies zu tun, ist seine Kernaufgabe, und darin liegt auch seine Hauptverantwortung. Seine Wirksamkeit ist davon abhängig, welches relevante Wissen er in welchen Situationen im Beisein welcher Personen in welcher Weise einbringt. Damit wird deutlich, dass seine Qualität von seinen kommunikativen und sozialen Fähigkeiten genauso abhängt wie von seiner fachlichen Kompetenz.

Wie bereits erwähnt, sind Fachexperten dann wirksam, wenn das, was sie zu sagen haben, von den maßgeblichen Entscheidern gehört, verstanden und im Hinblick auf Entscheidungen angemessen berücksichtigt wird. Wirksame Fachexperten sind loyal gegenüber ihren Organisationen und identifizieren sich mit deren Zielen, Regeln und Werten. Auf dieser Grundlage handeln sie auftragsbezogen, aber auch pro-aktiv, wenn sie durch ihre spezifische Fachbrille Chancen und Risiken erkennen, die andere mit ihrer Brille nicht (ohne Weiteres) erkennen können. Wenn sie das tun und sich gegebenenfalls auch beherzt einmischen, um Vorteile für ihr Unternehmen zu erreichen bzw. um Risiken zu umschiffen, dann handeln sie im besten Sinne unternehmerisch, dann werden sie zu *Wissensunternehmern*.

Entscheider erhalten von Fachexperten neue bzw. zusätzliche Informationen oder Optionen. Damit erweitern sie ihr Situationsverständnis und können die reale Komplexität des Entscheidungsgegenstandes umfassender verstehen. Wenn sich Manager dann entscheiden, reduzieren sie die Komplexität des infrage kommenden Handlungsfeldes, weil sie alle alternativen Entscheidungsmöglichkeiten mit ihren möglichen Folge- und Nebenwirkungen ausschließen.

Für ein konstruktives Einmischen im Sinne des Unternehmens sind auf Seiten des Fachexperten Selbstbewusstsein, Mut und Beharrlichkeit erforderlich. Gleichzeitig ist aber auch Bescheidenheit wichtig, denn Experten müssen wissen, dass ihre individuelle Sichtweise grundsätzlich einseitig ist. Manche sind enttäuscht und verärgert, wenn ihr sachlich fundierter und gut begründeter Vorschlag nicht (vollständig) in die Entscheidung eingeht. Für eine verantwortungsvolle Entscheidung müssen aber normalerweise viele Aspekte berücksichtigt werden (zum Beispiel Kosten und Termintreue versus Qualität und Hochwertigkeit), und erst das Puzzle der Einzelexpertisen ergibt vor dem Hintergrund strategischer und unternehmenspolitischer Vorstellungen ein hinreichend ausgewogenes und damit entscheidungsreifes Gesamtbild. Ein offensiver Auftritt in eigener Sache ist deshalb für den Fachexperten genauso wichtig wie der Blick über den Tellerrand seiner eigenen Expertise hinaus.

Exkurs:
Aus diesem Grund sollte es der Fachexperte vermeiden, sein Thema und seine Vorstellungen mit allen Mitteln durchzudrücken. Besser ist es, durch intelligente Fragen und/oder durch die Verdeutlichung von Bedingungen, Folgewirkungen und Interdependenzen, von Vor- und Nachteilen und von relevanten Optionen Spannung aufzubauen. Was jeweils Vor- und Nachteile sind, bemisst sich grundsätzlich an den Bewertungskriterien der Entscheider. Natürlich ist auch ein solches Einmischen in der Praxis nicht immer willkommen, schon gar nicht, wenn die Entscheidung eigentlich schon feststeht. Aber für den Manager wird auf diese Weise die reale Komplexität „draußen" vielleicht erst deutlicher und damit bearbeitbar.

Die Kernaufgabe des Managers besteht darin zu entscheiden. Die Kernaufgabe des Fachexperten ist es, die Entscheidungsfindung konstruktiv zu beeinflussen, also dafür zu sorgen, dass er mit seinen Überlegungen Aufmerksamkeit findet und verstanden wird. Fachexperten bereiten Entscheidungen vor, aber *sie entscheiden nicht selbst*. Natürlich kommt es vor, dass ein Experte von einem vielleicht unsicheren und entscheidungsschwachen Manager direkt gefragt wird, wie er sich denn in einer bestimmten Angelegenheit entscheiden solle. Wenn der Experte ihm daraufhin, vielleicht geschmeichelt durch seine temporäre Beförderung zum Entscheider, *seine* Antwort gibt, ohne Angabe der dahinterstehenden Überlegungen und ohne Bezug zu den Entscheidungskriterien seines Gegenübers, fällt er aus der Rolle. „Graue Eminenzen" (erfahrene und anerkannte Fachleute), die so etwas tun, sind in der Praxis durchaus verbreitet und wegen ihres Wissens oft auch wertvoll. Sicherlich gibt es Beispiele, in denen Entscheidungen durch den eigentlich falschen Entscheider für die Organisation hilfreich waren. Aber wenn Graue Eminenzen immer wieder entscheiden und damit faktisch in die Führungsrolle ihres Vorgesetzten oder Vor-Vorgesetzten schlüpfen, sorgen sie zumindest mittelfristig für Konfusion und verwischen Verantwortlichkeiten. Wird daraus übliche Praxis, werden die Effizienz und die Effektivität der Organisation leiden. Darüber hinaus muss die Graue Eminenz damit rechnen, dass ihr dauernde Grenzüberschreitungen über kurz oder lang persönliche Nachteile bescheren können. Auch schwache Vorgesetzte haben in der Regel ein intuitives Gespür für die Anforderungen ihrer Rolle. Irgendwann werden sie deshalb die Verhältnisse wieder zurechtrücken und Regelverletzungen bestrafen wollen.

In manchen Unternehmen kommt es vor, dass Fachexperten zum Beispiel in Forschungs- und Entwicklungsfragen Veto- oder sogar Entscheidungsbefugnisse übertragen werden. Sofern dies ausdrücklich und spezifisch geschieht, kann das sinnvoll sein, ohne die beschriebene Aufteilung der Verantwortlichkeiten aufzuheben. Delegiert wird von Managern, und diese können Befugnisse jederzeit wieder zurücknehmen. Eventuell schon getroffene Expertenentscheidungen kann das Management ohnehin wieder aufheben, direkt oder am Ende einer Eskalation durch untergeordnete Stellen, weil ihre Gesamtverantwortung fortbesteht.

Wie bereits erwähnt, besteht eine weitere wichtige Aufgabe des Fachexperten darin, sein Fachwissen auf dem neuesten Stand, also dem „State of the Art" zu halten. Das geschieht ganz wesentlich in Kollegenkreisen und in Expertennetzen (Communitys), die typischerweise auch über die Grenzen der Organisation hinausreichen. In solchen Netzwerken herrscht wie bei Teams horizontale Kommunikation unter prinzipiell Gleichgestellten vor. Das richtige Verhalten in Netzwerken und Teams folgt zu einem erheblichen Teil anderen Regeln als das Verhalten in hierarchischen Organisationen. Zu den Erfolgsfaktoren von Fachexperten gehört es deshalb nicht zuletzt, sich zwischen parallelen Formen der Arbeitsorganisation bewusst und sicher bewegen zu können.

Mit „Unternehmertum" verbinden die meisten Menschen Unternehmensleitungen, also die ranghöchsten Linienmanager. Offensichtlich benötigen die Unternehmen heutzutage aber auch Fachexperten, die unternehmerisch denken und handeln. Die Beschränkung auf ein eher akademisches Selbstverständnis ließe für das Unternehmen viel zu viele wertvolle Wissenspotenziale brach liegen. In diesem Sinne wirksame Fachexperten benötigen deshalb ein vergleichsweise breiteres Können, einen ganzheitlichen Blick sowie den Mut, sich gegebenenfalls auch in laufende Entscheidungsprozesse einzumischen.

Entscheidungsprozesse und Mikropolitik

3

3.1 Auf einen Blick

Der Zustand eines Unternehmens ist das Ergebnis vorangegangener Entscheidungen, die Manager zu verantworten haben. Die Wirksamkeit von Fachexperten zeigt sich daran, wie gut es ihnen gelingt, ihr Wissen in die relevanten Entscheidungsprozesse einzubringen. Für Entscheidungen in einfachen und gut strukturierten Situationen stehen bewährte Verfahren zur Verfügung, die helfen, sich rational zu verhalten. In komplexen und schlecht strukturierten Situationen lassen sich die „richtigen" Entscheidungen jedoch nicht einfach finden. Untersuchungen zeigen, dass persönliche Entscheidungen tatsächlich stärker intuitiv als rational getroffen werden. Und wenn mehr als eine Person im Spiel ist, kommen zusätzliche Faktoren hinzu. In Gruppen oder Organisationen sind Entscheidungen häufig das Ergebnis offener oder verdeckter Aushandlungsprozesse. Dabei geht es auch um Macht, Einfluss und Interessendurchsetzung. Mikropolitik kommt ins Spiel, der Einsatz von Strategien, Taktiken und Techniken zur Durchsetzung individueller Ziele in der Organisation. Mit Mikropolitik ist es wie mit dem Wetter: In irgendeiner Weise findet sie immer statt. Wenn das Ausmaß an Mikropolitik jedoch zu groß wird, droht die Rationalität des Gesamtsystems unter die Räder zu kommen. Eine zu 100 Prozent rationale Entscheidungsfindung ist zwar selten möglich, aber als Regulativ, als eine Art Leitfiktion bleibt die Forderung nach Rationalität erhalten.

Entscheidungsprozesse sind komplexe Vorgänge, die oft im Nachhinein schwer zu verstehen sind. Das Prinzip der Rationalität wird gleich mehrfach beeinträchtigt: Von den in der Sache liegenden Mehrdeutigkeiten, von den handelnden Akteuren und von der Struktur und dem Kontext der Entscheidungssituation. Dementsprechend können analytisch drei sich wechselseitig beeinflussende Ebenen unterschieden werden: die Ebene der Sach- und Entscheidungslogik, des Entscheidungsverhaltens und des Entscheidungskontextes. Mikropolitik als ein Gegenspieler von Sachrationalität ist ein bedeutsamer Bestandteil der Realität in unseren Organisationen. Sie kann offen oder verdeckt, bewusst oder unbewusst eingesetzt werden. Teils sind den Akteuren ihre Motive selbst nicht ganz klar, teils geschieht Mikropolitik sehr planvoll und berechnend. Der Übergang ist fließend. Mikropolitik kann beim Entscheidungskontext, im Entscheidungsvorfeld und auch während der Entscheidungsfindung ansetzen.

Zur Rolle des Fachexperten gehört es, ein Sachwalter des Rationalitätsprinzips zu sein. Er sollte möglichst für Transparenz in der Diskussion sorgen und die Diskussionsinhalte ständig auf ihre fachliche und logische Validität überprüfen. Fachexperten werden dadurch zu einer Art Lobby für Sachlichkeit und Wissensbasiertheit.

3.2   Entscheidungsprozesse

Der Zustand eines Unternehmens ist das Ergebnis vorangegangener Entscheidungen. Es reproduziert sich durch Entscheidungen und hält sich auf diese Weise quasi am Leben und es entwickelt sich fort aufgrund von Entscheidungen. Manager müssen sie verantworten und Fachexperten bereiten sie mit vor. Die Wirksamkeit eines Fachexperten zeigt sich daran, wie gut es ihm gelingt, sein Wissen in die relevanten Entscheidungsprozesse einzubringen. Damit er dies erfolgreich tun kann, sollte er mit der komplexen Natur von Entscheidungsprozessen vertraut sein.

3.2.1   Rationale Entscheidungstheorien

Besonders in den Wirtschaftswissenschaften erfreut sich die Theorie der rationalen Entscheidung (Rational Choice Theory) einer großen Beliebtheit. Sie geht davon aus, dass die handelnden Akteure klare und eindeutige Präferenzen besitzen und sich rational verhalten, nämlich zielorientiert, widerspruchsfrei, eindeutig, in sich stimmig, objektiv und auf andere Entscheidungen bezogen. Eine weitere Annahme besteht darin, dass es bei den zu bearbeitenden Problemen eine eindeutige Lösung, also ein einziges „Richtig", sowie einen vorausberechenbaren besten Weg dorthin gibt. Erforderlich sind „nur" die profunde Kenntnis der Modelle und Verfahren sowie die notwendigen Informationen. Ein typisches Beispiel dafür könnte etwa so lauten (siehe Gigerenzer, 2008):

Man soll vor einer Entscheidung
- alle Handlungsmöglichkeiten auflisten,
- die möglichen Folgen jeder dieser Alternativen herausfinden,
- die Wahrscheinlichkeit jeder dieser Folgen bewerten,
- den Wert jeder dieser Folgen bestimmen,
- alle Werte und Wahrscheinlichkeiten so verrechnen, dass sich ein bevorzugter Handlungsverlauf ergibt.

Die meisten Autoren der rationalen Entscheidungstheorien möchten weniger das Zustandekommen getroffener Entscheidungen erklären als vielmehr einen Leitfaden für zu treffende Entscheidungen anbieten. Die Beliebtheit der Theorie hängt sehr wahrscheinlich mit dem hohen Stellenwert zusammen, den Sachrationalität in unserer Kultur generell genießt. Überwiegend wird in recht einfachen linearen Ursache-Wirkungs-Ketten argumentiert. Damit kommt die Theorie auch den traditionellen Denkstrukturen bsw. von Betriebswirten und Ingenieuren entgegen.

In relativ einfachen und gut strukturierten Situationen sind rein sachrationale Entscheidungen auch tatsächlich möglich und sinnvoll. In komplexen und schlecht strukturierten Situationen, die für Entscheidungsthemen zumindest im oberen Management typisch sind, ergibt sich jedoch ein anderes Bild. Hier lassen sich die bestmöglichen Entscheidungen nicht einfach ausrechnen, es sei denn, bindende und eindeutige Rahmenentscheidungen (sogenannte „Sachzwänge") lassen keine Wahl. Solche Sachzwänge sind aber ihrerseits das Ergebnis vorangegangener Entscheidungen, die normalerweise ebenfalls nicht aufgrund eindeutiger Berechnungen, sondern aufgrund von Ermessen „nach bestem Wissen und Gewissen" getroffen werden. Wäre das anders, könnte man Führungskräfte durch Computer ersetzen. Das würde immerhin die Personalkosten senken, aber auch manche Science-Fiction-Filme unwillkommene Realität werden lassen.

In der Lebenswirklichkeit gibt es viele Beispiele für Entscheidungen, die nicht das Ergebnis nüchternen Kalküls gewesen sind. Manche Weichenstellungen im Top-Management großer Unternehmen könnten herangezogen werden (bei denen in Wirklichkeit vielleicht die Laune oder die Eitelkeit des Vorstandsvorsitzenden den Ausschlag gegeben hat) oder auch wichtige private Entscheidungen (bei denen nur der Mut gefehlt hat, sich auf eine neue Beziehung einzulassen). Die große Wertschätzung und das Vertrauen, das Sachrationalität allgemein genießt, machen es vergleichsweise einfach, durch logisch nicht widerlegbare, aber tatsächlich wild herbei konstruierte Begründungszusammenhänge bestimmte Entscheidungen nachträglich zu begründen oder zu legitimieren.

3.2.2 Sachliche, politische und psychosoziale Aspekte der Entscheidungsfindung

Damit Fachexperten Entscheidungsprozesse konstruktiv beeinflussen können, benötigen sie ein differenziertes Verständnis dafür, welche sachlichen, politischen und psychosozialen Faktoren im Spiel sind. Andernfalls könnten sie zulasten ihrer Wirksamkeit zu Spielbällen gewollter und nicht gewollter Dynamiken werden. Deshalb noch einige weitere, genauere Betrachtungen zu verschiedenen Aspekten der Entscheidungsfindung:

Untersuchungen zeigen, dass persönliche Entscheidungen stärker intuitiv als rational getroffen werden, also nicht primär mithilfe von strukturierten Kosten-Nutzen-Überlegungen oder formalen Entscheidungstabellen. In Gruppen oder Organisationen sind Entscheidungen häufig das Ergebnis offener oder verdeckter Aushandlungsprozesse.

Dabei geht es vorrangig nicht um das, was objektiv richtig ist. Stattdessen bestimmen Geschäfte und Gegengeschäfte die Szenerie. Teils geht es um die Herstellung einer Übereinkunft, mit der alle Beteiligten einigermaßen gut leben können, teils geht es einseitig um Macht, Einfluss und Interessendurchsetzung. Damit betreten wir das Feld der Mikropolitik, womit der individuelle Einsatz von Techniken, Strategien und Taktiken gemeint ist, mit dem Ziel, die eigenen Vorstellungen und Interessen verdeckt oder offen in der Organisation durchzusetzen. Die angestrebten persönlichen Ziele müssen dabei in keinem Zusammenhang mit den offiziellen Zielen der eigenen oder der übergeordneten Einheit stehen. Handlungen in Organisationen sind immer interessengefärbt, sie lassen sich auch gar nicht anders denken. Mikropolitik findet in irgendeiner Weise immer statt, sie ist ein bedeutsamer Bestandteil der Realität in unseren Organisationen. „Mikropolitik kann offen oder verdeckt, bewusst oder unbewusst eingesetzt werden." Teils sind den Akteuren ihre Motive selbst nicht ganz klar, teils geschieht Mikropolitik sehr planvoll und berechnend. Der Übergang ist fließend.

Muss deshalb die Idee von Objektivität und Sachrationalität zu Grabe getragen werden? Wird die Wirklichkeit einseitig von politischen Prozessen dominiert, die sich um die Durchsetzung von individuellen Vorteilen zulasten anderer drehen? Ersetzen Klüngel und Gemauschel das Argument? Kommt das Ganze auf diese Weise systematisch zu kurz und unter die Räder?

Diese Prognose ginge zu weit, zumal sie die Rolle der Mikropolitik einseitig negativ bewertet. Tatsächlich kann Mikropolitik sogar dazu beitragen, dass am Ende bessere, vernünftigere und befriedigendere Entscheidungen für Einzelne *und* für das Gesamtsystem herauskommen. Durch das Zusammenspiel der Akteure untereinander im Rahmen ihres jeweiligen Umfeldes ergeben sich systemische Zusammenhänge mit einer eigenständigen Dynamik. Wenn die Akteure klug sind – und oft sind sie es mit der Zeit aufgrund vielfacher Versuchs-und-Irrtums-Prozesse geworden – stellen sie die zu erwartenden systemischen Folge- und Nebenwirkungen gleich mit in Rechnung. Der interessierte Beobachter kann die „unsichtbare Hand" von Adam Smith, dem Begründer der kapitalistischen (marktwirtschaftlichen) Wirtschaftstheorie, winken sehen.

Damit ist allerdings kein Automatismus gemeint, der die Herausbildung eines guten oder gar optimalen Ergebnisses garantiert. Es gibt genügend Beispiele für ein Versagen dieser „unsichtbaren Hand", beispielsweise dann, wenn der Dschungel mikropolitischer Aktivitäten übermächtig geworden ist und entweder der übergeordnete Sinn des gemeinsamen Tuns und/oder die systemischen Effekte aus dem Bewusstsein der Menschen verschwunden sind, oder auch dann, wenn Herdentrieb das Kalkül ersetzt.

Gute und tragfähige Entscheidungen sind interessenbezogen, ausgewogen und meistens das Ergebnis von Gefühl *und* Kalkül. Wichtige Annahmen der rationalen Entscheidungstheorie sind realitätsfern, aber sie haben trotzdem einen Wert, d. h., sie dienen nicht nur als Legitimationsbeschaffer in einer rationalitätsgläubigen Welt. Sachrationalität kann sicherlich keinen Anspruch auf Alleingültigkeit erheben, jedoch wird sie als Regulativ im Entscheidungsprozess dringend gebraucht und kann als eine Art Leitbild dienen, als eine Prüfgröße, die den Abstand konkreter Wirklichkeiten von diesem Ideal erkennen lässt. Ähnliches gilt auch für andere regulative Ideen wie Gerechtigkeit oder Freiheit (siehe zu diesen Überlegungen auch Neuberger, 1995).

Entscheidungsprozesse sind komplexe Vorgänge, die oft auch im Nachhinein schwer zu verstehen und mit dem Rechenschieber alleine nicht zu gestalten sind. Rationalität wird gewünscht, aber sie wird gleich mehrfach beeinträchtigt: von den in der Sache liegenden Mehrdeutigkeiten, von den handelnden Akteuren und von der Struktur und dem Kontext der Entscheidungssituation. Dementsprechend können analytisch drei verschiedene, sich wechselseitig beeinflussende Ebenen unterschieden werden: die Ebene der Sach- und Entscheidungslogik, des Entscheidungsverhaltens und des Entscheidungskontextes. Diese Ebenen werden im Folgenden näher betrachtet; dem Aspekt der Mikropolitik sind wegen seiner Bedeutung zwei eigene Unterkapitel gewidmet.

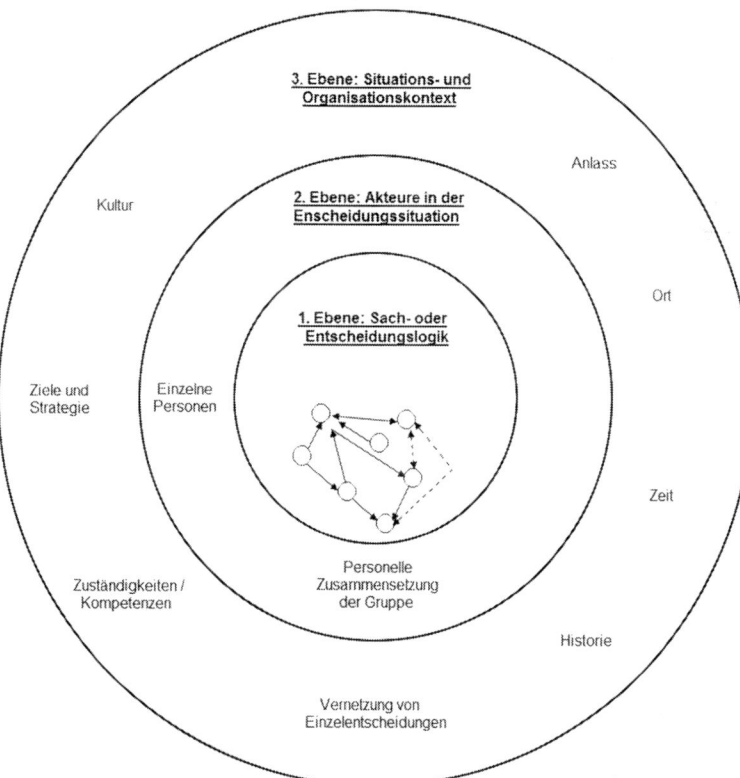

Abb. 3   Die drei Ebenen des Entscheidungsprozesses

Die Ebene der Sach- und Entscheidungslogik

Ein Professor der Columbia University in New York, ein Experte für rationale Entscheidungsfindungsverfahren, überlegte lange, ob er das Angebot einer anderen Universität annehmen sollte. Schließlich nahm ihn ein Kollege zur Seite und riet ihm: „Maximiere doch einfach deinen erwarteten Nutzen – du schreibst doch immer darüber." Darauf entgegnete der Professor entnervt: „Hör auf damit – das ist ernst!" (Gigerenzer, 2008)

Auf der Ebene der Sach- und Entscheidungslogik sind die rationalen Entscheidungstheorien „zu Hause". Ihre grundsätzliche Nützlichkeit ist unbestritten, machen sie doch zum Beispiel Abläufe transparent (auch im Nachhinein) und helfen zu klären, auf welche Bewertungskriterien es ankommen soll und welche Annahmen zugrunde gelegt werden. Jedoch müssen sie sich eine Reihe gravierender Einschränkungen gefallen lassen, die ihre Bedeutung stark relativiert.

Eine erste Schwierigkeit in jedem Entscheidungsfindungsverfahren liegt in der Definition dessen, was eigentlich das Problem ist und welche Kriterien eine gute von einer weniger guten Lösung unterscheiden. Unterschiedliche Personengruppen würden Unterschiedliches zum Problem erklären. Anlass und Ziel eines Problemlösungstreffens, die Bewertung der Ausgangssituation (Wie wichtig und wie dringlich ist es zu handeln?) und die Bewertung der vorhandenen Handlungs- und Lösungsalternativen sind nicht naturgegeben, sondern das Ergebnis einer sozialen Übereinkunft. Und natürlich muss nicht jede Übereinkunft auf einem Konsens gründen.

Hierzu ein Beispiel: Angenommen, in einem entfernten Markt, beispielsweise in China, übersteigt die Nachfrage über einen längeren Zeitraum hinweg die dortigen Produktionsmöglichkeiten. Alle Kapazitäten sind ausgereizt. Eine Besprechung mit den wichtigsten Führungskräften des Unternehmens wird anberaumt. Über welches Problem sollten sie reden?

- Marktanteile gehen verloren und damit werden zukünftige Geschäftsmöglichkeiten beeinträchtigt.
- Die Belegschaft ist dauerhaft überlastet und Motivationsprobleme sind zu befürchten.
- Es wird Qualitätsprobleme geben.
- Eigentlich müsste zusätzlich investiert werden, es fehlt aber derzeit an Liquidität.
- Möglicherweise wird gerade zu viel Aufmerksamkeit auf den chinesischen Markt gerichtet, wodurch andere Märkte zu sehr vernachlässigt werden.

Das ist nur eine Auswahl möglicher Problemdefinitionen. Je nachdem, auf welche man sich verständigt, werden unterschiedliche Diskussionen und letztlich auch Entscheidungen folgen.

Wenn die Ausgangs- und Zielsituation hinreichend geklärt sind und damit auch das zu lösende Problem umrissen ist, stellt sich die Frage nach der „richtigen" Entscheidung.

Nun kommen die nächsten Schwierigkeiten ins Spiel. Meist bleibt unklar, welche Ressourcen überhaupt verfügbar und aktivierbar sind, welches Portfolio an Handlungsmöglichkeiten es gibt und welche Folgen und Nebenwirkungen jeweils zu erwarten wären. In aller Regel steht ein wichtiger Teil der Informationen nicht zur Verfügung. Manche Informationen lassen sich nicht rechtzeitig, andere überhaupt nicht besorgen. Aber selbst in dem seltenen Fall, dass vor einer Entscheidungsfindung alle wichtigen Informationen vorliegen, kann es sein, dass sich die optimale Entscheidung nicht ermitteln lässt. Das gilt beispielsweise für das Schachspiel, ein eigentlich überschaubares und ausgesprochen stabiles System mit lediglich 32 Elementen, verteilt auf einem Feld mit 64 Quadraten. Für jeden der von zwei Spielern abwechselnd durchgeführten Züge gibt es im Durchschnitt 30 Möglichkeiten. Um für diese Situation die optimale Strategie auch nur für die nächsten 20 Züge auszurechnen, müsste man 30^{20} mögliche Zugfolgen berücksichtigen. Dafür bräuchte der IBM-Computer Deep Blue (er hat als Erster einen amtierenden Schachweltmeister geschlagen) 55 Billionen Jahre – mehr Zeit als bis heute seit dem Urknall verstrichen ist.

Aber selbst wenn das Problem eindeutig und wohldefiniert, alle notwendigen Informationen verfügbar und eine optimale Lösung ermittelbar wären, bliebe eine letzte grundsätzlich nicht auflösbare Schwierigkeit: Alle Informationen kommen aus der Gegenwart oder Vergangenheit, und die Zukunft wird mit Sicherheit anders sein – nur weiß niemand so genau wie.

Weil mithilfe von rationalen Entscheidungsfindungsverfahren oft keine absolut richtigen Lösungen abgeleitet werden können, gibt es unvermeidbar Rationalitätslücken, die mit Annahmen gefüllt werden müssen. Ihre Richtigkeit zeigt sich erst im Nachhinein, und das oft nicht einmal eindeutig. Es ist offensichtlich, dass sich damit ein Scheunentor für alle Spielarten der Mikropolitik öffnet.

Was bedeuten diese Überlegungen für die Rolle von Fachexperten? Es liegt auf der Hand, dass es mit zu ihren Aufgaben gehört, offenkundig interessengefärbten Aktivitäten zu begegnen, die im Erfolgsfall zulasten des übergeordneten Ganzen gehen würden. Sie können am besten die fachliche Tragfähigkeit der Argumente zusammen mit der logischen Stringenz des Vorgetragenen beurteilen. Fachexperten handeln, wenn sie das tun, als Vertreter der Sachrationalität oder als deren Lobby mit dem Ziel, diesen Anteil im Entscheidungsfindungsprozess zu maximieren. Natürlich verfügen auch Fachexperten nicht über absolutes Wissen, aber sie können einschlägige Erfahrungen und den neuesten Stand der Wissensentwicklung einbringen. Konkret besteht ihre Aufgabe im kritischen Überprüfen von Begründungszusammenhängen und im Aufzeigen von denkbaren Folge- und Nebenwirkungen, die anhand der Entscheidungskriterien von denjenigen zu bewerten sind, die die Entscheidung letzten Endes zu verantworten haben.

Die Ebene des Entscheidungsverhaltens

Auf dieser Ebene geht es um das Verhalten der beteiligten Akteure, um soziale Einflussfaktoren und Dynamiken, die mit den beteiligten Individuen und deren Zusammenspiel in der Entscheidungssituation zusammenhängen. Wenn die Definition des zu lösenden Problems und die Bewertung von Informationen und Lösungsalternativen sozial begründet sind, dann kommt den beteiligten Personen eine Hauptrolle für das Verständnis von Entscheidungsprozessen zu. Sehr unterschiedliche Aspekte kommen hier ins Spiel, zum Beispiel: Wer ist überhaupt dabei? Was bringen die Beteiligten an Motivation und an Fähigkeiten mit? Wie sprechen sie miteinander und was passiert gruppendynamisch „zwischen den Zeilen"? Wie ergebnisoffen gehen sie in den Prozess und welche Rücksichten auf die Interessen anderer wird genommen? Zur Erläuterung dieser Fragen dienen die folgenden Überlegungen:

- Welche Ergebnisse am Ende einer Entscheidungssitzung herauskommen, wird wesentlich durch genau diejenigen Personen bestimmt, die (zufällig oder auch nicht) gerade anwesend sind. Sie müssen nicht identisch sein mit all denjenigen, die sich innerhalb der Organisation mit dem Thema professionell beschäftigen. Wegen der Vielzahl an Projekten und Sitzungen, die häufig gleichzeitig an unterschiedlichen Orten stattfinden, werden kaum einmal die „richtigen" Personen vollständig präsent sein können. Manche Wissensträger werden fehlen, andere dabeisitzen, die eigentlich gar keinen produktiven Beitrag leisten können. Zufällige Mehrheiten und Stimmungen können deshalb am Ende für die Entscheidung ausschlaggebend werden.
- Die fachliche Qualität und die persönlichen Eigenarten der anwesenden Personen bilden wichtige Bestimmungsgrößen. Welche fachlichen, methodischen, sozialen und persönlichen Fähigkeiten haben sie? Wie ist die Mischung? Was ist in der Gruppe gehäuft vorhanden, was fehlt? Außerdem: Welche „Typen" und welche Berufsgruppen sind im Raum vertreten? Wie sind ihre Sichtweisen, Denkstrukturen, Vorstellungen und Erfahrungen, welche Interessen bringen sie mit?
- Der Entscheidungsprozess wird außerdem von der Motivation der Teilnehmer bestimmt. Wie stehen jeweils die Einzelnen persönlich zu dem fraglichen Thema? Ist es für sie überhaupt von Belang, oder nutzen Einzelne die Gelegenheit, nebenbei noch ein paar E-Mails zu bearbeiten? Was oder welche Fragen beschäftigen die einzelnen Teilnehmer gerade? Sachfragen? Persönliche Themen? Hoffnungen? Befürchtungen? Aktuelle Schwierigkeiten und Drucksituationen?
- Wie gut kommunizieren die Menschen miteinander? Hören sie sich überhaupt zu? Können sie sich untereinander verständigen, auch über eventuelle fachliche und kulturelle Sprachbarrieren hinaus? Sind sie an einem Konsens überhaupt interessiert? Ist ihre Haltung problemlösungsorientiert oder streben Einzelne bzw. Untergruppen danach, sich auf Kosten anderer durchzusetzen?

- Bei allen Sitzungen spielen gruppendynamische Effekte eine Rolle, und zwar umso mehr, je schwächer die Entscheidungssituation und das Entscheidungsfindungsverfahren strukturiert sind. Kalkül, das seinen Ausdruck in persönlichen Strategien und in gezielten Koalitionsbildungen findet, Gefühle wie Rivalität, der Wunsch nach größtmöglicher Autonomie, nach Nähe, Dominanz oder Harmonie sowie natürlich mikropolitische Manöver bestimmen in unterschiedlichen Mischungen die Szenerie und damit auch, welche Entscheidungen am Ende getroffen werden. Oft hat die Gruppendynamik etwas mit den im Raum vertretenen „Hierarchen" zu tun. Wie geht die Gruppe mit ihren ranghohen Mitgliedern um? Und was tun diese ihrerseits dafür, wie mit ihnen umgegangen wird?

- Gar nicht selten kommt es vor, dass Teilnehmer fertige Lösungen statt Fragen mitbringen und nur nach dazu passenden Argumenten Ausschau halten. Sie sind nicht ergebnisoffen, sondern von vornherein festgelegt. Das kann durchaus absichtlich geschehen, wenn sie zum Beispiel als Interessenvertreter ihrer Abteilungen in der Runde sitzen.

- Lösungen können auch, wie schon erwähnt, auf „diplomatischem Weg" als Übereinkunft zustande kommen. Dafür, dass am Ende alle Beteiligten damit leben können, begnügt man sich mit brauchbaren Ergebnissen, obwohl es sachlich bessere gibt. Man könnte in diesem Fall von einem sozialen Konsens sprechen, der aus Sicht des Gesamtsystems sachlich unbefriedigend sein kann.

Sachliche und logisch begründete Überlegungen sowie die vorgestellten Verhaltensaspekte spielen bei Entscheidungsfindungen eine mehr oder weniger große Rolle. Darüber hinaus ist der Kontext der Entscheidungsfindung wichtig, denn die beteiligten Menschen treffen sich niemals geschichtslos und zufällig an einem beliebigen Ort zu einer beliebigen Zeit.

Die Ebene des Entscheidungskontextes

Auf dieser Ebene geht es einerseits um den unmittelbaren Situationskontext und andererseits um den weiteren, übergreifenden Organisationskontext. Vermutlich weiß jeder aus eigener Erfahrung, dass manchmal die äußeren Umstände dafür ausschlaggebend sind, dass sich die Entscheidungsalternative A gegenüber der Entscheidungsalternative B durchsetzt. Mögliche Gründe dafür können sein:

- Der Entscheidungsfindungsprozess wird durch die Art und Weise bestimmt, wie das Treffen angekündigt und begründet worden ist. Was ist der Anlass und welche Ziele sollen erreicht werden? Die Menschen kommen mit bestimmten Vorstellungen und Erwartungen, die sie auch aus der ihnen zugegangenen Einladung herleiten. Und davon wird ihr Verhalten während der Sitzung beeinflusst.

- Dasselbe gilt für frühere Erfahrungen mit vergleichbaren Treffen. Die Historie der Sitzung und die allgemeinen Erfahrungen mit Problemlösungs- und Entscheidungssitzungen im Unternehmen prägen die Erwartungen und sorgen nicht selten für Self-Fulfilling-Prophecies.
- Einen nicht zu unterschätzenden Einfluss hat die physische Umgebung der Sitzung. Diskussionen werden kürzer, wenn im Hochsommer die Klimaanlage ausfällt. Die Konzentration leidet, wenn ständig der Hausmeister die Besprechung stört. Und eine Sitzung im ungemütlichen Kellerraum ohne Erfrischungsgetränke oder sonstige Annehmlichkeiten wird im Allgemeinen ebenfalls für eine beschleunigte Entscheidungsfindung sorgen.
- Weiterhin spielt es eine Rolle, ob die Sitzung an einem attraktiven oder unattraktiven Ort stattfindet, wie das Zeitbudget aussieht und zu welcher Tageszeit die Entscheidungssitzung stattfindet.
- Ziele, Strategien, Struktur und Kultur des Unternehmens bilden den wesentlichen Organisationskontext. Sie lenken und kanalisieren maßgeblich die Aufmerksamkeit, das Denken und Fühlen der Beteiligten. Darüber hinaus spielt die jeweils aktuelle Position des Unternehmens im Markt und in der Branche eine Rolle. Es macht einen Unterschied, ob das betreffende Unternehmen ein Gewinner oder ein Nachzügler ist, ob die Geschäfte glänzend laufen oder ob gerade eine existenzielle Krise herrscht.
- Neben den offiziellen Zielen und Strategien gibt es zu jeder Zeit bestimmte Stimmungen, Meinungsströme und Managementpräferenzen, die größtenteils von außen kommen und eine innere Reaktion des Unternehmens darstellen. Stimmungen, Meinungsströme und Managementpräferenzen haben gewöhnlich für eine unbestimmte Zeit „Konjunktur" und werden dann von anderen abgelöst. Zusammen mit den traditionellen Gewohnheiten und Präferenzen des Entscheidungsverhaltens (Stichworte dafür sind zum Beispiel Risikoneigung oder Konsensorientierung) können sie das Ergebnis unter Umständen stark mitbestimmen.
- Dasselbe gilt für die vorherrschenden Annahmen bezüglich der Zukunft der zu treffenden Entscheidung. Wie geht es mit ihr weiter? Wo und wie wird sie mit anderen Entscheidungen verknüpft? Bleibt sie überhaupt bestehen? Welches „Schicksal" steht ihr wahrscheinlich bevor?

Sachlogik, Verhaltensweisen und Kontextfaktoren sind wichtige Entscheidungsfaktoren. Hinzu kommen die persönlichen Intentionen der Beteiligten. Natürlich erfolgen in der Realität logische Beweisführungen, individuelles oder Gruppenverhalten sowie die Festlegung von Kontextfaktoren selten frei von Interessen, also von mikropolitischen Hintergründen. Mikropolitik ist ein wichtiger Gegenspieler von Sachrationalität, für die bekanntlich Fachexperten stehen. Daraus ergeben sich mindestens die folgenden zwei Fragen: In welchen Formen und Spielarten tritt Mikropolitik eigentlich auf? Und was bedeutet das für die Rolle bzw. das erwünschte Verhalten von Fachexperten?

Mikropolitik und die Rolle des Fachexperten

„Das Geheimnis des Erfolgs sind Ehrlichkeit und Kulanz. Wenn du die vortäuschen kannst, hast du's geschafft." (Groucho Marx)

Entscheidungen sollten, einer verbreiteten Norm folgend, möglichst rational im Hinblick auf definierte gemeinsame Ziele getroffen werden. Diese Norm ist in unserer Gesellschaft tief verankert, jedoch hat schon die kurze Diskussion zur Sach- und Entscheidungslogik in diesem Buch (siehe Abschnitt 3.1.1) gezeigt, dass sie nur bedingt erfüllt werden kann. Vor allem in komplexen und undurchsichtigen Entscheidungssituationen sind Rationalitätslücken unvermeidlich. Dies ist das „Einfalltor" für Mikropolitik, verstanden (nach Neuberger, 1995) als das Arsenal an persönlichen Strategien, Taktiken und Techniken, mit deren Hilfe Macht und Einfluss eingesetzt und ausgebaut werden, um individuelle Ziele zu erreichen. Mikropolitik füllt Rationalitätslücken, was für die Organisation von Vorteil, aber auch von Nachteil sein kann.

Moderne Organisationsstrukturen bilden einen guten Nährboden für alle Formen der Mikropolitik. In den letzten Jahren und Jahrzehnten ist die Regelungsdichte stark gesunken. Traditionelle Orientierungsgrößen (offizielle wie inoffizielle) haben ihre handlungsleitende Funktion verloren. Viele Routinen, Denkgewohnheiten und Werte, sogar manche bislang als unantastbar geltende Sachzwänge haben begonnen, sich aufzulösen. Gleichzeitig werden die Hintergründe und Zusammenhänge der zu treffenden Entscheidungen immer undurchsichtiger. Es ist fraglich, ob Führung diese Lücken schließen könnte, in der Praxis will sie es jedenfalls oft gar nicht. Infolgedessen sind die Autonomiespielräume der meisten Menschen deutlich gewachsen. Individuelles Entscheidungsverhalten muss Lücken schließen, die es zuvor aufgrund von klaren Regeln und eindeutigen Wegweisern nicht gegeben hat. Und dieser Vorgang ist unvermeidbar interessengefärbt. Ein einfaches Beispiel dafür: Wenn jemand zwischen verschiedenen Alternativen wählen soll, die alle Vor- und Nachteile haben und von denen keine die eindeutig beste ist, warum sollte er sich nicht für diejenige entscheiden, die seinen persönlichen Interessen am nächsten kommt?

Mikropolitische Prozesse beziehen ihre Energie zu einem großen Teil aus der Konfliktdynamik, die sich aufgrund der Unterschiedlichkeit der Ziele und Vorstellungen der handelnden Personen ergibt. Dabei müssen die Ergebnisse nicht zwangsläufig negativ sein. Dadurch, dass überhaupt entschieden wird, obwohl die Ziele mehrdeutig und inkonsistent und die Verfügbarkeit der Mittel unklar sein mögen und obwohl vielleicht noch wichtige Informationen fehlen, bleibt Handlungskontinuität erhalten. Widersprüchliches und Mehrdeutiges führt dann nicht zur Lähmung, sondern möglicherweise zu originellen und innovativen Lösungen. Ein Übermaß an Mikropolitik wird jedoch die Effizienz und Effektivität der Organisation beeinträchtigen und Schaden anrichten. Ihn zu begrenzen, gehört zu den Aufgaben der Fachexperten.

Natürlich haben auch Fachexperten Interessen, beispielsweise in Ruhe gelassen zu werden, damit sie ihre thematischen Hobbys weitgehend losgelöst von den Nutzenüberlegungen anderer verfolgen können. Oder vielleicht möchten manche auch persönliche Vorteile durch das Verfassen von „Gefälligkeitsgutachten" erzielen, die dazu dienen, das von Auftraggebern Gewünschte mit dem Siegel „objektiver" Wissenschaftlichkeit auszustatten. Wenn Fachexperten aber als Wissensunternehmer im hier verstandenen Sinne unterwegs sind, d. h. als Mitunternehmer in einer Organisation, mit der sie sich identifizieren, dann besteht ihre Aufgabe auch darin, aufmerksam zu sein für Manöver, die dem übergeordneten Ganzen schaden können, und sie mit ihren Mitteln zu kontern.

Dafür sollten sie vor allem für Transparenz sorgen. Das könnte beispielsweise bedeuten, in entscheidungsrelevanten Sitzungen die Diskussionsinhalte auf ihre fachliche und logische Validität hin zu überprüfen und die möglichen Folgen und Folgefolgen für alle Beteiligten erkennbar werden zu lassen. Im Idealfall ist es ihre Rolle, Sachwalter des Rationalitätsprinzips zu sein. Fachexperten betreiben dann quasi Lobbyarbeit zugunsten von Sachlichkeit und Wissensbasiertheit. Das darf nicht verwechselt werden mit kleinkariertem Denken oder rechthaberischem Verhalten. Schon gar nicht ist die Bewertung möglicher Konsequenzen an den *eigenen* Kriterien gemeint. Das Setzen von Bewertungskriterien ist grundsätzlich die Sache des Managements.

Wenn sich Fachexperten wie Sachwalter des Rationalitätsprinzips verhalten, mischen sie sich ein und können leicht in Konflikte geraten, auch wenn sie die Entscheidungshoheit des Managements grundsätzlich respektieren. In gewisser Weise ähnelt ihre Situation in einer Entscheidungssitzung der eines Anwalts vor Gericht, der, um seinen Prozess gewinnen zu können, nicht nur ein guter Jurist, sondern auch ein cleverer Taktiker und Stratege sein muss, der mit allen Wassern gewaschen die Tricks der Gegenseite erkennt und mit seinen Mitteln erfolgreich kontert. Fachexperten sollten deshalb gut vorbereitet in wichtige Auseinandersetzungen gehen. Dabei ist es oft wichtiger, sich auf die beteiligten Personen und Gruppierungen einzustellen, als sich zu 100 Prozent mit der Sache und ihrer Darstellung zu befassen. Am Ende dieses Buchteils (Kapitel 5) finden sich zwei Fragenkataloge zur Vorbereitung wichtiger Entscheidungssitzungen.

Um Menschen zielorientiert im Sinne der eigenen Interessen beeinflussen zu können, bieten sich drei Strategien an: Motivation (durch Überzeugung), Manipulation und Zwang. Diese Strategien lassen sich nicht immer ganz trennscharf unterscheiden, geschickte Überzeugungsarbeit hat zum Beispiel häufig auch einen (kleinen) manipulativen Anteil. Entscheidend ist vor allem die innere Haltung, die derjenige, der beeinflusst werden soll, spüren wird.

Unproblematisch ist die Strategie der Motivation bzw. des Überzeugens: mit klaren und nachprüfbaren Fakten sowie mit logischen Begründungen argumentieren, offen und selbstbewusst für die eigene Sache werben, transparente Tauschgeschäfte anbieten, ehrliche Imagearbeit in eigener Sache betreiben etc. Kritisch sind manipulative Techniken, denn sie zerstören mit der Zeit die sozialen Beziehungen. Unakzeptabel sind Einschüchterungen und Intrigen, kriminell sind Formen, die man sonst zum Beispiel aus Mafiafilmen kennt: die Fälschung von Dokumenten, Rufmord, Erpressung oder Korruption. Damit sind wir bei den Spielarten der Mikropolitik.

Ansatzpunkte und Spielarten der Mikropolitik

Mikropolitik kann beim Entscheidungskontext, im Entscheidungsvorfeld und während der Entscheidungssitzung ansetzen. Wer manipulieren möchte, wird eher unauffällig und mit kleinen Interventionen steuern. Mikropolitik wirkt gut im Verborgenen. Im Folgenden sind weitere Ansatzpunkte aufgeführt, die nicht zum Ausprobieren gedacht sind, sondern zur Sensibilisierung und zur Schärfung der Aufmerksamkeit:

- gute Beziehungen gezielt ausnutzen, sich eventuell bewusst „nach oben" einschmeicheln,
- Informations- und Wissensquellen monopolisieren,
- auf die „richtige" Formulierung von Protokollen achten, sodass persönliche Meinungen und Vorstellungen offiziell werden,
- auf Zeit spielen und generell auf das richtige Timing achten, günstige Gelegenheiten ergeben sich oft kurzfristig, vieles ist Zufall und das Blatt kann sich wenden,
- subjektiv unerwünschte Probleme und Lösungen in solche Entscheidungssituationen bzw. -arenen lenken, in denen sie keinen Schaden anrichten können,
- wenn die Chancen für bestimmte Projektvorschläge und Anträge ungünstig sind, möglichst viele davon einbringen, damit das System überlastet wird – dies erhöht die Wahrscheinlichkeit, dass zumindest einige behandelt/bewilligt werden,
- dafür sorgen, dass Opponenten besonders an mühsamen und frustrierenden Entscheidungsprozessen teilnehmen, damit sie bald die Lust verlieren und aussteigen,
- darauf achten, dass die „richtigen" Leute zu den Entscheidungssitzungen kommen (oder gerade nicht) und sie möglichst vorher schon kontaktieren („briefen"), in diesem Zusammenhang:
    - vorab gezielte Stimmungsmache betreiben, eventuell Gerüchte lancieren,
    - den Ort, die Zeit und die Rahmenbedingungen der Entscheidungssitzung gezielt auswählen,
    - Einladungen so verfassen, dass eine Teilnahme für bestimmte Personen attraktiv oder unattraktiv erscheint,
    - Einzelne vorab hochjubeln oder diskreditieren, um über ihren Status das Gewicht ihrer Sachbeiträge zu verändern,
    - heimlich verdeckte Koalitionen und Interessengemeinschaften bilden,

- während der Sitzung das Verhalten so auswählen, wie es mutmaßlich akzeptiert, gewünscht oder wertgeschätzt wird: sich als besonders kompetenter und/oder als nicht verantwortlicher Experte zeigen, als glaubwürdig, hilfsbedürftig, liebenswert, moralisch integer darstellen, sich gezielt und an der richtigen Stelle entschuldigen, sich situativ einschmeicheln,
- Lösungen so entwickeln oder anbieten, dass sich durch sie auch persönliche Vorteile für die wichtigsten und einflussreichsten Entscheider im Raum ergeben,
- falsche Eindrücke erzeugen, Wichtiges und Entscheidendes bewusst ausblenden, Unwichtiges aufblasen, mit großer Bestimmtheit Unsinn erzählen nach dem Motto: „Eine stramme Behauptung wirkt stärker als ein wackeliger Beweis",
- dafür sorgen, dass die Dinge „richtig" gesehen und interpretiert werden (Einflussnahme auf die Definition dessen, was geschieht und geschah),
- für „geeignete" gruppendynamische Effekte sorgen, zum Beispiel durch die unauffällige Platzierung oder auch Vermeidung von Reizthemen,
- Gegengeschäfte manipulativ herbeiführen (bevor mir klar ist, was geschieht, stehe ich schon bei jemandem in der Schuld),
- jemanden persönlich angreifen, dabei aber eigentlich dessen inhaltliche Position meinen (wenn der Angegriffene daraufhin ungeschickt, persönlich beleidigt, schnippisch oder übermäßig aggressiv reagiert, schwächt er für gewöhnlich seine inhaltliche Position).

„Bewährte" Manipulationstechniken sind auch die folgenden:

- *Foot-in-the-Door-Technique:* Wenn man eine Person erst einmal dazu bringt, einer kleinen Bitte nachzukommen, wird sie im nächsten Schritt eher bereit sein, eine größere Bitte zu erfüllen. Damit verwandt ist die Salamitaktik.
- *Door-in-the-Face-Technique*: Zunächst eine (unverschämt) große Bitte vorbringen, die mit großer Wahrscheinlichkeit abgelehnt wird. Dadurch erhöht sich die Chance, dass im nächsten Schritt (sofern einem nicht quasi die Tür vor der Nase zugeschlagen worden ist) „wenigstens" eine kleinere Bitte erfüllt wird. Der Trick dabei: Ohne die vorherige Ablehnung der großen Bitte wäre die kleinere mit großer Wahrscheinlichkeit abgelehnt worden.
- *Low-Ball-Technique:* Zuerst wird eine gut erfüllbare und vernünftige Forderung gestellt. Nach der grundsätzlichen Zustimmung werden Zug um Zug die Anforderungen erhöht bzw. weitere Details genannt, welche die Kosten der Zustimmung (wortwörtlich oder im übertragenen Sinne) erhöhen.
- *That´s-not-all-Technique:* Eine sehr große Bitte oder Anforderung wird ausgesprochen, aber diese wird sofort relativiert durch ein Zugeständnis, welches das Ganze billiger und akzeptabler erscheinen lässt, obwohl es teuer bleibt.

- *Piquet-Technique:* Eine ungewöhnliche, unerwartete Bitte hervorbringen, die den anderen überrascht und seine gewohnte Art der Ablehnung stört. Dadurch wächst die Wahrscheinlichkeit, dass sie zumindest teilweise akzeptiert wird.

Die meisten mikropolitischen Techniken funktionieren am besten im Dunkeln, und manche sind ausgesprochen unappetitlich. Daher rührt ihr schlechter Ruf. Natürlich ist auch ein Fachexperte gelegentlich mikropolitisch in eigener Sache unterwegs – und zwar nicht immer so offen und transparent, wie er vielleicht selbst denkt. Es gehört, wie bereits festgestellt, dennoch zu seiner Rolle, dass er auf interessenorientierte Interventionen im Unternehmen achtet und mit seinen Mitteln kontert. Am besten wird ihm das gelingen, wenn er vor schwierigen Gesprächen oder Sitzungen die Interessenlagen der Beteiligten und Betroffenen sowie deren strukturelle Durchsetzungskraft (die mikropolitische „Power") sorgfältig analysiert, unabhängig davon, ob mit ihr zu rechnen ist oder nicht. Sie hängt im Wesentlichen von folgenden Punkten ab:

- Welches Tausch- oder Sanktionspotenzial besitzt wer? Was könnte wer wem bieten bzw. womit könnte wer andere bedrohen?
- Wer ist in welchem Maße für die Organisation wichtig und ersetzbar? Was wäre verloren, wenn wer ausfiele?
- Wie zentral bewegt sich wer im Strom des Informationsaustausches und der wichtigen Meinungsbildungsprozesse? Wie gut ist wer „im Bilde" bzw. wie vernehmlich ist wer „auf Sendung"?
- Was schreibt man wem zu? Welche Zuschreibungen durch Dritte gibt es, unabhängig davon, wer was wirklich zu bieten hat?

Der letzte Punkt erinnert an einen Joker und der spielt besonders bei gewieften Spielern bekanntlich eine große Rolle.

In Abschnitt 5.2 dieses Buchteils befindet sich eine Checkliste zur Analyse des mikropolitischen Potenzials. Sie kann bei der Vorbereitung einer brisanten Entscheidungssitzung gute Dienste leisten.

4.1 Auf einen Blick

In den letzten Jahren und Jahrzehnten hat sich das Verständnis darüber, was Wissen eigentlich ist, verändert. Lange galt Wissen als objektive Erkenntnis, als „wahr" und damit personenunabhängig. Diese Vorstellung ist aufgrund jüngerer wissenschaftlicher Erkenntnisse problematisch geworden. In der Unternehmenspraxis wird Wissen dagegen von jeher funktional betrachtet. Sein Wert wird danach beurteilt, wie weit es sich im Organisationsalltag bei der Lösung von Problemen bewährt. Klar ist allerdings, dass sich Wissen nicht „managen" oder bewirtschaften lässt wie irgendein materielles Gut. Wissen ist immateriell und befindet sich in den Köpfen der Menschen. Erkennen und Verstehen hängen davon ab, wie unser Nervensystem funktioniert, was es entschlüsseln kann und wie es mit den entschlüsselten Informationen umgeht. Das hat wichtige Konsequenzen insbesondere für den Umgang mit und den Austausch von Wissen:

- Gesagtes wird unterschiedlich gehört und verstanden. Derjenige, der Wissen vermittelt, hat keine direkte Kontrolle über das, was bei anderen ankommt und was andere damit verbinden.

- Lernen und Wissen sind grundsätzlich erfahrungsgebunden (fraglich ist das lediglich im Bereich der reinen Logik und der höheren Mathematik). Wissenserwerb geschieht letzten Endes über Versuch und Irrtum. Gehörtes oder Gesehenes, das sich nicht mit unserer Erfahrung und unseren persönlichen Theorien verbindet, wird nicht wirksam und schnell wieder vergessen. Abstrakte Lehrsätze, angelesene Erkenntnisse, unverarbeitete Empfehlungen oder Ratschläge können wichtige Informationen sein. Wert erhalten sie aber erst durch ihre Verwendung (Tun) bzw. Verarbeitung (gedankliche Integration der Vorstellungen mit dem persönlichen Vorwissen). Dann werden sie in einen Erfahrungskontext integriert und zu (persönlichem) Wissen.

- Weil Wissen erfahrungsgebunden ist, ist es immer einzigartig und individuell (mögliche Ausnahme siehe voriger Punkt). Streng genommen können wir deshalb unser Wissen gar nicht an andere weitergeben. Allerdings kann es in einem interaktiven Prozess gelingen, das Wissen des einen partiell in die Erfahrungswelt des anderen einzubauen. Häufig führt der Dialog gleichzeitig zu einer neuen Verankerung des Wissens bei dem Lehrenden, sodass sich die Grenze zwischen Lehrendem und Lernendem verwischen kann.

- Wir alle wissen viel mehr, als wir wissen. Versuche wie der „Iowa Card Test" zeigen, dass unser bewusstes, in Worten darstellbares (explizites oder deklaratives) Wissen nur die Spitze unseres persönlichen „Wissenseisberges" ist. Darüber hinaus besitzen wir in großem Umfang implizites (Handlungs-, Erfahrungs- oder prozedurales) Wissen, das wir kaum kennen, das aber hochwirksam ist, weil es unser Verhalten stärker und gleichzeitig weniger spürbar steuert als unser explizites Wissen.

4.2   Was ist eigentlich „Wissen"?

Daku   *Fazit*

„Wir ertrinken in Informationen, aber uns dürstet nach Wissen" (John Naisbitt)

Der Begriff „Wissen" erschließt sich scheinbar auf den ersten Blick – sicher ein Grund dafür, warum noch vor wenigen Jahren ein gravierendes Missverständnis über die Natur von Wissen vorherrschte. Die meisten von uns verknüpfen mit dem Begriff „Wissen" automatisch bestimmte Vorstellungen, die bis in unsere Schulzeit zurückreichen. In der Schule sind Wissensinhalte (der sogenannte Lernstoff) in Lehrplänen geordnet. Diese Lehrpläne entsprechen den Überlegungen von Verantwortlichen in Bildungsministerien davon, was Schüler einer bestimmten Klassen- und Leistungsstufe lernen sollten. Und das bedeutet, dass gelernt werden muss, was vorgeschrieben ist, unabhängig davon, wer gerade lehrt oder welcher konkrete Schüler den Lehrern gegenübersitzt. Was haben der Westfälische Frieden, die trigonometrischen Formeln und „Die Glocke" von Friedrich Schiller mit dem konkreten Schüler Hans Müller zu tun, der soeben irgendwo in Deutschland unterrichtet wird? Die Vorstellung liegt deshalb nahe, dass Wissen seiner Natur nach etwas quasi Gegenständliches ist, das man ähnlich wie Bücher oder Akten verwalten und bewirtschaften kann. Wissen ist demnach zunächst außerhalb von Menschen wie Schülern oder Studenten zu finden und kann von diesen allenfalls – je nach Fleiß und Intelligenz – verstanden und aufgenommen werden. Wir alle teilen gleichzeitig die Erfahrung, dass vieles mühsam Erlernte höchstens für das Bestehen einer Prüfung von Wert war und danach rasch wieder aus der Erinnerung verschwand oder höchstens als weitestgehend ungenutztes („totes") Wissen kurzzeitige Wiederauferstehung feierte, zum Beispiel beim Ausfüllen von Kreuzworträtseln. Für unseren praktischen Lebensalltag spielt es keine Rolle.

Die uns aus der Schulzeit vertrauten Vorstellungen wurzeln in einem klassischen und bis in die Zeit der Aufklärung zurückreichenden Begriffsverständnis. Demnach ist Wissen objektive Erkenntnis und damit personenunabhängig sowie ein Wert an sich. Der An-

Wahrheit

spruch ist Wahrheit. Und wenn Wissen wahr ist, ist es logisch ableitbar, begründbar und intersubjektiv nachvollziehbar. Dieses Verständnis ist zur Grundlage der Wissenschaften – insbesondere der Naturwissenschaften – geworden. In den letzten Jahren und Jahrzehnten sind allerdings auch dort die Schwierigkeiten deutlich geworden, die mit der unbedingten Forderung nach Objektivität und Widerspruchsfreiheit zusammenhängen.

In der Organisationspraxis wird Wissen dagegen funktional im Hinblick auf seine mögliche Nutzenstiftung gesehen. Sein Wert wird danach beurteilt, wie weit es sich in der (Lebens-)Praxis bewährt. Aus dieser Diskussion entstand u. a. die wichtige Unterscheidung zwischen Daten, Informationen und Wissen. *Daten* sind demnach Texte, Zahlen und Bilder, die es um uns herum in mittlerweile fast unendlicher Menge gibt. Zeitungen, Fernsehen oder das Internet: Überall findet sich ein überwältigendes Angebot an Daten. Wir sind außerstande, sie vollständig wahrzunehmen und zu verarbeiten. Aber wer will das auch schon? Genervt sitzt beispielsweise Kurt Müller vor seinem Fernsehgerät und springt mithilfe seiner Fernbedienung von Programm zu Programm mit einer mittleren Verweilzeit von etwa drei Sekunden. Das Angebotene interessiert ihn nicht. Es hat keinerlei Wert für Kurt, bis er plötzlich auf eine Sendung stößt, die für ihn einen Unterschied macht: Eine Zusammenfassung des letzten Spieltags der Fußball-Bundesliga. Seine neben ihm sitzende Ehefrau Klara langweilt der Bericht genauso wie alles davor Gesehene. Weil Kurt sich nicht zu einem raschen Weiterschalten bewegen lässt, zieht sich Klara schlecht gelaunt in ein anderes Zimmer zurück. Der Bericht ist für Kurt interessant, für Klara nicht. Sie besitzt andere Relevanzkriterien.   *Relevanz*

Daten, die relevant sind und deswegen einen Unterschied machen, werden *Informationen* genannt. Sie sind deshalb relevant, weil sie etwas zu tun haben mit den aktuellen Wünschen, Bedürfnissen oder Zielen desjenigen, der sie wahrnimmt. Kurt ist ein Fußballfreund, also sind Fußballsendungen für ihn interessant. Für Klara sind sie es keineswegs. Sie hätte vielleicht bei einer Krimiserie innegehalten.

Weil sich die Menschen im Hinblick auf Wünsche, Bedürfnisse oder Ziele unterscheiden, ist die Zuschreibung von Relevanz subjektiv. Die Diskussion über Spielstärken einzelner Mannschaften liefert für den Fußballfreund Informationen, für Klara sind es Daten. Angenommen, Kurt verwendet die Informationen aus der Berichterstattung, um einige Spielprognosen für den nächsten Spieltag abzuleiten, und weiter angenommen, er füllt einen Tippzettel aus und gewinnt. Dann freut er sich nicht nur, sondern er hat auch etwas gelernt, nämlich dass die in der Sendung vorgenommenen Einschätzungen zusammen mit seinen eigenen Überlegungen dazu prinzipiell richtig waren (oder, vorsichtiger ausgedrückt, nicht offensichtlich falsch). Aus Information ist *Wissen* geworden – Wissen, das grundsätzlich dazu dient, sich begründete Vorstellungen von der Welt zu machen, die nicht gleich bei der nächsten Erfahrung wieder in sich zusammenstürzen und die damit Orientierung stiften können.

Persönliche Relevanzkriterien entscheiden also darüber, ob es sich jeweils um Daten oder um Informationen handelt. Und erst wenn Informationen beim Tun verwendet bzw. im Kopf verarbeitet werden, kann daraus Wissen entstehen. Verarbeiten heißt, dass die neuen Informationen mit dem schon vorhandenen Wissen gedanklich verknüpft werden. Wer zum Beispiel ein Fachbuch liest und danach den Inhalt mit eigenen Worten wiedergibt, dabei Gelesenes und schon vorher Gewusstes miteinander verbinden und vielleicht auch noch Beispiele aus dem eigenen Erfahrungsbereich hinzufügen kann, der hat das Buch offensichtlich verstanden („verdaut"). Er hat etwas gelernt, also Wissen hinzugewonnen. Wer dagegen den Inhalt des Buches nur wie ein Papagei wiederholen kann, ohne Bezug zu seinen eigenen Erfahrungen und seinem Vorwissen, bei dem ist das Buch eine Informationssammlung oder sogar nur eine Datensammlung geblieben.

Nach diesem Verständnis existiert Wissen nur im Kopf des Wissensträgers, nirgends sonst. Es ist untrennbar mit seinen persönlichen Erfahrungen verbunden und ein Produkt seiner Lebensgeschichte. Neues Wissen zieht Veränderungen im Denken, Fühlen und Handeln nach sich: Kurts Erfolg bei der Sportwette wird ihn möglicherweise beflügeln, bei nächster Gelegenheit einen neuen Versuch zu wagen. Damit wird er gleichzeitig die „Richtigkeit" seines Wissens (bzw. der zugrunde liegenden Annahmen) überprüfen. Wenn er erneut erfolgreich ist, hat sich sein Wissen bestätigt und es wird sich verfestigen. Mit der Zeit wird er sich immer sicherer werden, bis er plötzlich wieder verliert. Spätestens dann muss er erkennen, dass sein Wissen unvollständig ist, von vornherein auf falschen Annahmen beruht oder durch Veränderungen der äußeren Umstände veraltet ist.

Weil Wissen erfahrungsgebunden ist, kann es nicht wie zum Beispiel eine Datei im Computer einfach so weitergegeben werden. Angenommen, Kurt möchte sein Wissen mit seinem Freund Fritz teilen. Dafür muss sich Kurt zunächst sein Wissen wieder bewusst machen, es in seinem Kopf reproduzieren und es Fritz erläutern. Fritz muss es verstehen (rekonstruieren) und in den Rahmen *seiner* Erfahrungen und *seiner* persönlichen Theorien einfügen. Wenn es ihm sinnvoll erscheint, wird er Kurts Erläuterungen nutzen und selbst Erfahrungen damit machen. Möglicherweise kann Kurt aber gar nicht logisch begründen, warum er zu dieser oder jener Wette gekommen ist. „Bauchgefühl", wird er vielleicht sagen. Weitere Erklärungen fallen ihm schwer. Er hat sich viele Jahre lang mit Fußball beschäftigt. Vor diesem Hintergrund, d. h. mit seinem über Jahre aufgebauten Wissen, hat er die Informationen aus der letzten Fußballsendung verwertet. Dieses Wissen ist vorhanden, aber teilweise unterhalb seiner Bewusstseinsschwelle geblieben.

Solange Kurts Wetten aufgehen, kann ihm das Zustandekommen seines „Bauchgefühls" gleichgültig sein. Wenn er sich darauf verlassen kann, ist er zufrieden. Schade, dass es ihm nur in geringem Maße gelingt, Fritz in sein „Geheimwissen" einzuweihen. Aber wenigstens behält er die Aura des unerreichbar Wissenden, zumindest in Fußballfragen. Wissen, das (zunächst) anderen nicht erklärt werden kann, wird „implizites Wissen" (auch Handlungs-, Erfahrungs- oder prozedurales Wissen) genannt. Wir alle wissen (implizit) viel mehr als wir (explizit) wissen. Erfahrung lässt zum Beispiel den Mechanikermeister viel schneller den Fehler im Motor des Kundenfahrzeuges finden als sein theoretisch gut oder sogar besser ausgebildeter Geselle, ohne dass der „alte Hase" das hinterher erklären könnte. Oder wie wollen wir Muttersprachler erklären, warum wir sofort verstehen, was es bedeutet, „auf der Kreuzung müsse man den Schutzmann *umfahren*"? Wer könnte aus dem Stegreif die wichtigsten grammatikalischen Regeln aufschreiben, die er ohne zu überlegen ständig benutzt? Oder erklären Sie doch einmal jemandem, wie genau Sie es schaffen, Fahrrad zu fahren. Explizites, in Worten darstellbares Wissen ist offenbar nur die Spitze unseres persönlichen „Wissenseisberges".

Lernen erfolgt durch Versuch und Irrtum. Versuch bedeutet, aktiv in das äußere Geschehen einzugreifen, normalerweise, um etwas Bestimmtes zu erreichen. Irrtum ist – so wie Erfolg auch – eine Antwort der Umwelt darauf. Versuch und Erfolg bzw. Irrtum bilden gemeinsam eine Erfahrung. Wenn ein erster Versuch scheitert und ein zweiter erfolgreich endet, hat der Betreffende etwas gelernt. Dieser Vorgang ist fundamental. Kurts Trefferquote bei Sportwetten könnte im Laufe der Zeit noch besser werden. Natürlich wird er (legal) niemals 100 Prozent erreichen, dafür sind selbst Fußballspiele viel zu komplex, aber Erfahrung (wiederholte Versuchs-und–Irrtums-Prozesse) verspricht Besserung, weil Spielverläufe nicht völlig zufällig sind. Fritz hat zwar kürzlich von Kurt einiges dazugelernt, aber er wird im Durchschnitt noch eine ganze Weile lang weniger erfolgreich bleiben – es sei denn, er hat Glück, was im Fall eines Fußballspiels mit seiner Vielzahl an wechselwirkenden Einflussgrößen immer ein wichtiger Faktor ist.

Auch soziales Lernen geschieht über Versuch und Irrtum. In den ersten Tagen bei einem neuen Arbeitgeber sind gewöhnlich besonders viele „Fettnäpfchen" ausgelegt. Die gültigen sozialen Regeln (was sich dort gehört, was positiv und was negativ konnotiert ist) sind noch unbekannt. Als „Neuer" ist man auf das Feedback der neuen Kollegen angewiesen, um sich rasch einzufinden. Je nachdem, wie subtil oder direkt das geschieht und wie sensibel der Betreffende wahrnimmt und versteht, dauert dieser Prozess kürzer oder länger. Das Erlernen der Muttersprache ist ein weiteres Beispiel. Babys imitieren die Laute der Eltern (Versuch) und bekommen im Erfolgsfall ein unmittelbares, begeistertes Feedback, das für weitere Versuche ermutigt. Im Misserfolgsfall geschieht normalerweise eine liebevolle Korrektur, die weitere und am Ende erfolgreiche Versuche des Babys nach sich zieht.

Der Versuchs-und–Irrtums-Prozess bei sozialem Lernen erfolgt allgemein über Modellbildung. Menschen lernen ihren eigenen Stil, indem sie das Verhalten anderer Menschen nachahmen oder sich bewusst davon abgrenzen. Sie probieren auf diese Weise Verhalten aus (Versuch), beobachten die Reaktionen des Umfeldes und spüren nach, was das Ganze in ihnen auslöst (Irrtum/Erfolg). Unsere eigenen Verhaltensmuster sind insofern vor allem eine bewährte und möglicherweise originelle Mischung und Kombination aus zuvor beobachteten Verhaltensweisen anderer. Eigene Verhaltenserfindungen sind selten. In jedem Fall aber müssen unsere gewöhnlichen Verhaltensweisen in irgendeiner Weise zielführend sein in Bezug auf das, was wir wollen, sonst halten wir nicht an ihnen fest. Was wir aber jeweils genau wollen, bewusst oder unbewusst, das ist noch einmal eine andere schwierige Frage.

Gleichgültig, ob von sachlichem oder sozialem Lernen die Rede ist, in beiden Fällen kann man Wissen als *Handlungskompetenz* bzw. als *Potenzial zur Lösung von Problemen* definieren. Problemlösungen können das Gelingen einer Maschinenreparatur, das Aufgehen einer Marketingstrategie, das Erreichen materieller persönlicher Ziele, das Erfüllen von Wünschen oder die Befriedigung persönlicher Bedürfnisse sein. Hans Müller, dem die Kenntnis der „Glocke" von Friedrich Schiller gar nichts bringt außer einer ausreichenden Note im Deutschunterricht, erwirbt Informationen, weil die Deutschnote für ihn relevant ist. Wenn er später gar nichts mehr damit anfängt, seine Kenntnis des Gedichtes überhaupt keine Auswirkungen auf sein Handeln, Denken oder Fühlen hat, wird der Text aus seinem Gedächtnis verschwinden, ohne jemals lebendiges Wissen geworden zu sein. Er hatte etwas auswendig gelernt, das inhaltlich mit ihm selbst nichts zu tun hatte.

4.3   Lernen aus neurobiologischer Sicht

Die Vorstellung, dass sowohl Lernen als auch Wissen ein persönliches und erfahrungsgebundenes Phänomen ist, deckt sich mit jüngeren neurobiologischen Erkenntnissen. Auch die moderne Hirnforschung schwächt insofern das klassische Bildungsverständnis und die damit zusammenhängenden Vorstellungen über die Objektivität des Wissens und die Rationalität des Lernens. Bekannt geworden ist in diesem Zusammenhang der Iowa Card Test: Testpersonen beschäftigten sich an der Universität Iowa mit einem Glücksspiel, während sie an ein Messgerät zur Erfassung körperlicher Reaktionen angeschlossen waren. Bei dem Spiel sollten sie immer wieder Karten aus zwei verdeckten Stapeln ziehen. Ein Stapel führte zu kleinen Gewinnen im Wechsel mit kleinen Verlusten. Der andere Stapel führte zu seltenen Gewinnen größeren Ausmaßes, aber auch zu häufig hohen Verlusten. Unter dem Gesichtspunkt „Gewinnmaximierung" war der erste Stoß eindeutig besser, aber die Teilnehmer konnten das nicht wissen, sie nahmen lediglich einen kleinen und zufälligen Ausschnitt der realen Struktur wahr. Aber sie lernten, und zwar (zunächst) ohne es zu wissen! Schon nach etwa zehn Zügen begannen die Versuchsteilnehmer den schlechten Stapel zu meiden. Das Messgerät stellte leichten Angstschweiß und Herzklopfen fest, sobald die Hand in diese Richtung griff. Diese Reaktion des eigenen Körpers bemerkten die Teilnehmer jedoch nicht. Erst nach etwa dem fünfzigsten Zug sprachen sie von einer gefühlsmäßigen Abneigung gegen den schlechten Kartenstapel. Und erst ab dem etwa achtzigsten Zug konnten die intelligentesten Spieler ihre Empfindungen begründen und das Prinzip des Spiels erklären. Aus diesem Experiment wird deutlich, in welchen Stufen der natürliche Lernprozess abläuft:

Wiederholte Erfahrung

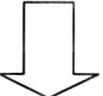

Mustererkennung und Körperreaktion

(Unbewusste emotionale Reaktion)

„Bauchgefühl", Intuition

(spürbar gewordene emotionale Reaktion)

Gedankliche Erfassung der Zusammenhänge

Abb. 4   Der natürliche Lernprozess

Lernen ist nach Erkenntnissen der Neurowissenschaften eine fundamentale Operation des Gehirns und evolutionsbiologisch schon viel älter als unser menschliches Bewusstsein. Unser Gehirn verarbeitet permanent aktuelle Erfahrungen, indem es sie nach Regelmäßigkeiten oder Mustern untersucht, also gewissermaßen statistisch auswertet. Hat es ein Muster erkannt, sendet es eine Meldung. Diese Meldung ist zunächst eine unbewusste Emotion und später, wenn die Emotion intensiver wird und eventuell auch mit bildhaften Vorstellungen einhergeht, ein „Bauchgefühl". Emotionen bzw. Gefühle resultieren nach dem heutigen Verständnis der meisten Neurobiologen aus einer unbewussten Situationsbewertung und wirken als Handlungsaufforderung. Ist das erkannte Muster neu, wird es für eine spätere Nutzung abgelegt. Auf diese Weise behalten wir von unseren konkreten Erfahrungen vor allem das Allgemeine, nicht das Spezielle. Das ist sehr nützlich, denn andernfalls müssten wir uns unendlich viele Einzelheiten merken und sie jedes Mal mit dem gerade Aktuellen neu abgleichen. Allerdings besteht immer die Gefahr, dass unser Gehirn Muster identifiziert, die in Wirklichkeit gar keine sind. Vielleicht täuscht Kurt ja auch sein Bauchgefühl. Sein Gehirn reagierte auf bestimmte (selektive) Wahrnehmungen und zog daraus erfahrungsbezogene Schlussfolgerungen, die einige Male tatsächlich aufgingen. Aber vielleicht gewann er trotzdem nur zufällig, weil in Wirklichkeit ganz andere Gründe die Spielergebnisse herbeigeführt haben.

Wenn unser Gehirn aktuelle Erfahrungen verarbeitet und dabei nach Mustern sucht, zieht es dafür zunächst die bereits in unserem Gedächtnis abgelegten Muster heran. Mit großer Freude bestätigt und verstärkt unser Gehirn das, was es bereits kennt. Der Vorteil dabei ist ökonomischer Art, denn so wird die Zahl der abzugleichenden Muster stark einschränkt. Allerdings erschwert dieser Prozess das Erkennen von grundlegend Neuem. Das Anlegen ganz neuer Muster ist zwar möglich, aber unser Gehirn tut sich damit schwer. Auch hieraus erklären sich manche sonst nur schwer nachvollziehbaren Rigiditäten im Handeln und Bewerten. Kurt wird vermutlich sein lange Zeit erfolgreiches Wettverhalten auch dann noch fortsetzen, wenn sich die ersten Misserfolge zeigen. Seine Vorstellungen darüber, wie die Dinge zusammenhängen und worauf es ankommt, sind während der Erfolgszeit immer „härter" geworden. Ohne darüber nachzudenken, wird er aufmerksam sein bei solchen Nachrichten, die zu seinen Vorstellungen passen, und er wird solche übergehen, die nicht passen. Entweder wird er „unpassende" Informationen gar nicht erst wahrnehmen oder er wird sie mit beruhigenden Erklärungen herunterspielen. Erst wenn der Misserfolg beständig wiederkehrt oder wenn andere Irritationen gehäuft auftreten, könnten seine gewohnten Denkweisen ins Schlingern geraten.

Wenn wir hinzulernen, knüpfen wir an bereits bestehendes Wissen und an persönliche Erfahrungen an. Das bedeutet, dass wir nur dort unser Wissen vermehren können, wo wir bereits etwas wissen. Neues bleibt nur dann in unseren Köpfen haften, wenn es Verbindungen zu Altem gibt. Dieser Prozess beginnt bereits bei der Wahrnehmung. Was wir nicht kennen, können wir auch nicht erkennen. Wahrnehmung ist auf Vorwissen angewiesen. Wie soll Klara, Kurts Ehefrau, die neue Spieltaktik seines Lieblingsvereins verstehen, wenn sie noch gar nicht weiß, dass es so etwas wie Taktik im Mannschaftssport überhaupt gibt und woran man sie erkennen kann?

Unsere Sinnesorgane können die äußere Realität nur in kleinen Ausschnitten wahrnehmen, weil die volle Komplexität unserer Umwelt mit all ihren Elementen, Variationen und Dynamiken grundsätzlich nicht erfassbar ist. Zusätzlich sind unsere geistigen Verarbeitungsmöglichkeiten begrenzt. Das gilt ganz besonders für den bewussten Teil der Informationsverarbeitung. Seine Stärke sind Klarheit und Präzision, seine Schwäche sind die begrenzte Kapazität des „Arbeitsspeichers" und die relativ geringe Effizienz der Informationsverarbeitung. Unbewusst bedienen wir uns relativ einfacher Muster, um zu verstehen, und wir bedienen uns relativ einfacher Muster, um intuitiv und situationsadäquat zu reagieren. Wenn uns unser Gehirn per Emotion oder Gefühl eine Handlungsaufforderung schickt, und wir handeln daraufhin intuitiv, dann orientieren wir uns unbewusst an bestimmten Faustformeln, die als implizites Wissen in unserem Kopf abgespeichert sind, beispielsweise: „Wenn du ein Objekt wiedererkennst, aber das andere nicht, ziehe den Schluss, dass das wiedererkannte Objekt einen höheren Wert hat." Die Intelligenz des Unbewussten liegt in der spontanen Auswahl der richtigen Faustformel für die richtige Situation. Und damit liegt es verblüffend oft richtig. Untersuchungen zeigen, dass die Problemlösungsfähigkeit unseres unbewussten Informationsverarbeitungsprozesses erstaunlich groß und besonders in komplexen, unübersichtlichen Situationen unserem rationalen Verstand deutlich überlegen ist. Aber natürlich unterlaufen auch unserer Intuition Fehler, manchmal sogar schwerwiegende und spektakuläre.

Erkennen und Verstehen hängen davon ab, wie unser Nervensystem funktioniert, was es entschlüsseln kann und wie es mit den entschlüsselten Informationen umgeht. Ein absolutes, endgültiges und personenunabhängiges Wissen kann es deshalb gar nicht geben. Wissen ist vielmehr ein Modell der Wirklichkeit. Wenn sich Menschen auf ein bestimmtes Modell einigen, halten sie es (meist) für „wahr". Das stärkt die Orientierungsfunktion des Modells und bringt Sicherheit. Diese kann aber trügen. Wie wir die Welt um uns herum wahrnehmen, hat mehr mit unseren Vorstellungen von ihr zu tun als mit ihr selbst. Infolgedessen sind auch unsere wissenschaftlichen Erkenntnisse meist schlechter als ihr guter Ruf. Die Geschichte bietet viele Beispiele für grandiose Irrtümer, die lange Zeit als gesichertes Wissen galten (die Erde ist eine Scheibe, Raum und Zeit sind absolute Größen oder steigende Unternehmensgewinne führen automatisch zu mehr Beschäftigung). Trotz seines hohen Ansehens (und ohne damit seinen Wert bestreiten zu wollen) ist wissenschaftliches Wissen meistens strittig und anfechtbar – was positiv gewendet die Begründung für unsere wissenschaftliche Erkenntnisweise liefert. Wenn Modelle und Begründungen einen kritischen Diskurs unbeschadet überstehen, gehen sie gestärkt daraus hervor. Sie bleiben so lange (vorläufig) gültig, wie sie nicht widerlegt worden sind. Aber letztendlich erweist sich die Güte unserer Wirklichkeitsmodelle an ihrer Nützlichkeit, nämlich daran, ob sie Orientierung stiften und Erfolge ermöglichen können.

Eine mögliche Ausnahme von dem bisher Gesagten stellt der Bereich der reinen Logik und der höheren Mathematik dar. Hierbei handelt es sich um so etwas wie „analytische Wahrheiten", die über menschliche Erfahrung hinausgehen und insofern personenunabhängig sein können. Ob es sich jedoch tatsächlich um „Wahrheiten" handelt und nicht nur um komplizierte Ableitungen aus Postulaten, die man so oder auch anders wählen kann, bleibt strittig. In jedem Fall helfen analytische Wahrheiten bei den in Organisationen üblichen Frage- und Problemstellungen gewöhnlich nicht weiter.

5.1 Leitfragen zur Vorbereitung einer Entscheidungssitzung

Um in einer Entscheidungssitzung mit den eigenen Ideen zu überzeugen, ist es notwendig, an diejenigen Gruppen, Gremien und Personen anzuschließen, die die maßgeblichen Entscheidungen treffen oder vorbereiten. Dafür müssen diese Gruppen, Gremien und Personen aber erst einmal identifiziert und in ihren wesentlichen Besonderheiten und Eigenarten verstanden worden sein. Sie werden Ideen dann ernst nehmen, wenn sie zu ihren Zielen, Vorstellungen und Werten passen. Um das einschätzen zu können, ist in der Regel eine sorgfältige Vorbereitung notwendig. Die folgenden Leitfragen sollen helfen, diese Vorbereitung zu strukturieren. Nicht alle Fragen dürften direkt zu beantworten sein, aber in den meisten Fällen sind auch nur einige wirklich relevant.

I. Entscheidungsgegenstand
- Worum geht es? Was soll konkret entschieden werden oder bei der Entscheidung berücksichtigt werden?
- Wie klar und eindeutig ist die Entscheidungslage? Handelt es sich um eine Entscheidung unter großer Unsicherheit oder sind die wichtigsten Informationen und das notwendige Wissen vorhanden? Wie groß ist das Entscheidungsrisiko?
- Was ist bisher geschehen? Wie kommt es zu der Entscheidungssituation? Wer hat diesen Gegenstand weshalb zum Thema gemacht? Wer möchte an das Thema lieber nicht heran? Weshalb nicht?

II. Wer und was gilt in der Organisation als relevant?
- Wie heißen die gegenwärtig vorherrschenden Strategien und Zielsetzungen? Welche übergreifenden Werte und Präferenzen gelten darüber hinaus? Wie verträgt sich das mit dem infrage stehenden Thema?
- Welche Themen finden derzeit besondere Aufmerksamkeit (drängende Probleme, Bedürfnisse, Meinungsströme, Zeitgeist etc.)
- Wer sind die Promotoren von Themen? Wer gilt als Meinungsmacher, Trendsetter, Meinungsmultiplikator? Zu welchen formellen oder informellen Gruppen, Institutionen, Gremien gehören sie?

III. Was wird in der Organisation gewöhnlich vermieden?

▪ Welche Themen werden in der Organisationsöffentlichkeit mehr oder weniger systematisch und konsequent ausgespart? Welcher Vorteil (für wen oder was) verbindet sich damit?

▪ Welche Konflikte werden normalerweise vermieden (zum Beispiel durch inkonsistente und schlecht operationalisierte Ziele oder durch die Produktion von Mehrdeutigkeit)? Was wird dadurch gewonnen? Wo landet der vermiedene Konflikt? Mit welchen Folgen?

IV. Wo und wann wird entschieden?

▪ Welche offiziellen Entscheidungsforen (Sitzungen, Konferenzen, Präsentationen etc.) gibt es in der Praxis der Organisation? Wo und in welchem Rhythmus sind sie zu finden?

▪ Welche informellen Gelegenheiten (bestimmte Treffen, Messen, gemeinsame Dienstreisen, Betriebsfeiern etc.) gibt es, um sich zu besprechen, und inwieweit werden sie in der Praxis der Organisation genutzt? Welche werden bevorzugt?

▪ Wie erfolgt in der Organisation die Vernetzung von Einzelentscheidungen? Welche Art von Verknüpfungen, welche weiteren Entscheidungsarenen und Entscheidungsprozeduren gibt es?

V. Wer ist von den Entscheidungsfolgen im Umfeld betroffen?

▪ Welche Personen oder Gruppen würden von einer Umsetzung der anstehenden Entscheidung persönlich profitieren? In welcher Weise und in welchem Maße?

▪ Welche Personen oder Gruppen würden persönliche Nachteile (materieller oder immaterieller Art) empfinden? Welche sind das und als wie bedeutsam dürften diese Nachteile erlebt werden?

VI. Wer entscheidet nach welchen Kriterien?

▪ Welche Personen sind maßgeblich an der fraglichen Entscheidung beteiligt? Wie finden sie Zugang und woher kommen sie (von Abteilungen, Gremien oder Gruppierungen in der Zentrale, in den lokalen Hierarchien, in bestimmten Prozessabschnitten oder Funktionsbereichen, in offiziellen oder inoffiziellen Netzwerken)? Was bedeutet das für ihre jeweilige Perspektive auf das Thema? Wie wichtig ist es für sie und welche Entscheidungspräferenzen dürften sie mitbringen?

▪ Wer bereitet die Entscheidung wesentlich vor? Wer fungiert als „graue Eminenz" vor, neben oder hinter den Kulissen?

▪ Wer hat sonst noch Einfluss auf die Entscheidung?

▪ Wer dürften die Schlüsselpersonen (solche mit besonderem Gewicht bei der Definition von Problemen und der Durchsetzung von Lösungsideen) für die infrage stehende Entscheidung sein?

- Welche Fragestellungen verbinden diese Personen jeweils damit? Was interessiert sie? Worauf legen sie Wert, worauf weisen sie immer wieder hin? Welche Vorlieben haben sie? Gibt es Steckenpferde, die ihnen am Herzen liegen?
- Welche professionellen Ziele und Interessen haben sie? Welche Ziele und Interessen stehen jeweils hinter ihnen, welche Erwartungen werden an sie gerichtet, zum Beispiel von Vorgesetzten, internen Kunden und Lieferanten, Mitarbeitern oder Fachkollegen?
- Inwieweit profitieren diese Schlüsselpersonen (und andere Entscheider) direkt oder indirekt von der gewünschten Entscheidung? Wer hat eventuell persönliche Nachteile?
- Welche Entscheidungskriterien werden deshalb für wen maßgeblich sein?

VII. Wie verhalten sich die Entscheider zueinander?
- Wie verhalten sich die Interessen der beteiligten Entscheider zueinander (neutral, sich ergänzend oder verstärkend, konflikthaft)?
- Wie stehen sie menschlich zueinander (Sympathie, Antipathie, Freundschaft, Feindschaft, Gleichgültigkeit)? Welche Geschichte haben bestimmte Beziehungen (zum Beispiel frühere Rivalitäten oder Koalitionsbildungen; Gewinner- und Verlierergeschichten)? Welche Interessenkoalitionen und -parteien kommen daher infrage oder existieren bereits?

5.2   Leitfragen zur Analyse der Machtbeziehungen

Die nachfolgenden Fragen sollen helfen, einen differenzierten Eindruck von dem mikropolitischen Potenzial in einem konkreten Arbeitsumfeld zu gewinnen. Natürlich bedeutet es nicht, dass sich die Beteiligten auch entsprechend ihren machtpolitischen Möglichkeiten verhalten werden. Die Untersuchung der Machtbeziehungen kann u. a. die Vorbereitung einer wichtigen Entscheidungssitzung sinnvoll ergänzen.

- Wer hat welche (arbeitsbezogenen und persönlichen) Interessen?
- Wie stark dürften sie jeweils sein? Wer hat welche Ergebnisse wie nötig?
- Wer will mehr vom anderen?
- Wer ist für wen unverzichtbar und dabei kurzfristig auch nicht ersetzbar oder umgehbar?
- Wer verfügt über Ressourcen, die für andere attraktiv, aber nicht zugänglich sind?
- Wer besitzt die beste Informationsbasis?
- Wer verfügt über größere Möglichkeiten, anderen zu nutzen oder zu schaden?

- Wer kann wessen Handlungsspielraum erweitern oder einengen?
- Welche Erwartungen dürften vorherrschen im Hinblick auf die gegenseitigen Sanktions*möglichkeiten* (im positiven wie im negativen Sinn) bei Wohlverhalten oder Nicht-Wohlverhalten?
- Welche Erwartungen dürften vorherrschen im Hinblick auf die gegenseitige Sanktions*bereitschaft* (im positiven wie im negativen Sinn) bei Wohlverhalten oder Nicht-Wohlverhalten?
- Sind die genannten Möglichkeiten der Vor- oder Nachteilserzeugung tatsächlich schon vollzogen worden oder werden sie bislang nur fantasiert?
- Welche Möglichkeiten hat wer, sich im skizzierten Abhängigkeitsgeflecht relativ unabhängig zu machen? Was müsste er tun, was unterlassen? Welchen Preis müsste er dafür (kurz- und langfristig) bezahlen?

Teil II:
Fachexperten als Selbst GmbH

Eine Organisation gibt Fachexperten einen Rahmen und eine Orientierung zum Beispiel in Form von Zielen. Auf deren Ausgestaltung haben Fachexperten Einfluss, manchmal sehr stark, häufiger aber auch nur sehr limitiert. In den letzten Jahren haben sich – als ein Resultat flacher gewordener Hierarchien – allgemein die Handlungsspielräume der Mitarbeiter in Organisationen vergrößert. Persönliche Wirksamkeit hängt nun in erster Linie davon ab, wie Fachexperten ihre Handlungsspielräume ausfüllen. Genügte es früher, den Anweisungen von Vorgesetzten zu folgen, werden heute viel stärker Eigeninitiative und Eigenverantwortung erwartet. Der Erfolg von Organisationen ist wesentlich davon abhängig. Häufig unterschätzen Mitarbeiter allerdings ihre tatsächlichen Spielräume und setzen sich selbst mangels konkreter Erfahrungen und aufgrund nicht hinterfragter Befürchtungen unnötig enge Handlungsgrenzen. Hohe Wirksamkeit ist deshalb auch mit dem Austesten der jeweiligen Spielräume verbunden. Eigenverantwortliches Handeln benötigt in jedem Fall zusätzliche Orientierung und Maßstäbe, die nicht alleine von außen kommen können. Fachexperten müssen deshalb vor allem die Fragen klären, was ihnen persönlich wichtig ist, was sie aus welchem Grund erreichen und wie sie den Weg dorthin gestalten möchten.

Ein Fachexperte ist deshalb in doppeltem Sinne unternehmerisch unterwegs: Einerseits als Arbeitnehmer, der sich (idealerweise) mit seiner Organisation identifiziert und sein Mögliches dafür tut, dass sie ihre Strategien umsetzt, ihrer Vision näherkommt und ihre Ziele erreicht. In diesem Sinne wirkt er als Mitunternehmer. Andererseits ist er – verstärkt durch die angedeutete Unbestimmtheit seines persönlichen Umfeldes – auch als Unternehmer in eigener Sache gefragt, quasi als Manager der „Selbst GmbH". Niemand kann und wird dem Fachexperten diktieren, wie er seinen Alltag erfolgreich bewältigt. Noch weniger kann ihm jemand vorschreiben, ob und gegebenenfalls wie viel ihm Karriere, Reputation, Geld, Anerkennung, herausfordernde Arbeitsinhalte, harmonische Arbeitsbeziehungen oder Ähnliches wert sind und welche inneren Regeln und Vorschriften ihn leiten sollen. Seine Aktivitäten sollen zwar in den übergeordneten Rahmen der Organisation passen und (im Idealfall) Beiträge für ihre Zukunftsfähigkeit liefern, aber daraus ergibt sich keine eindeutige Festlegung für sein konkretes Handeln.

Das Kapital der Selbst GmbH ist das Wissen des Fachexperten, verbunden mit seinen persönlichen Fähigkeiten und Bereitschaften. Für die erfolgreiche Bewältigung seines beruflichen Alltags und für seine berufliche und persönliche Weiterentwicklung muss er weitgehend selbst sorgen. Wenn er Glück hat, wird er dabei von Vorgesetzten und Personalentwicklungsabteilungen mit spezifischen Angeboten und Instrumenten unterstützt. Wenn er das tut, handelt er als Wissensunternehmer in eigener Sache („Selbst GmbH") und gleichzeitig als Wissensunternehmer (Mitunternehmer) in seiner Organisation. Die Selbst GmbH fungiert in diesem Bild als eine Art Subunternehmer für die sie beauftragende Organisation. Dabei ist es nicht selbstverständlich, dass die Selbst GmbH und das sie beschäftigende Unternehmen kongruente Ziele und Werte verfolgen. In erster Linie ist die Organisation gefordert, für eine hinreichend große Schnittmenge zu sorgen. Aber auch der Fachexperte muss sich gegebenenfalls zugunsten seiner persönlichen Wirksamkeit in der Organisation beherzt einmischen.

Das Konstrukt der Selbst GmbH in diesem Buch soll den Fachexperten nicht dazu auffordern, sich auf einen Ego-Trip zu begeben, losgelöst von den Interessen und Bedürfnissen seines Umfeldes. Ein solches Vorgehen könnte auch nur scheitern. Vielmehr soll der Begriff ausdrücken, dass der Fachexperte – obwohl er in vielfältige soziale Bezüge und Zusammenhänge eingebunden ist – seinen eigenen Weg wählen und gehen muss, wenn er seiner Organisation bestmöglich nutzen und seine persönlichen Vorstellungen realisieren möchte.

Der zweite Teil des Buches beschäftigt sich vor diesem Hintergrund mit Selbstmanagement im Kontext der Organisation. Zunächst geht es im Kapitel „Organisationale Rahmenbedingungen" um die Aspekte Struktur, Kultur, Strategie und Meinungsströme. Weil wirksames Handeln auf Dauer nur *mit* der Organisation funktionieren kann, sollten die jeweils geltenden Rahmenbedingungen regelmäßig analysiert werden. Sie sind starr, aber selten völlig unveränderbar. Fachexperten sollten das ihnen Mögliche tun, um sie zielbezogen zu beeinflussen, zumindest in ihren unmittelbaren Arbeitsumfeldern. Das setzt freilich voraus, dass sie wissen, was sie wollen. Damit sind wir beim Thema Selbstmanagement: Welche persönliche Vision treibt den Fachexperten? Welche Werte sind für ihn handlungsleitend? Was möchte er längerfristig erreichen und warum? Welche Ressourcen kann er dafür einsetzen? Und welche Handlungsstrategie entwickelt er deshalb? Konzepte können sehr geduldig sein. Für sich alleine sorgen sie noch nicht für persönliche Wirksamkeit. Notwendig sind darüber hinaus Energie und handwerkliches, technisches Können. Woher könnte die erforderliche Umsetzungsenergie kommen, welche Blockaden bremsen, und wie lassen sich diese gegebenenfalls lockern? Mit dem Versuch, auf solche Fragen Antworten zu finden, schließt der zweite Teil.

Organisationale Rahmenbedingungen

In diesem Kapitel geht es um das Umfeld, in dem der Fachexperte tätig wird. Die äußeren Bedingungen, Möglichkeiten und Restriktionen entscheiden darüber, welchem Wissen und Können Wert zugeschrieben wird und welches Verhalten Erfolg verspricht.

1.1 Auf einen Blick

Die Wirksamkeit eines Fachexperten ist wesentlich von der jeweils gültigen Struktur, Kultur und Strategie seiner Organisation sowie den jeweils vorherrschenden Meinungsströmen abhängig. Strukturelle Rahmenbedingungen zeigen sich aus der Sicht des Einzelnen vor allem in seiner Stellenbeschreibung („Job Design") und den jeweils priorisierten Arbeitsausschnitten („Job Assignments" und „Ziele"). Sie können leistungsfördernd oder leistungsbremsend wirken. Normalerweise können Fachexperten zumindest geringfügig darauf Einfluss nehmen. Kulturelle Rahmenbedingungen sind die (überwiegend ungeschriebenen) Regeln und Werte des Miteinanders. Wirksamkeit kann gelegentlich eine kontrollierte Regelverletzung verlangen. Sie verschafft Aufmerksamkeit und kann im Erfolgsfall eine wichtige Innovation einleiten. Strategien beinhalten u. a. Festlegungen im Hinblick auf längerfristige Ziele und lenken auf diese Weise viele Alltagsüberlegungen. Letzteres gilt auch für Meinungsströme, womit wellenartig auftretende Ansichten und Vorstellungen wichtiger Meinungsführer und Meinungsmultiplikatoren gemeint sind. Meinungsströme sind häufig kurzfristiger Natur, sie kommen und verschwinden nach einiger Zeit wieder oder relativieren sich sehr stark. Sie können die strategischen Vorhaben stärken oder auch schwächen. Zusammen mit den Strategien bestimmen sie im Wesentlichen, was jeweils als relevant gilt und ob eine bestimmte Idee gerade „ihre Zeit" hat oder vielleicht (noch) nicht. Um wirksam zu handeln, sollten Fachexperten jedenfalls die aktuellen Strategien und Meinungsströme berücksichtigen.

1.2   Struktur

Unter der Struktur eines Unternehmens wird allgemein ihr formaler Aufbau verstanden, das Gefüge aus Bereichen, Abteilungen und Stellen, wie es in Organigrammen dargestellt ist, sowie aus den Abläufen zwischen den Organisationseinheiten im Prozess der Wertschöpfung. Aus der Sicht des Einzelnen ist vor allem relevant, welche Stelle er besetzt und wie diese in den organisatorischen Kontext eingebunden ist. Stellen beinhalten Aufgabenpakete, die auf unbestimmte Dauer zusammengefasst sind. Darin sind die wichtigsten inhaltlichen Erwartungen formuliert, wodurch sie Klarheit darüber schaffen, was allgemein von dem Stelleninhaber zu leisten ist. Aufgrund ihres allgemeinen Charakters ähneln sich die Stellen vergleichbarer Funktionen über alle Branchen und über alle Länder hinweg. Die Hauptaufgaben eines Controllers sehen in Deutschland nicht viel anders aus als in Frankreich, Japan oder Kanada. Was jedoch zu einer bestimmten Zeit aufgrund der jeweiligen Markt- und Unternehmenssituation spezifisch und mit besonderem Nachdruck zu tun ist, kann sich unter Umständen erheblich unterscheiden.

Erfahrungsgemäß hängen die Effektivität und damit auch die Wirksamkeit eines Stelleninhabers wesentlich von der Art des Aufgabenzuschnitts ab. Eine gute Stellenbeschreibung („Job Design") formuliert erwartete Ergebnisse (nicht Tätigkeiten), die von dem Stelleninhaber ausreichend beeinflusst werden können und die man ihm deshalb auch persönlich zuschreiben kann. Eine gute Stellenbeschreibung ist grundsätzlich („Wie lauten die Schlüsselaufgaben?") und knapp formuliert, ermöglicht die Konzentration auf Weniges und fordert gleichzeitig heraus. Eine schlechte Stellenbeschreibung führt zu Verzettelung („ein bisschen von allem"), unterfordert oder überfordert (quantitativ oder qualitativ) oder stellt sich als unmögliche Mission heraus, weil die Widersprüchlichkeit der Anforderungen bzw. die Vielzahl der Schnittstellen befriedigende Arbeitsergebnisse aus eigener Kraft gar nicht möglich machen. Ein ziemlich zuverlässiges Indiz für die Qualität des Stellenzuschnitts ist die Anzahl der (möglicherweise verschlissenen) Stelleninhaber in den letzten drei bis fünf Jahren.

Die permanenten und rasch aufeinander folgenden Veränderungen im Umfeld von Unternehmen haben zu Diskussionen über den Sinn von Stellenbeschreibungen geführt. Manche halten sie für bürokratische Relikte aus zurückliegenden Zeiten. Und zeitintensive, nutzlose Bürokratie ist das Letzte, was in turbulenten Zeiten gebraucht wird. Tatsächlich hat sich die „Halbwertzeit" von Stellenbeschreibungen in den letzten Jahren stark verkürzt. Trotzdem bleibt es notwendig, jederzeit einigermaßen genau zu wissen, wer was wann und warum im arbeitsteiligen Gesamtzusammenhang erledigen soll, damit möglichst kein störendes Nebeneinander, Nacheinander oder Gegeneinander, sondern ein Miteinander entsteht. Stellenbeschreibungen sollten gerade in unruhigen Zeiten immer wieder auf ihre Aktualität hin überprüft werden. Genau hierauf kann und sollte der Fachexperte achten. Entsprechen die Beschreibungen dem, was er selbst als sinnvoll und notwendig erachtet? In welchem Maße kann er seine Expertise einbringen? Ist er ausreichend mit anderen verbunden?

Auf der Grundlage einer aktuellen Stellenbeschreibung werden in vielen Organisationen jahresbezogen spezifische Arbeitsausschnitte als vorrangig ausgewählt und so weit wie nötig konkretisiert („Job Assignment"). Gute Job Assignments sind kunden- und zukunftsorientiert formuliert und widmen sich mehr der Nutzung von Chancen als dem Abbau von Schwierigkeiten. Auch hierauf sollte der Stelleninhaber versuchen, Einfluss zu nehmen.

Job Assignments reflektieren die jeweils aktuelle Situation der Organisation und sind oft identisch mit Jahreszielen. Gelegentlich ist es sinnvoll, den Inhalt von Job Assignments noch weiter aufzuspalten und die Teile differenziert zu priorisieren. Das Ergebnis sind dann eng umrissene und konkretisierte Jahresziele. Wie breit oder eng auch immer: Gute Ziele beschreiben eindeutig, unmissverständlich und überprüfbar die anzustrebenden Ergebnisse, die innerhalb einer definierten Zeitperiode erwartet werden. Um eine wirkliche Fokussierung der Mitarbeiter zu ermöglichen, sollten nicht mehr als drei hoch priorisierte Jahresziele vereinbart werden. Unterscheiden lassen sich Gestaltungsziele (etwas Neues generieren), Abschaffungsziele (als Voraussetzung für Veränderungen) und Erhaltungsziele (Routinen fehlerfrei beherrschen und verbessern).

Beispiele für schlechte Jahresziele sind:
- *„Verbessern Sie den Prozess XYZ so gut es geht."*
- *„Verändern Sie das Modul ABC so schnell wie möglich."*
- *„Sorgen Sie für größere Zufriedenheit bei unseren Kunden."*

Beispiele für gute Jahresziele sind:
- *„Beschleunigen Sie den Prozess XYZ bei gleichen Kosten bis zum 31.07.2011 um n %."*
- *„Entwickeln Sie das Modul ABC fort bis zur Produktionsreife innerhalb der nächsten sechs Monate."*
- *„Verhalten Sie sich so, dass bei unserer nächsten Kundenbefragung im August 2012 der Zufriedenheitskoeffizient auf mindestens 80 Punkte gestiegen ist."*

Gute Zielformulierungen schaffen Klarheit und wirken handlungsfördernd. Schlechte Zielformulierungen sind dagegen mehrdeutig (woran genau lässt sich zum Beispiel eine größere Kundenzufriedenheit festmachen?) und bereiten u. a. dann Schwierigkeiten, wenn es gilt, den jeweils aktuellen Stand der Zielerreichung festzustellen.

Wer seine Ziele erreicht, ist offensichtlich wirksam gewesen. Aber Wirksamkeit beginnt schon bei der Mitwirkung an der Zielfestlegung. Können die vom Fachexperten angestrebten Ergebnisse tatsächlich sinnvolle Beiträge zur Erreichung der übergeordneten Ziele leisten? Entsprechen sie darüber hinaus auch seinen persönlichen Zielen und Fähigkeiten?

Wie weit die Mitwirkung oder die (konstruktive) Einmischung von Mitarbeitern möglich und erwünscht ist, hängt im Wesentlichen von der Kultur des Unternehmens ab. Sie soll im nächsten Abschnitt näher betrachtet werden.

1.3   Kultur

Die Kultur einer Organisation lenkt und beeinflusst das Verhalten ihrer Mitglieder indirekt, aber nicht weniger stark als Stellenbeschreibungen, Job Assignments oder Ziele. Im Laufe der Zeit bilden sich auf selbst organisierte Weise, also meist ohne Plan oder Absicht, aber normalerweise im Kontext gesellschaftlicher Strömungen, bestimmte Werte, Regeln und Sanktionsformen heraus, die im Alltag oder auch in besonderen Unternehmenssituationen irgendwann einmal ausprobiert worden sind und die sich im Vergleich zu anderen ausprobierten Werten, Regeln und Sanktionsformen als besser funktionierend herausgestellt haben. Die Unternehmenskultur reflektiert insofern immer eine frühere Erfolgsgeschichte – eine Teilerklärung dafür, warum sie im Allgemeinen so stabil und so robust ist. Erkennbar wird die Unternehmenskultur durch die ausdrücklichen oder stillschweigenden Erwartungen von Vorgesetzten, Kollegen oder Mitarbeitern. Neue Mitglieder erfahren die jeweiligen kulturellen Regelungen am deutlichsten. Sie treten in den ersten Tagen, Wochen oder Monaten fast unvermeidlich in Fettnäpfchen, weil es Zeit braucht, um den jeweils besonderen „Geist und Stil des Hauses" verstehen und verinnerlichen zu können. Kulturelle Regeln bestimmen u. a., welche Bedeutung Hierarchie und bestimmte Statussymbole haben, wie formal der Umgang miteinander ist, wie vorsichtig oder experimentierfreudig operiert wird, wie mit Fehlern und Misserfolgen umgegangen wird, wie rücksichtslos man beim Verfolgen eigener Ziele sein darf, wie Konflikte und Meinungsverschiedenheiten ausgetragen werden etc. Die Sanktionsformen, die bei Regelverstößen angewendet werden, sind ebenfalls Teil der Kultur. Manche Kulturen sind sehr tolerant und bestrafen nur krasse Abweichungen. Andere Kulturen reagieren schon sehr empfindlich und aggressiv auf kleinere Störungen. Die Effektivität des Handelns ist in jedem Fall stark von der jeweiligen Unternehmenskultur abhängig. Was in Unternehmen A positiv beachtet und belohnt wird, wenn zum Beispiel dem Chef respektvoll widersprochen wird, fällt in Unternehmen B – weil selbstverständlich – gar nicht auf und wird in Unternehmen C sogar bestraft. Kulturkonformes Verhalten wird im Allgemeinen erwartet und bleibt deshalb weitgehend außerhalb der Wahrnehmung. Verstöße gegen wichtige kulturelle Regeln verschaffen dagegen Aufmerksamkeit. Sind die Verstöße zu stark, wird die Organisation mit Sanktionen bis hin zur Trennung reagieren. Sind die Verstöße geringer, wird Irritation entstehen, hohe Aufmerksamkeit, vielleicht Ärger, aber wahrscheinlich auch Neugierde. Das wiederum sind Voraussetzungen, um eingefahrene Gewohnheiten im Denken, Fühlen und Handeln zu unterbrechen und Veränderungen möglich zu machen. Für wirksames Handeln sind deshalb *kontrollierte* Regelverletzungen, die auffallen, aber die Organisation nicht überfordern, manchmal sinnvoll. Das verlangt Einfühlungsvermögen, Mut und Fingerspitzengefühl.

1.4   Strategie und Meinungsströme

Strategien konkretisieren Zukunftsvorstellungen. Sie beinhalten Festlegungen im Hinblick auf längerfristige Ergebnisziele, auf die grundsätzlich einzuschlagenden Wege dorthin sowie auf bestimmte Grundsätze und Prinzipien, die „unterwegs" gelten sollen. Sie fungieren praktisch als „Leitplanken" für das alltägliche Handeln. Für Fachexperten als Mitunternehmer ist es wichtig, dass sie die maßgeblichen Unternehmensstrategien kennen und sich mit ihnen identifizieren. Das gelingt am wahrscheinlichsten, wenn sie von vornherein in die Diskussionen eingebunden sind. Da sie den jeweils aktuellen Stand der Wissensentwicklung in ihren Fachgebieten kennen, empfiehlt sich dies für Organisationen ohnehin.

Weiterhin wirken immer auch Meinungsströme, die oft kaum vorhersehbar auftauchen und für eine begrenzte Zeit die Aufmerksamkeit im Unternehmen oder zumindest im Management bestimmen und das Denken kanalisieren. Das können beispielsweise Vorstellungen darüber sein, wie mit Mitarbeitern oder Kunden umzugehen ist, was in der Organisation besonders zählen soll (Qualität, Kundenorientierung, Kostenbewusstsein oder Ähnliches) und unter welchen Gesichtspunkten die laufenden Aktivitäten und die Ergebnisse bewertet werden sollen. Meinungsströme gehen meist auf äußere Trends oder bestimmte interne Ereignisse zurück, bleiben für eine Weile und werden danach durch neue Meinungsströme abgelöst. Meinungsströme können im Einklang mit der Strategie stehen und deren Kraft deutlich verstärken oder aber im Widerspruch zu ihr, was die handlungsleitende Funktion einer Strategie schwächen oder sogar aufheben kann. Vorschläge, die konform zu den gerade vorherrschenden Meinungsströmen sind, haben gute Chancen, gehört und umgesetzt zu werden. Umgekehrt haben Vorschläge, die außerhalb der aktuellen „Management Attention" liegen oder gar einen Widerspruch dazu aufbauen, geringe Chancen, erfolgreich zu sein.

Zum wirksamen Handeln gehört es, Gelegenheiten zu nutzen. Dafür ist es wichtig, auf günstige Zeitfenster zu achten, d. h. darauf, inwieweit die eigenen Vorschläge und Ideen gerade kompatibel mit den jeweils gültigen Meinungsströmen und Strategien sind bzw. ob und gegebenenfalls auf welche Weise es gelingen kann, Brücken zu bauen.

1.5   Fragen zu organisationalen Rahmenbedingungen

Die Wirksamkeit des Fachexperten als Wissensunternehmer ist stark von den geltenden Rahmenbedingungen abhängig. Diese sind manchmal sehr starr, aber nicht unverrückbar. Die nachfolgenden Fragen sollen einerseits die Aufmerksamkeit schärfen und andererseits Ansatzpunkte zur Einflussnahme aufzeigen.

- Wie ließe sich Ihre Stellenbeschreibung allgemein, aber gleichzeitig aktueller, knapper und auf Schlüsselaufgaben beschränkt formulieren?
- Wie hoch schätzen Sie Ihre persönlichen Einflussmöglichkeiten in Bezug auf die Erledigung Ihrer Aufgaben in Ihrer Stellenbeschreibung? Wie ließen sich ihre Einflussmöglichkeiten eventuell erweitern?
- Erlaubt die Anzahl Ihrer Jahresziele eine hinreichende Fokussierung? Sind sie klar priorisiert? Auf welche Ziele könnten Sie am leichtesten verzichten?
- Sind Ihre Ziele konkret, eindeutig, unmissverständlich, überprüfbar und durch Sie in ausreichendem Maße beeinflussbar?
- Unterstützen die kulturellen Regeln und Normen in Ihrer Organisation die Verfolgung Ihrer Ziele? Wie transparent sind sie überhaupt?
- Wann sind Sie das letzte Mal in ein Fettnäpfchen getreten? Was ist genau passiert? Gegen welche Norm haben Sie dabei verstoßen? Was wäre in diesem Fall kulturkonformes Verhalten gewesen?
- Womit kann man in Ihrer Einheit bzw. in ihrer Organisation Zustimmung und Anerkennung erreichen? Mit welchem Verhalten könnten Sie einen Konflikt mit der Hierarchie auslösen? Womit könnten Sie unmittelbar Ärger und Ablehnung hervorrufen?
- Wie gut kennen Sie die aktuelle Strategie Ihrer Einheit, die Strategien der relevanten anderen Einheiten und die der Organisation insgesamt? Inwieweit können Sie sich damit identifizieren?
- Wie könnten Sie eventuell mehr Einfluss auf die Strategieentwicklung gewinnen? Wen müssten Sie kontaktieren? Mit welcher Argumentation könnten Sie für Ihre strategierelevanten Ideen Zustimmung gewinnen?
- Womit kann man derzeit in Ihrer Einheit und in Ihrer Organisation generell „Management Attention" erzielen?
- Inwieweit verstärken oder schwächen die aktuell vorherrschenden Prioritäten und Themen die offizielle strategische Linie?
- Inwieweit passen Ihre eigenen Themen als Fachexperte zu den aktuell vorherrschenden Strategien und Meinungsströmen? Wie könnten Sie die Themen verknüpfen? Was käme eventuell als Brückenkopf infrage?

Selbstmanagement als ein Konzept für Selbstentwicklung

2.1 Auf einen Blick

Noch in den 1980er Jahren hielten es die meisten Personalentwicklungsabteilungen für selbstverständlich, dass sie für die Entwicklung von Mitarbeitern zuständig sind. In der Zwischenzeit hat sich ein deutlicher Paradigmenwechsel vollzogen. Im Selbstverständnis der meisten Beteiligten liegt heute die Hauptverantwortung für die berufliche und persönliche Fortentwicklung bei den Einzelnen selbst. Die Unternehmen helfen dabei, stellen unterstützende Rahmenbedingungen, Ressourcen und gegebenenfalls Beratung zur Verfügung. Die eigenen Potenziale auszuschöpfen, die Organisationsziele als Mitunternehmer und auch die persönliche Ziele zu erreichen – das ist in erster Linie Sache des Mitarbeiters bzw. des Fachexperten. Eine Grundlage dafür ist ein persönlich stimmiges und zu den Zielen und Eigenarten der Organisation passendes strategisches Konzept. Wie immer es im Einzelnen auch aussehen mag, das strategische Konzept wird einen Zusammenhang herstellen zwischen dem persönlichen Wollen und Können sowie den relevanten Bezugspersonen und dem sozialen Kontext des Handelns.

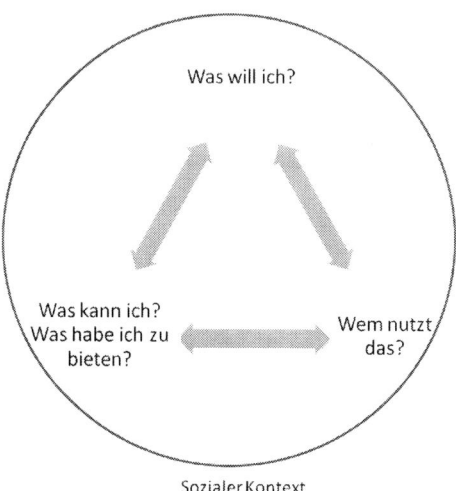

Abb. 5 Aspekte des Selbstmanagements

Wer persönlich wirksam sein will, der muss wissen, was er will. Das klingt einfacher, als es ist, denn Entscheidungen für etwas sind immer auch Entscheidungen gegen etwas anderes, selbst wenn es „nur" alte Gewohnheiten sind. Ambivalenzen sind deshalb Normalität. Wenn ich weiß, was ich (letzten Endes) will, benötige ich Ressourcen für die Erreichung meiner Ziele. Und zusätzlich muss ich wissen, für wen meine Ressourcen (noch) nützlich sein können, denn der Weg zu meinem Ziel besteht zu einem großen Teil aus Tauschgeschäften. Nicht zuletzt spielen für mein Handeln die Regeln, Werte und Erwartungen meiner sozialen Umwelt eine wichtige Rolle.

Die Frage „Was will ich?" zielt nicht auf den Moment. Situationen ändern sich, mitunter sogar sehr schnell, und mit ihnen melden sich oft ganz unterschiedliche Bedürfnisse zu Wort – teils leiser, teils lauter und oft auch in sich widersprüchlich. Was will ich vor allem? Was ist mir wirklich wichtig? Und wie sieht eigentlich meine beste Zukunftsmöglichkeit aus? Es geht dabei um Werte, die Sinn und Bedeutung vermitteln und die Richtung des Handelns weisen. Außerdem geht es um persönliche Visionen, also um bildhafte, als ausgesprochen attraktiv empfundene, aber gleichzeitig realistische Zukunftsmöglichkeiten. Funktionierende Visionen entwickeln eine Sogkraft – allerdings nur, wenn diese nicht von Gegenkräften geschwächt oder gar neutralisiert wird. Solche Gegenkräfte können fortbestehende Ambivalenzen sein, also die mangelnde Fähigkeit oder Bereitschaft, alternative Möglichkeiten auszuschlagen, oder ein Mangel an Vertrauen in die eigenen Fähigkeiten, in die Unterstützungsbereitschaft anderer, die ich brauche, oder allgemein darin, dass sich die Dinge um mich herum genügend positiv entwickeln werden.

Der Wille ist wichtig für das Erreichen von Zielen. Es müssen jedoch Ressourcen hinzukommen, damit die mobilisierte Energie nicht verpufft. Die wichtigste Ressource sind die persönlichen (Kern-)Kompetenzen, ein Komplex aus Wissen, Erfahrung, persönlichen Fähigkeiten und Eigenschaften. Dieser Komplex ist in sich stark verflochten und in hohem Maße Ausdruck der persönlichen Arbeits- und Lebensgeschichte. Persönliche Kernkompetenzen sind deshalb immer einzigartig, eine Art Unique Selling Proposition (USP). Andere Ressourcen sind die persönliche Reputation und die verfügbaren sozialen Netzwerke. Soziale Netzwerke aus Kollegen, Freunden oder Förderern sind wichtig, um ständig auf dem Laufenden bleiben zu können, um bei Bedarf Kontakte aktivieren und/oder um selbst wichtige Botschaften verbreiten zu können.

Die Frage „Wem nutzt das?" betrifft die aktuelle und potenzielle Zielgruppe. Für wen sind meine Kernkompetenzen wertvoll? Wem hilft es, wenn er meinen guten Namen ins Spiel bringen kann? Wem kann ich vielleicht mit meinen Kontakten weiterhelfen?

Spätestens dann, wenn ich Klarheit darüber habe, was ich will, was ich kann und wem das nützt, muss ich ins Handeln kommen. Dafür ist Energie notwendig, die am besten aus der Attraktivität der Vision heraus entsteht. Sie kann aber auch – vielleicht sogar noch stärker – aus der fehlenden Attraktivität der Gegenwart herrühren („Ich muss die Situation hier verändern oder ich muss weg!") oder aus den Befürchtungen, was zukünftig passieren könnte, wenn nichts passiert.

Gar nicht selten kommt es vor, dass rätselhafte Energieeinbrüche auftreten, wenn es um die konkrete Umsetzung der eigenen Überlegungen geht. Wir lassen uns verführen, etwas anders zu tun, oder wir verdrängen unsere guten Absichten, sobald es ernst wird. Am Ende waren es dann doch nur gute Vorsätze, was unsere gute Laune trüben und den Boden für nervendes Jammern und Wehklagen bereiten kann. Ein Mindestmaß an Disziplin und Selbstverpflichtung ist deshalb notwendig, und vielleicht eine kleine Analyse unserer wichtigsten Verführbarkeiten nebst Gegenstrategien.

Damit das Handeln, nachdem es in die Gänge gekommen ist, erfolgreich wird, muss auf die aktuell vorherrschenden Regeln, Werte und Erwartungen der sozialen Umgebung geachtet werden. Nicht mit jedem muss ein Win-win-Ergebnis erreicht werden, aber es ist natürlich auch nicht günstig, sich ohne Not und vielleicht sogar ohne es zu bemerken Gegner oder Feinde zu machen. Das Navigieren in einem Feld eher unübersichtlicher sozialer Erwartungen ist anspruchsvoll und erfordert hohe Aufmerksamkeit. Der wichtigste Sensor ist dabei unser Gefühl. Was sagt es mir darüber, wie es mir gerade geht? Und welche Gefühle erkenne ich bei den anderen? Wie ist überhaupt das soziale Klima im Moment? Und was würde ich am liebsten tun, wenn ich könnte, wie ich wollte? Es empfiehlt sich, Gefühle ernst zu nehmen. Es handelt sich um hoch verdichtete Informationen, nämlich das Ergebnis unserer unbewussten Verarbeitung von Wahrnehmungen und Problemstellungen (siehe dazu auch die Überlegungen in Teil I, Abschnitt 4.3). Aber es empfiehlt sich, ihnen nicht blind zu folgen. Sie entstehen aus einem unbewussten Vergleich der aktuellen Wahrnehmungen mit unseren Erfahrungen. Da sich die Umstände, die unseren Erfahrungen zugrunde liegen, entscheidend geändert haben können, können unsere Gefühle uns auch leicht auf eine falsche Fährte führen. Auch deshalb ist es meistens eine gute Idee, einen ehrlichen Dialog mit wichtigen Personen aus dem sozialen Umfeld zu führen und aufrechtzuerhalten. Ein wohlwollend kritischer Gesprächspartner kann uns helfen, unsere gefühlten Bewertungs- und Handlungsimpulse richtig zu deuten.

Unsere Gefühle sind mit unserem Denken und Handeln sowie mit unseren Körperhaltungen eng verbunden. Das eine geht nicht ohne das andere, was u. a. bedeutet, dass wir uns in gewissen Grenzen auch selbst mental steuern und programmieren können.

Hinter unserem Denken und Handeln stehen Haltungen und Einstellungen. Sie sind veränderbar, aber gleichzeitig steuern sie uns in hohem Maße und sind oft entscheidend an der Herausbildung von selbsterfüllenden Prophezeiungen beteiligt, also an der Art und Weise, wie wir uns die Realität, die wir befürchten oder die wir uns wünschen, selbst herstellen. Haltungen und Einstellungen sind außerdem sozial ansteckend. Wenn wir vertrauend, offen und transparent leben, ohne dabei naiv zu sein, können wir hoffen, dass uns Gleiches entgegengebracht wird. Im Ergebnis steigen dann die Chancen, dass wir unsere Ziele erreichen und unseren Visionen näherkommen.

2.2   Was will ich?

„Wenn das Leben keine Vision hat, nach der man sich sehnt, die man verwirklichen möchte, dann gibt es auch kein Motiv, sich anzustrengen." (Erich Fromm)

„Wer Visionen hat, der sollte lieber gleich zum Arzt gehen." (Alt-Bundeskanzler Helmut Schmidt)

Wahrscheinlich hat man in Wirtschaftszusammenhängen noch nie so oft von Visionen gesprochen wie in den letzten zehn bis zwanzig Jahren. Selbstverständlich gibt es auch frühere Beispiele für starke Visionen: Die Anfänge von Microsoft, Apple oder SAP werden häufig genannt oder Unternehmerpersönlichkeiten wie Bosch, Siemens, Grundig oder Nixdorf im Zusammenhang mit ihren Visionen. Was hat es damit auf sich?

Eine Vision ist eine bildhafte, vielleicht mutige und herausfordernde, grundsätzlich aber realistische Vorstellung von der gewünschten Zukunft. Sie steht für die jeweils beste Zukunftsmöglichkeit. Weil sie Bodenhaftung besitzt, unterscheidet sie sich von einer Illusion. Durch ihre positive emotionale Aufladung unterscheidet sie sich auch von einer nüchternen und quantifizierten Zielsetzung. Visionen können Klarheit und Richtung in das Denken und Handeln bringen und außerdem Lust hervorrufen bei der Vorstellung, sie tatsächlich erreicht zu haben. Visionen orientieren und energetisieren, strategische Ziele konkretisieren, operative Ziele konkretisieren weiter und leiten die Schritte zur praktischen Umsetzung.

Beispielsweise könnte die Vision eines (noch) kleinen Start-up-Unternehmens darin bestehen, innerhalb eines überschaubaren Zeitraumes von vielleicht fünf Jahren eine hohe Bekanntheit und einen guten Ruf bei wichtigen aktuellen und potenziellen Kunden zu einem bestimmten Thema zu gewinnen. Diese Kunden sollen den Namen des Start-up-Unternehmens mit Attributen wie zum Beispiel professionell, innovativ, kreativ, anspruchsvoll etc. assoziieren und es zu den besten auf dem Markt zählen, es vielleicht sogar für das beste auf dem fraglichen Themengebiet halten. Daraus abgeleitete strategische Ziele quantifizieren solche Vorstellungen zum Beispiel in Form von Kennziffern wie Bekanntheitsgrad, Umsatz bei ausgewählten Kunden, Höhe des durchschnittlichen Honorarsatzes etc. zu einem Zeitpunkt in drei, vier oder fünf Jahren. Sie ergänzen solche Zahlen mit qualitativen Aussagen wie zum Beispiel einem Unternehmensleitbild, das u. a. das notwendige Verhalten gegenüber Kunden beschreibt. Operative Ziele richten sich auf einen früheren Zeitpunkt in der Zukunft, vielleicht in einem Jahr, und formulieren die bis dahin angestrebten Umsätze bei bestimmten Kunden, möglicherweise verbunden mit einer bis dahin zu erreichenden Auftragsstruktur. Praktische Schritte in der Gegenwart könnten die Bemühungen um Akquisitionstermine sein, die Pflege bestehender Kontakte und die bewusste Vermittlung von bestimmten Informationen und Botschaften in den alltäglichen Kundenbegegnungen.

Dass noch vor einigen Jahren im Unternehmenszusammenhang deutlich weniger von Visionen die Rede war, lag hauptsächlich daran, dass sich vielerorts die gewünschte und die erwartete Zukunft nur wenig von der Gegenwart unterschieden. „Weiter so", hieß die Maxime, was in einer erfolgreichen Zeit in einer viel stabileren Welt als heute noch sinnvoll war. Die Zukunft schien im Wesentlichen absehbar, große Überraschungen wurden zumindest auf kurze Sicht nicht erwartet. Das hat sich in den letzten zwei bis drei Jahrzehnten zunehmend und letztlich fundamental geändert. Nichts scheint seitdem mehr sicher und wenigstens grob vorbestimmt.

Manche Stimmen gehen deshalb so weit zu sagen, dass Visionsbildungen kindisch und unsinnig seien. Die Realität kümmere sich nicht um Wunschbilder. Sie verändere sich unablässig und unvorhersehbar in hohem Tempo, sodass das, was gestern gültig war, heute schon nicht mehr gilt und morgen noch viel weniger. Angesagt seien deshalb kleine, pragmatische Schritte – schauen, wie die Gegenwart bestellt ist, und immer wieder das jeweils Beste daraus machen. Vielleicht hatte Helmut Schmidt ähnliche Überlegungen im Sinn, als er seine berühmten Worte (siehe Anfang des Abschnitts) aussprach.

Allerdings: Woher soll abgeleitet werden, was jeweils gerade das Beste ist? Dafür muss es einen Maßstab geben, der über die konkrete Situation hinausreicht. Wenn Überraschungen der Normalfall sind, woran lassen sich dann günstige Gelegenheiten erkennen, wenn sie in dem ständigen Strom an Ereignissen, Gerüchten und Tendenzen vorbeikommen? Pragmatisches Handeln ohne übergreifende bzw. einigermaßen konsistente Orientierungen wird im Rückblick wahrscheinlich einen Zickzackkurs zeigen mit eher zufälligen Ankunftsorten. Streng genommen wird das Handeln auf diese Weise fatalistisch. Die sehr viel freundlichere Betrachtungsweise könnte lauten: „Freuen wir uns über die gegebenen Freiheitsräume und lasst uns unsere Zukunft selbst erfinden!" Damit entsteht gleichzeitig so etwas wie ein Leitstern, mit dessen Hilfe Navigation möglich wird und sich günstige von weniger günstigen Gelegenheiten unterscheiden lassen.

Auch bei den einzelnen Mitarbeitern in der Organisation hat die Erwartungssicherheit stark abgenommen. Zumindest in den großen Konzernen glaubten viele, es mit ihrem Einstellungsvertrag „geschafft" zu haben. Und Spötter antworteten auf die Frage, was man denn bei der XY AG so werden könne, mit „alt". Es wurde sich – mehr oder weniger – um einen gekümmert und für die meisten Mitarbeiter erfolgte die berufliche Entwicklung entlang gut bekannter Pfade ganz automatisch. Eigeninitiative und Selbststeuerung beschränkten sich überwiegend auf die Phasen, in denen man sich innerhalb oder außerhalb des Unternehmens um eine neue Stelle bewarb.

Diese vergleichsweise bequemen (und für manche langweiligen) Zeiten sind vorbei. Personalentwicklungsabteilungen sind zwar mittlerweile meist personell besser ausgestattet und vor allem viel professioneller geworden, aber dennoch bedeutet Personalentwicklung heute vor allem Selbstentwicklung. Selbstentwicklung erfordert erfolgreiches Selbstmanagement, am besten auch auf dieser Ebene im Hinblick auf eine stimmige und motivierende (persönliche) Vision. Sie kann sehr unterschiedliche Aspekte beinhalten: Das angestrebte Selbstbild (wie ich selbst in Zukunft sein möchte), das gewünschte materielle Umfeld (zum Beispiel wie ich wohnen möchte), das gewünschte soziale Umfeld (mit wem ich zusammen sein möchte), und das gewünschte Arbeitsumfeld (woran und mit welchen Wirkungen ich arbeiten möchte).

Wichtig ist, dass die handlungsleitende Vision tatsächlich den *eigenen* Wunschbildern und Bedürfnissen entspricht. Nicht wenige persönliche Visionen sind in Wirklichkeit nur übernommene Wunschvorstellungen anderer Menschen, die für uns wichtig waren oder sind: Eltern, Ehepartner oder frühere Autoritätspersonen wie Lehrer, Pfarrer oder Verwandte. Ein klassisches Beispiel dafür ist der Sohn, der das Geschäft seines Vaters übernimmt, weil dieser es sich so sehr wünscht, obwohl der Sohn eigentlich etwas anderes viel lieber machen würde. Ein anderes Beispiel ist die Übernahme einer Führungsposition, nur damit die Mutter stolz sein kann und die ehemaligen Studienkollegen aufhören zu lästern.

Visionen sind Wunschbilder, mit ihnen eng verbunden sind Werte. Werte sind allgemeine Vorstellungen darüber, was wichtig und erstrebenswert, was richtig und was falsch ist. Damit vermitteln sie Sinn und Bedeutung und leiten unser Handeln. In gewisser Weise gleichen sie Wegweisern in Entscheidungssituationen. Werte beruhen auf Erfahrungen und reflektieren das Ergebnis unserer persönlichen Auseinandersetzung mit den Anforderungen in unserer früheren familiären, schulischen, beruflichen, gesellschaftlichen, eventuell auch kirchlichen Umgebung. Werte können sich auf uns selbst beziehen (zum Beispiel wie wichtig uns Freiheit, Gesundheit oder unsere persönliche Weiterentwicklung sind), auf andere (zum Beispiel wie wichtig uns Anerkennung, persönliche Anteilnahme oder Solidarität sind) und/oder auf die Welt um uns herum (zum Beispiel wie wichtig für uns Ökologie oder Landschaftserhalt sind). Weil sie sehr maßgeblich unser Verhalten steuern, haben sie große Bedeutung für die persönliche Wirksamkeit in Unternehmen.

Auf den folgenden Seiten sind einige Übungen und Anregungen zur Reflexion Ihrer persönlichen Vision und Ihrer Werte aufgeführt. Besprechen Sie sie jeweils am besten mit einer anderen Person. Das kann zum Beispiel der Lebenspartner sein. Manchmal ist dieser jedoch so vertraut mit unseren Vorstellungen, Gefühlen und Träumen, dass der notwendige innere Abstand für überraschende Fragen und Kommentare fehlt. Besser geeignet könnte dann ein wohlwollend kritischer Freund oder Bekannter sein.

2.2.1 Die vier zentralen Lebensbereiche

Damit eine Vision möglichst kraftvoll ist, sollte sie ganzheitlich alle wesentlichen Lebensbereiche berücksichtigen und dementsprechend ausbalanciert sein. Die größten Lebensbereiche sind gewöhnlich berufliche Arbeit sowie die Aufrechterhaltung und Gestaltung sozialer Beziehungen. Häufig kommt als dritter Bereich öffentliches Engagement hinzu. Viertens sind Achtsamkeit und Fürsorge gegenüber der eigenen Person notwendig. Die Instanz, welche eine persönlich und situativ stimmige Balance austarieren soll, ist das Selbstkonzept. Es basiert auf ganzheitlichen Überlegungen zu den Fragen „Was will ich?", „Was kann ich?" und „Wem nutzt das?"

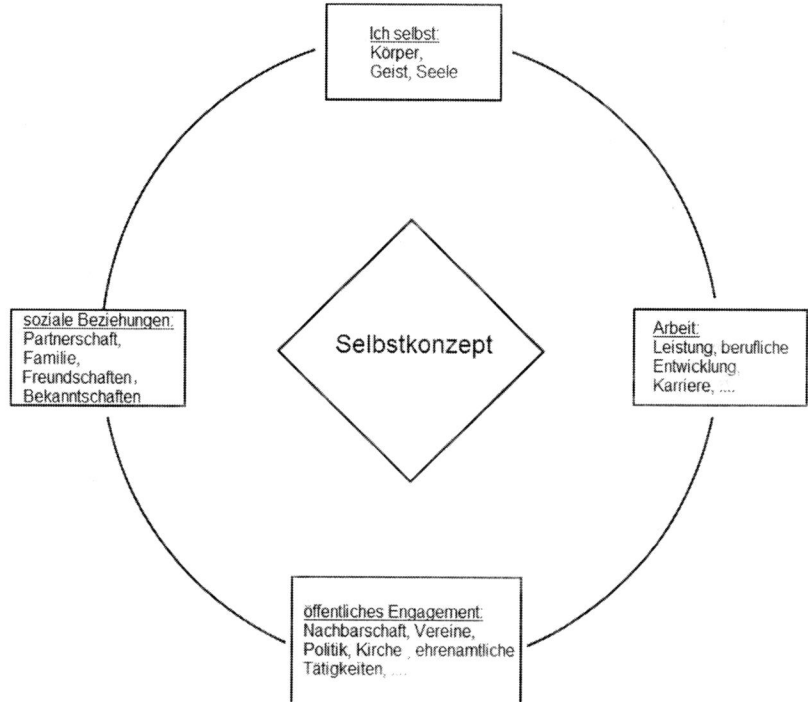

Abb.6 Vier zentrale Lebensbereiche

Der Bereich *Arbeit* beinhaltet, wie in Abbildung 6 zu sehen ist, die berufliche, erwerbsmäßige Tätigkeit. Die Frage dazu lautet: Wie viel sind Sie bereit, an Zeit, Aufmerksamkeit und Energie in Ihre berufliche Entwicklung, in Ihre Leistung bzw. in Ihre Karriere zu investieren?

Der Bereich *soziale Beziehungen* umfasst Partnerschaft, Familie und Freunde. Fragen dazu: Wie wichtig ist Ihnen dieser Lebensbereich? Welche sozialen Beziehungen stehen für Sie ganz vorne? Was wollen Sie hierfür mindestens investieren? Ab wann würde Ihnen der Preis zum Beispiel Ihrer beruflichen Entwicklung zu hoch werden?

Der Bereich *öffentliches Engagement* betrifft zum Beispiel nicht bezahlte Nachbarschaftsarbeit oder auch ehrenamtliche Tätigkeiten in Vereinen, in der Kirche oder in der Politik. Gesellschaftlich scheint dieser Bereich wichtiger zu werden. Individuell ist die Frage zu beantworten, welche Bedeutung öffentliches Engagement für uns selbst haben soll. Welches „Investment" sind wir dafür bereit einzusetzen, neben allen anderen Engagements?

Der Bereich *Ich selbst* umfasst die Aspekte Körper (Bewegung, Ernährung, Regeneration), Geist (Bildung, intellektuelle Interessen, Reisen, Spiritualität) und Seele (Kunst, Ästhetik, Genuss). Um für andere wertvolle Beiträge leisten zu können, ist es notwendig, auch und manchmal vor allem auf sich selbst zu achten. Wer dies dauerhaft unterlässt, läuft Gefahr, sich schnell zu erschöpfen und auszubrennen. Das Engagement geht dann vor allem zu eigenen Lasten. Wer gut für sich selbst sorgen kann, der kann gewöhnlich auch gut für andere sorgen.

Die Beschäftigung mit diesen vier Bereichen kostet jeweils Zeit und Energie, aber aus allen vier Bereichen lässt sich auch Energie gewinnen.

Wer sich mit seiner beruflichen Arbeit sehr identifiziert und mehr oder weniger darin aufgeht, der kann viel Kraft daraus schöpfen. Er kann das gute Gefühl entwickeln, Sinnvolles zu leisten. Er kann Spaß daran haben, seine Talente einzusetzen und seine Fähigkeiten auszubauen. Er kann die berufliche Gemeinschaft schätzen und sich über Anerkennung und Wertschätzung freuen. Ähnliches gilt für den Bereich *öffentliches Engagement*. Wegen der Freiwilligkeit solcher Tätigkeiten ist die soziale Verbundenheit untereinander oft größer als im beruflichen Feld, und die Arbeit selbst kann unter Umständen noch befriedigender sein. Das Feld der sozialen Beziehungen bietet Geborgenheit, Vertrautheit und Intimität. Für viele ist der innerste Kreis der Familie der wichtigste Teil überhaupt, der ihrem Leben Sinn und Richtung gibt. Die Bedingungslosigkeit der gegenseitigen Liebe, der Achtung und Unterstützung stärkt das Lebensgefühl und den Selbstwert der Menschen wie kaum etwas anderes. Leider bieten viele Beziehungen solche Qualitäten in der Realität nicht oder nur sehr eingeschränkt, auch nicht innerhalb der Kernfamilie. Dennoch suchen sie die meisten Menschen, unter Umständen ein Leben lang. Und nicht wenige verhindern die Erfüllung ihres Wunsches nach liebevollen Beziehungen durch wirklichkeitsfremde Erwartungshaltungen und durch eigenes Verhalten selbst. Menschen sind ihrer Natur nach soziale Wesen, aber sie benötigen auch Zeit für sich alleine. Die Beschäftigung mit sich selbst, mit den eigenen Hobbys und ganz persönlichen Themen hilft, den Boden unter den Füßen zu behalten und die eigene Mitte zu spüren. Sich selbst und seinen Körper (wieder) schärfer wahrzunehmen, das Gefühl für wichtig und unwichtig, für dringend und nicht dringend (wieder) stärker zu empfinden, etwas zu genießen, sich intellektuell einmal mit ganz anderen Fragestellungen auseinanderzusetzen – das alles sind hervorragende Möglichkeiten, sich (wieder) lebendiger zu fühlen und Energie zu tanken.

Dauerhafte Zufriedenheit verlangt eine gute Balance aller vier Bereiche, die es allerdings immer wieder neu auszutarieren gilt, weil sich unser Umfeld beständig wandelt und weil sich immer wieder andere Anforderungen und Bedürfnisse zu Wort melden. Verkümmert ein Lebensbereich über längere Zeit, sind Unzufriedenheit, Leistungsdefizite, Kreativitätsmängel und letztlich auch gesundheitliche Probleme die wahrscheinlichen Folgen.

Fragen dazu:
- Welche Aktivitäten entfalten Sie zurzeit wo? Wie viel Prozent Ihrer Zeit, Ihrer Aufmerksamkeit und Ihrer Kraft investieren Sie wofür?
- Wie stimmig erscheint Ihnen diese Verteilung im Hinblick auf Ihre persönlichen Ziele und Werte? Wie zufrieden sind Sie mit dem Verhältnis ihrer vier Lebensbereiche?
- Angenommen, Sie würden diese Struktur auch noch ein Jahr, fünf Jahre, zehn Jahre beibehalten: Wie zufrieden wären Sie dann?
- Wie sieht Ihre gewünschte Soll-Struktur in einem, in fünf, in zehn Jahren aus?

Die nachfolgenden Übungen „Meine persönliche Vision" (Abschnitt 2.2.2), „Karriereanker" (Abschnitt 2.2.3) und „Gedankenexperiment 75. Geburtstag" (Abschnitt 2.2.4) sollen Ihnen weitere Hinweise oder Bestätigungen dafür geben, welche Balance für Sie persönlich passt und worauf es in Ihrem Leben vor allem ankommen soll.

2.2.2 Meine persönliche Vision

Dieser Abschnitt beinhaltet eine Übung, die unter dem Namen „Journaling" bekannt ist. Sie soll Ihnen helfen, Ihre eigene Vision klarer in den Blick bzw. in Ihre Vorstellung zu bekommen. Dafür ist es günstig, zunächst in eine entspannte und positive Stimmung zu kommen. In der Übung geht es darum, Ihre Einfälle möglichst unmittelbar niederzuschreiben, ohne dass zuvor Ihr nüchterner und kritischer Verstand als Zensor dazwischenkommen kann. Auf diese Weise haben auch Ihre tiefer liegenden Wünsche und Sehnsüchte eine gute Chance, an die Oberfläche zu kommen und damit bearbeitbar zu werden. Im Anschluss daran empfiehlt es sich, das Ergebnis mit einer Person, die Ihnen wohlwollend-kritisch gegenübersteht, ausführlich zu besprechen.

Versetzen Sie sich möglichst in eine angenehme Stimmung. Atmen Sie ein paar Mal tief durch. Versuchen Sie, möglichst entspannt, locker und konzentriert zu sein.

Rufen Sie kurz eine Erinnerung oder eine Vorstellung von etwas wach, das Ihnen viel bedeutet. Das kann ein schöner Ort in der Natur sein (real oder fiktiv), eine Begegnung mit einer geschätzten Person, das Bild eines Tieres oder die Erinnerung an ein bedeutungsvolles Ereignis: an einen Moment, in dem Sie das Gefühl hatten, dass etwas Besonderes geschieht. Schließen Sie die Augen und versuchen Sie, bei diesem Bild zu bleiben.

Stellen Sie sich nun vor, dass Sie in Ihrem Leben etwas erreichen, was Sie sich schon lange sehr gewünscht haben. Stellen Sie sich zum Beispiel vor, Sie leben dort, wo Sie am liebsten leben möchten, oder Sie machen beruflich genau das, was Sie am liebsten machen möchten. Denken Sie nicht darüber nach, wie wahrscheinlich oder unwahrscheinlich diese Vorstellung ist.

Schreiben Sie nun Ihre Wunschvorstellungen entsprechend den nachfolgenden Fragen auf. Schreiben Sie schnell, möglichst spontan, ohne viel nachzudenken. Benutzen Sie das Präsens, so als ob die Dinge jetzt in diesem Moment geschehen würden.

Selbstbild: Wenn Sie genau der Mensch sein könnten, der Sie sein möchten, über welche Eigenschaften würden Sie verfügen?

Greifbare Ziele: Welche materiellen Dinge würden Sie besitzen?

Wohnung: Was wäre für Sie eine ideale Lebensumgebung?

Gesundheit: Welche konkreten Wünsche haben Sie im Hinblick auf Gesundheit, Fitness, Sport und alle Aspekte, die mit Ihrem Körper zu tun haben?

Beziehungen: Wie intensiv wünschen Sie sich Ihre Beziehungen zu Familienangehörigen, Freunden und anderen Menschen?

Arbeit: Was ist für Sie die ideale berufliche Situation? Welche Auswirkungen sollten Ihre beruflichen Anstrengungen haben?

Persönliche Bestrebungen: Was möchten Sie in kreativen Bereichen wie persönliche Lernerfahrungen, Reisen, Literatur oder bei anderen Aktivitäten gerne erreichen?

Gemeinschaft: Wie sieht Ihre Vorstellung von der Gemeinschaft aus, in der Sie leben?

Anderes: Gibt es weitere Bereiche in Ihrem Leben, in denen Sie etwas Kreatives erschaffen möchten? Falls ja, welche Ziele möchten Sie in diesen Bereichen verwirklichen?

Lebenszweck: Stellen Sie sich vor, Ihr Leben würde einem einzigen Zweck dienen, den Sie durch das, was Sie tun, durch Ihre Beziehungen zu anderen Menschen und durch Ihre Lebensweise erfüllen. Beschreiben Sie diesen Zweck wie einen weiteren Aspekt Ihrer Vision.

Besprechen Sie nun Ihre Vision mit einer anderen Person. Klären Sie Einzelheiten und prüfen Sie vor allem, ob Sie sich das, was Sie sich wünschen, *wirklich* wünschen. Vielleicht glauben Sie nur, dass Sie es sich wünschen. Letzten Endes kann darüber alleine Ihr Gefühl entscheiden. Es lässt sich befragen, zum Beispiel mithilfe der Fünfmal-Was-oder-Warum-Technik:

1. Wenn ich das habe, was ich mir wünsche: Was genau habe ich davon? (Zum Beispiel Karriere: Ich gewinne Ansehen und Geld.)
2. Wenn ich das davon habe, was bringt es mir? (Zum Beispiel einen angenehmen und luxuriösen Lebensstil.)
3. Und was wiederum bringt mir das? (Zum Beispiel das Gefühl, es geschafft zu haben.)
4. Und was wiederum bringt mir das? (Zum Beispiel die Gelassenheit, mich nicht mehr ständig neu beweisen zu müssen.)
5. Und was bringt es mir noch? (Zum Beispiel die Genugtuung, meine frühere Klassenlehrerin widerlegt zu haben, die behauptet hatte, aus mir würde ganz bestimmt nichts Vernünftiges werden.)

Das Beispiel zeigt, dass der Unterschied zwischen originären und „importierten", d. h. von anderen Menschen übernommenen Visionen oft nur sehr schwer auszumachen ist. „Importierte" Bedürfnisse (siehe dazu die beiden Beispiele in Abschnitt 2.2.2) sind eigentlich Bedürfnisverschiebungen. Wenn jemand das Geschäft seines Vaters übernimmt, obwohl er es eigentlich nicht möchte, ist sein Bestreben nicht, zum Beispiel ein selbständiger Kaufmann zu werden, sondern dem Wunsch des Vaters zu genügen.

Viele Bedürfnisse melden sich im Zuge sozialer Interaktionen, auch die „importierten". Manche werden immer mal wieder „lauter" und „aufdringlicher", bevor sie sich zurückziehen und anderen Bedürfnissen vorübergehend das Feld überlassen. Wichtig ist es, den emotionalen Kern unserer positiven Zukunftsvorstellungen zu identifizieren. Die Frage „Was bringt mir *das*?" sollte mindestens dreimal gestellt werden, denn ihre Beantwortung dringt in tiefere und damit relevantere Bedürfnisschichten vor. Die Frage „Was bringt es mir *noch*?" sollte frühestens in der vierten Runde gestellt werden, denn sie geht in die Breite.

2.2.3 Der Karriereanker

Von Edgar Schein (2001) stammt die Idee des Karriereankers. Es handelt sich dabei um ein weiteres Instrument, um Ihren persönlichen Wunschvorstellungen genauer auf die Spur zu kommen.

Schein war viele Jahre lang Professor am Massachusetts Institute of Technology (MIT) und einer der Mitbegründer der Organisationspsychologie. Unter einem Karriereanker versteht er innere Orientierungen, die sich aufgrund persönlicher Werte, Talente und Bedürfnisse ergeben und die eine wichtige Rolle für unser berufliches Handeln spielen. Schein unterscheidet acht verschiedene Anker:

1. *Technische/funktionale Kompetenz:* Das Gefühl für die eigene Identität beruht auf der Umsetzung von Fachkompetenzen. Die berufliche Zufriedenheit und ein Großteil des Selbstvertrauens sind abhängig von den Möglichkeiten, sich fachlichen Herausforderungen zu stellen und sich dort zu beweisen.

2. *General Management:* Das Gefühl der eigenen Identität beruht auf der Möglichkeit, Verantwortung für einen Teilbereich der Organisation zu übernehmen und die Tätigkeiten von Mitarbeitern über verschiedene Abteilungen hinweg zu koordinieren.

3. *Selbständigkeit/Unabhängigkeit:* Das Gefühl der eigenen Identität beruht auf der Möglichkeit, die Arbeit auf die eigene Art und Weise erledigen zu können. Das verlangt zum Beispiel die Möglichkeit flexibler Arbeitszeiten und die weitgehende Abwesenheit von einschränkenden Vorschriften.

4. *Sicherheit/Beständigkeit:* Das Gefühl der eigenen Identität beruht auf der sicheren und dauerhaften Beschäftigung in einer Organisation, besser noch: an einem bestimmten Arbeitsplatz. Finanzielle Sicherheit zählt viel, aber auch das Gefühl, es in der Organisation und im Leben „geschafft" zu haben.

5. *Unternehmerische Kreativität:* Das Gefühl der eigenen Identität beruht auf der Aussicht, auf eigenen Füßen zu stehen und ein finanziell erfolgreiches Unternehmen als Beweis der eigenen Fähigkeiten (mit) aufbauen zu können. Risiken werden dafür in Kauf genommen und Hindernisse überwunden, wenn dadurch Chancen genutzt werden können.

6. *Dienst oder Hingabe für eine Idee:* Das Gefühl der eigenen Identität beruht auf der Möglichkeit, eine wertvolle Aufgabe zu übernehmen. Damit sind Tätigkeiten gemeint, die im Einklang stehen mit den wichtigsten persönlichen Werten. Um das tun zu können, werden eventuell auch Beförderungen abgelehnt oder wird ein Unternehmenswechsel in Kauf genommen.

7. *Totale Herausforderung:* Das Gefühl der eigenen Identität beruht auf der Möglichkeit, Unmögliches möglich zu machen, Lösungen für scheinbar unlösbare Probleme zu finden, überlegene Gegner zu besiegen oder schwierige Hindernisse zu überwinden.

8. *Lebensstilintegration:* Das Gefühl der eigenen Identität beruht auf der Möglichkeit, alle wichtigen Aspekte des Lebens zu einem Ganzen zu integrieren und demzufolge die persönlichen Bedürfnisse mit denen der Familie und den Anforderungen des Berufs in Einklang zu bringen. Das kann eventuell bedeuten, auf Karrieremöglichkeiten oder auf überraschende finanzielle Chancen zu verzichten.

Nach Schein ist ein Karriereanker ein wichtiges Element innerhalb unseres Selbstkonzeptes. Die meisten Menschen erkennen Teile von sich selbst in allen acht Ankerbereichen wieder, allerdings in unterschiedlichen Ausprägungen. Ein Karriereanker mit hoher Ausprägung bedeutet, dass jemand keinesfalls bereit ist, diese Orientierung aufzugeben, auch wenn das „teuer" kommt und beispielsweise den Verzicht auf eine Beförderung oder einen Wechsel des Arbeitgebers mit sich bringen würde.

Für die Fortentwicklung der eigenen Wirksamkeit kann es helfen, Klarheit über die relative Bedeutung der Anker und der dahinterstehenden Werte und Ziele zu gewinnen. Das Handeln wird dadurch fokussierter und entschiedener. Die wichtigste Frage lautet: „Welche Möglichkeiten sich auch immer anbieten werden, worauf will ich auf gar keinen Fall verzichten?"

Nachfolgend finden Sie weitere Fragen, die Ihnen helfen sollen, die relative Bedeutung der acht Karriereanker für Sie selbst herauszufinden. Es ist günstig, wenn auch hierfür ein kritisch-wohlwollender Gesprächspartner zur Verfügung steht.

- Welche berufliche Ausbildung haben Sie erfahren? Wieso haben Sie gerade diese Wahl getroffen? Welche Vorstellungen hatten Sie damals mit dieser Ausbildung verbunden? Was denken Sie heute darüber, im Nachhinein?
- Was waren Ihre ersten beruflichen Tätigkeiten nach Abschluss der Ausbildung? Was hatten Sie damals erwartet (gewünscht)? Und wie denken Sie heute darüber?
- Was wollten Sie zu dieser Zeit langfristig erreichen? Was erschien Ihnen als eine attraktive berufliche Zukunftsvorstellung?
- Welche größeren beruflichen Veränderungen oder sogar Brüche hat es später gegeben? Wie kam es dazu? Was haben Sie damals, als es geschah, gedacht und gefühlt, und wie denken und fühlen Sie heute im Rückblick?
- Welche Zeitabschnitte in Ihrem bisherigen Leben sind Ihnen besonders angenehm erschienen? Weshalb sind sie Ihnen als so positiv in Erinnerung geblieben? Was war die Ursache dafür?
- Gab es Zeitabschnitte, die Ihnen besonders unangenehm waren? Wodurch entstanden das unangenehme Gefühl und die negative Bewertung?
- Haben sich Ihre beruflichen Ambitionen oder langfristigen Ziele im Laufe der Zeit verändert?
- Was möchten Sie aus heutiger Sicht langfristig erreichen?
- Was finden Sie daran attraktiv?
- Worauf kommt es Ihnen heute und in Zukunft besonders an, damit Sie mit Ihrer beruflichen Tätigkeit zufrieden sind?

Bringen Sie zusammen mit Ihrem Gesprächspartner die acht Karriereanker in die Reihenfolge, die Ihren persönlichen Bedürfnissen und Werten entspricht. Welche Anker stehen vorne und welche hinten? Auf welche drei Karriereanker könnten Sie am leichtesten verzichten? Auf welche drei am schwersten? Auf welchen der für Sie wichtigsten Aspekte würden Sie auf gar keinen Fall verzichten wollen, falls es zu einer Entweder-oder-Situation kommen sollte?

2.2.4   Gedankenexperiment zum 75. Geburtstag

Normalerweise gehört es zu unseren Bedürfnissen, dass die für uns wichtigen Werte und Präferenzen (die mit Teilen unserer Vision sowie den persönlichen Karriereankern zusammenhängen) von anderen in unserer sozialen Umgebung gesehen und bestätigt werden. Begeben Sie sich deshalb in die Perspektive von für Sie wichtigen Personen. Hierzu die folgende Übung:

Stellen Sie sich vor, Sie feiern Ihren 75. Geburtstag. Es gibt ein großes Fest, und alle wichtigen Freunde und Mitstreiter aus allen Lebensbereichen und Lebensphasen sind gekommen, um Ihnen zu gratulieren. Sie selbst sind zufrieden mit Ihrem Leben. Alle Rollen, die Sie im Laufe der Jahre wahrzunehmen hatten, haben Sie ausgefüllt, so gut wie es Ihnen möglich war.

Was würden diese Menschen sagen? Welche Ihrer Eigenschaften würden sie besonders hervorheben? Welche besonderen Leistungen würden sie erwähnen? Sehen Sie sich im Kreis dieser Menschen um. Welche wesentlichen Dinge haben Sie in Ihrem Leben bewirkt?

Schreiben Sie im Einzelnen auf, welche Personen zusammengekommen sind. Wer von ihnen steht Ihnen besonders nahe? Wessen Meinung über Sie ist Ihnen vor allem wichtig?

Wählen Sie nun drei von ihnen aus und verfassen Sie aus deren jeweiliger Perspektive drei kleine Geburtstagsreden (Stichworte genügen).

2.3   Ressourcen: Was kann ich und was habe ich zu bieten?

Für die Erreichung der persönlichen Ziele sind Ressourcen notwendig. Dazu gehören fachliches Wissen, Organisations- und Umsetzungswissen, Erfahrung sowie persönliche Fähigkeiten und Eigenschaften. Außerdem gehören die in der Vergangenheit gewachsenen „Vermögenswerte" dazu wie persönliche Reputation (Image) und Netzwerke aus Kollegen, Kunden, früheren oder aktuellen Förderern, externe Bekannte etc. Ein Ressourcencheck kann zu dem Ergebnis führen, dass es notwendig ist, zusätzliche Kompetenzen oder Aktiva aufzubauen, um die eigenen Ziele zu erreichen.

Für erste Überlegungen im Hinblick auf Wissensressourcen eignet sich in Anlehnung an unternehmensstrategische Diskussionen das Konzept der *Kernkompetenzen*. Damit ist ein in sich verflochtenes Bündel aus Wissen, Können und Erfahrungen gemeint, quasi die Summe der individuellen Problemlösungsfähigkeiten, die im Laufe der persönlichen Lebens- und Berufsgeschichte entstanden sind. Kernkompetenzen können differenziert werden in fachliche, methodische, soziale und persönliche Kompetenzen. Soziale Kompetenzen betreffen den Umgang mit anderen (Kontakt- und Kommunikationsfähigkeit, soziale Sensibilität, Konfliktfähigkeit etc.). Persönliche Kompetenzen umfassen individuelle Eigenschaften wie Hartnäckigkeit, Gründlichkeit, analytisches Denken, Energie, Lernfähigkeit, Lernbereitschaft und Ähnliches. Kernkompetenzen stellen ein Nutzenpotenzial für andere in der Organisation dar. Weil jede Biografie einzigartig ist, sind auch die geschichtlich entstandenen Kernkompetenzen einzigartig und bringen jeweils spezifische Nutzenmöglichkeiten mit sich. Kernkompetenzen erschöpfen sich nicht in den Inhalten formaler Ausbildungsgänge (davon gibt es viele), sondern integrieren Erfolgserlebnisse und Flop-Erfahrungen, Erfahrungen mit schwierigen Kunden oder Kollegen, die reflektierte Erfahrung mit der eigenen Persönlichkeit etc.

Um die eigenen Kernkompetenzen zu finden, können folgende Fragen weiterhelfen:

- Welche formalen Aus- und Weiterbildungsabschlüsse haben Sie erworben?
- Welche beruflichen Stationen haben Sie im Laufe Ihres bisherigen Arbeitslebens durchlaufen?
- Welche wichtigen Projekte bzw. Sonderaufgaben haben Sie durchgeführt? In welchen Rollen?
- Welche waren in den letzten Jahren Ihre erfolgreichsten Tätigkeiten oder Projekte? Was genau war für Sie dabei erfolgreich? Wie kam dieser Erfolg jeweils zustande?
- Wo sehen Sie Ihre spezifischen Stärken (denken Sie an fachliche, methodische, soziale und persönliche Kompetenzen)? Worin liegen sie genau? In welchen Kompetenzkombinationen sind sie besonders wertvoll?
- Wenn Sie Ihr heutiges Herangehen an Problemstellungen vergleichen mit dem vor fünf und vor zehn Jahren: Was hat sich geändert? Was ist gleich geblieben? Welche Kenntnisse und Erfahrungen, welche Umstände sind dafür verantwortlich?
- Welche waren die schmerzlichsten Flops der vergangenen Jahre? Worauf sind sie zurückzuführen?
- Was könnte potenzielle Kunden am meisten hindern, Ihre Leistungen nachzufragen?
- Gibt es bei Ihnen noch „schlummernde" Fähigkeiten, die Sie in die Waagschale werfen könnten, obwohl Sie sie (zuletzt) nicht eingesetzt haben? Leisten Sie im privaten Umfeld Besonderes? Werden Sie häufig von Freunden oder Verwandten angefragt? Haben Sie ein Hobby, für das Sie Talent haben? Gibt es frühere berufliche Erfahrungen, die Sie lange nicht mehr nutzen konnten?

Die Ressource Reputation oder Image wirkt wie ein persönliches Markenzeichen. Es drückt ein Versprechen aus: Was scheint der Betreffende zu können? Reputation basiert auf Erfahrungen, die andere mit einem gemacht haben. Natürlich handelt es sich um ein Vorurteil, um nichts Objektives, aber die Wirkung ist real und möglicherweise beträchtlich. Ein positives Image gleicht einem Vermögenswert, weil es Handlungsspielräume erweitert (ich bekomme „Kredit") und die eigene Wirksamkeit durch die wohlwollende Aufmerksamkeit und Interpretation anderer erhöht. Ein negatives Image ist ein Handicap, weil auch gut gemeinte und erfolgreiche Aktivitäten entweder gar nicht wahrgenommen oder im Sinne der negativen Vorfestlegungen (um-)interpretiert werden. Eine Imageveränderung lässt sich normalerweise nur sehr langsam und allmählich erreichen, weil Menschen sich nur ungern von ihren inneren Bildern über andere trennen. Notwendig sind dafür wiederkehrende Irritationen über den Betreffenden und sein Verhalten bei denjenigen, um die es ihm geht.

Eine unvoreingenommene Erforschung des eigenen Images ist leichter gesagt als getan. Gerade dann, wenn es nicht nur positiv ist, kann man von anderen nicht unbedingt große Ehrlichkeit erwarten. Unter Umständen könnten unliebsame und kränkende Überraschungen eintreten. Images oder Fremdbilder können mehr oder weniger zutreffend und gegebenenfalls auch sehr ungerecht sein. Vor allem können sie sich deutlich vom Selbst- und Idealbild unterscheiden. In jedem Fall aber handelt es um wichtige Informationen. Konkret bieten sich Gespräche mit Vorgesetzten, Kollegen, Kunden, Lieferanten, Externen oder Mitarbeitern an. Um sein Image zu verändern, ist es erforderlich, sich zunächst Klarheit darüber zu verschaffen, wie das gewünschte Fremdbild aussieht, zum Beispiel: „Ich möchte als ein loyaler, engagierter, pragmatisch denkender und hoch qualifizierter Experte für … gelten." Anschließend können dazu passende Kernaussagen formuliert und an den richtigen Stellen platziert werden. Vielleicht finden sich zusätzlich geeignete und kommunizierbare Metaphern oder Mottos oder auch ein Spitzname, der geeignet ist, an passender Stelle bei Meinungsbildnern und Multiplikatoren für Aufmerksamkeit zu sorgen. Selbstverständlich gelingt es nur dann, ein gewünschtes Image durchzusetzen, wenn es der eigenen Persönlichkeit, so wie sie ist, auch entspricht. Weniger gut trainierte oder von der Unternehmensöffentlichkeit bisher noch nicht ausreichend wahrgenommene persönliche Seiten könnten vorgezeigt und betont werden (zum Beispiel sonst an anderen Stellen gezeigtes humorvolles oder vielleicht auch ernstes und verantwortungsvolles Verhalten), aber es wird nicht gelingen, auf Dauer erfolgreich zu schauspielern, sich zu verstellen und zu maskieren. Nicht-authentisches Verhalten torpediert über kurz oder lang das eigentlich Gewollte.

Gelegenheiten für ein praktisches „Image-Management" können Meetings, Konferenzen, Präsentationen, Messen oder Dienstreisen sein. Wichtig ist, dass die ausgesendeten Botschaften von den relevanten Personen auch im gewünschten Sinne wahrgenommen und verstanden werden. Gesprächskontakte sind immer Gelegenheiten, persönliche Botschaften und Erfolgsbeispiele zu kommunizieren, getreu dem Motto: „Tue Gutes und rede darüber!" Besonders wirksam für das eigene Image sind passende Kommentare durch Dritte. Es könnte sich lohnen, im Hinblick darauf bestimmte Personen gezielt anzusprechen. Manchmal wirkt Lob durch geschätzte Externe am stärksten.

Eine weitere Ressource, die sich für die Verfolgung der eigenen Ziele einsetzen lässt, ist das im Laufe der Zeit entstandene *soziale Netzwerk* aus Kollegen, Freunden und Förderern. Wichtige Informationen können daraus bezogen oder wichtige Mitteilungen können in Netzwerke eingespeist und in Umlauf gebracht werden (zum Beispiel: „Ich suche eine neue Herausforderung", „Ich würde mich gerne am Projekt XYZ beteiligen", „Ich hätte zu diesem Thema einiges beizutragen" etc.). Wer innerhalb seiner Organisation auf dem Laufenden bleiben will, Trends erkennen und ein Gespür für passende Interventionen sowie für das richtige Timing entwickeln möchte, ist auf soziale Netzwerke angewiesen. Für eine erfolgreiche Selbststrategie empfiehlt es sich deshalb zu prüfen, ob die richtigen Entscheider, Trendsetter, Meinungsbildner und Multiplikatoren dabei sind. Eventuell muss das persönliche Netzwerk gezielt um bestimmte Personen oder Personengruppen erweitert werden.

2.4   Selbstmarketing: Wem kann ich nutzen?

Persönliche Wirksamkeit hängt sehr stark von einer persönlich und sachlich stimmigen Selbstmarketingstrategie ab. Antworten auf die Fragen „Was will ich?", „Was kann ich?" und „Was habe ich zu bieten?" bilden dafür die Grundlagen. Ergänzend stellt sich die Frage „Wem nutzt das?" Sie betrifft die aktuelle und die potenzielle Zielgruppe. Für wen sind meine Kernkompetenzen bereits wertvoll? Für wen könnten sie außerdem wertvoll sein? Wem hilft es, wenn er meinen guten Namen ins Spiel bringen kann? Und wem kann ich vielleicht mit meinen Kontakten weiterhelfen? Wir brauchen normalerweise andere Menschen, wenn wir unsere Wunschvorstellungen realisieren möchten. Der Weg zum Ziel ist meistens mit Tauschgeschäften gepflastert.

Wörtlich übersetzt heißt Selbstmarketing, sich selbst auf den (unternehmensinternen) Markt zu bringen. Märkte sind (virtuelle) Orte des Tausches, wobei in diesem Fall nicht etwas Materielles, sondern Verhalten gegen Verhalten getauscht wird: Engagement gegen Anerkennung, Gefälligkeit gegen Rückendeckung, Unterstützung gegen Unterstützung, Leistung gegen „gute Presse" etc. Im Fall eines Experten könnte das Tauschgesuch lauten: „Biete Expertise als wichtigen Beitrag für die Lösung deiner Probleme, suche dafür adäquate Entlohnung, Anerkennung, Reputation oder vielleicht auch direkte Unterstützung für meine Karriere."

Wer aktives Selbstmarketing betreibt, bietet potenziellen Nachfragern eine Leistung an. Wie er sie anbietet, entspricht quasi der Verpackung. Diese lässt indirekt darauf schließen, was von dem Leistungsversprechen zu halten ist. Die mögliche Leistung wird unterschätzt, wenn der Betreffende sich sehr ungeschickt verhält oder erfolgreich Understatement betreibt. Sie wird überschätzt, wenn der Betreffende ein Schaumschläger oder ein Blender ist. „Nachfrager" sind zum Beispiel Schnittstellenpartner, Vorgesetzte oder Kollegen, denen das Angebot des Selbstmarketingbetreibers in Bezug auf *ihre* Ziele, Vorstellungen und Wünsche nützlich erscheint. Bei dem Tauschgeschäft handelt sich mit anderen Worten um eine Verknüpfung von Interessen, wobei die Bewertung der Tauschobjekte von dem jeweils individuellen Wertesystem der Beteiligten abhängt. Die „Währungen" sind dabei freilich nur bedingt konvertibel.

Für das praktische Selbstmarketing ist es günstig, möglichst konkrete (Schlüssel-)Personen zu identifizieren, mit denen Kontakt aufgenommen werden sollte, und zu versuchen, sie vorab so gut wie möglich kennenzulernen. Hierfür stellen sich u. a. die folgenden Fragen:

- Wer sind die aktuellen und wer die potenziellen Nutzer meiner Expertise?
- Welche Personen, Gruppen oder Gremien kommen für mich als Unterstützer, als „Imageproduzenten" oder als Netzwerkpartner infrage?
- Welche Vorstellungen dürften sie über mich haben? Was wissen sie von mir oder was glauben sie von mir zu wissen?
- Welche Aufgaben und Ziele verfolgen sie? Was wird von ihnen erwartet und woran werden sie gemessen?
- Was ist ihnen persönlich besonders wichtig? Was gerade nicht?
- Welche Bedürfnisse, persönliche Eigenarten, Lieblingsthemen oder Interessen dürften sie haben?
- Wie kann ich meine diesbezüglichen Annahmen überprüfen?

Je mehr Antworten gefunden werden, desto leichter wird das „Andocken" gelingen. Das hat nichts mit Manipulation zu tun, denn es geht nicht um ein Täuschungsmanöver, sondern um einen geplanten Beziehungsaufbau und die Vorbereitung einer Erfolg versprechenden Kommunikation.

Vor dem Kontakt sollten darüber hinaus die folgenden Fragen beantwortet werden können:

- Was möchte ich eigentlich genau von der betreffenden Person?
- Was kann ich ihr im Gegenzug anbieten?
- Warum sollte es für sie sinnvoll sein, sich auf mein Angebot einzulassen?
- Was sage ich? Worauf reagiert sie positiv? Wie kann ich kurzfristig ihr Interesse finden?
- Welches Verhalten und welches äußere Erscheinungsbild von mir sind der Situation angemessen und unterstreichen das, was ich mitteilen möchte?

2.5　Anspruchsgruppenanalyse: Wie sieht das soziale Umfeld aus?

Die Anspruchsgruppenanalyse ist ein Instrument, das den sozialen Kontext untersucht. Mit Anspruchsgruppen sind hier Personen, Gruppen oder Gremien gemeint, die im beruflichen Zusammenhang etwas von uns wollen und auf deren Erwartungen wir in irgendeiner Weise reagieren oder vielleicht auch bewusst nicht reagieren sollten.

Anspruchsgruppen (oder -personen) und die Zielgruppe (im vorigen Abschnitt beschriebene potenzielle Kontakte für das Selbstmarketing) können weitgehend identisch sein. Zu Letzteren können allerdings auch Personen gehören, mit denen wir bisher noch keinen Kontakt hatten. Und zu den Anspruchsgruppen können Personen gehören, die wir nicht zu unserer Zielgruppe zählen, die aber Wünsche und Forderungen an uns haben.

Um erfolgreich zu sein, braucht man fast immer Tauschpartner, wie zum Beispiel Kunden, Vorgesetzte oder Kollegen, die bestimmte Forderungen oder Wünsche an uns haben und mit denen man auch selbst gerne „ins Geschäft" kommen möchte. Darüber hinaus gibt es meistens auch noch andere Personen, Gruppen oder Gremien, die ebenfalls Anforderungen stellen, mit denen man aber möglichst nichts zu tun haben möchte, selbst wenn sie sich sehr lautstark melden. Es mag trotzdem gute Gründe geben, sich auch mit diesen Personen oder Gruppierungen näher zu beschäftigen. Möglicherweise sind gerade sie besonders mächtig oder einflussreich.

Um auf die Erwartungen der Anspruchsgruppen angemessen reagieren zu können, ist es notwendig, diese zunächst einmal zu kennen. Das wird häufig kein Problem sein. Manche Erwartungen werden aber vielleicht nur sehr indirekt oder gar nicht ausgedrückt und bleiben deshalb (zunächst) unklar. Was *eigentlich* gewollt wird, muss dann aus Andeutungen oder über ein Gespräch mit Dritten erschlossen werden. Manchmal hilft einfaches Nachfragen, in anderen Fällen ist es notwendig, sich mit Kollegen, Vorgesetzten oder Mitarbeitern zusammenzusetzen, um mit ihnen gemeinsam bestimmten Erwartungen auf die Spur zu kommen.

Normalerweise gelingt es selbst bei bestem Willen nicht, jederzeit allen Wünschen und Erwartungen des Umfeldes vollständig nachzukommen. Häufig werden bestimmte Anspruchsgruppen und -personen mit Vorrang „bedient", zum Beispiel die Lautesten oder Penetrantesten, andere werden dagegen frustriert, zum Beispiel die Ruhigsten oder Verständnisvollsten. Je nachdem, wie das Engagement und die Aufmerksamkeit verteilt werden, ergeben sich unterschiedliche Rückwirkungen. Zufriedene Partner unterstützen uns normalerweise bei der eigenen Zielverfolgung tendenziell, unzufriedene Partner behindern uns dabei bestenfalls nicht. Schon aus diesem Grund ist es wichtig, eine zumindest ungefähre Übersicht über die relevanten Anspruchsgruppen und ihre jeweiligen

Vorstellungen zu gewinnen. Wie strategisch klug oder unklug ist es zum Beispiel, immer wieder vorrangig den einen nachzukommen und die anderen zu kurz kommen zu lassen?

Die Anspruchsgruppenanalyse hilft, solchen Fragen nachzugehen, und kann dabei auch eventuell vorhandene Spannungsfelder und Dilemmata sichtbar werden lassen.

Das Instrument sieht zunächst drei Schritte vor:

1. Definieren Sie die wichtigsten Anspruchsgruppen und -personen in Ihrem beruflichen Umfeld (Vorgesetzte, interne und/oder externe Kunden und Lieferanten, Kollegen, Mitarbeiter ...). Es sollten nicht mehr als neun verschiedene sein, damit die Übersichtlichkeit erhalten bleibt. Fassen Sie Personen zu Gruppen oder Gruppen zu Obergruppen zusammen, die von Ihnen im Wesentlichen das Gleiche wollen.
2. Formulieren Sie die an Sie gerichteten ausgesprochenen und/oder unausgesprochenen Erwartungen, Wünsche und Forderungen. Aber bleiben Sie dabei möglichst konkret. Die „bestmögliche Leistung" aufzuschreiben, ist zum Beispiel nicht sinnvoll, „von mir weitestgehend in Ruhe gelassen werden" oder „fachlich fundierte Beratung in Fragen der Qualitätssicherung" schon mehr. Wenn Sie die Erwartungen nicht kennen, treffen Sie Annahmen darüber. Wählen Sie anschließend – aus der Perspektive des oder der anderen – die ein bis drei wichtigsten Anliegen aus.
3. Visualisieren Sie Ihre Informationen und erstellen Sie ein Systembild:

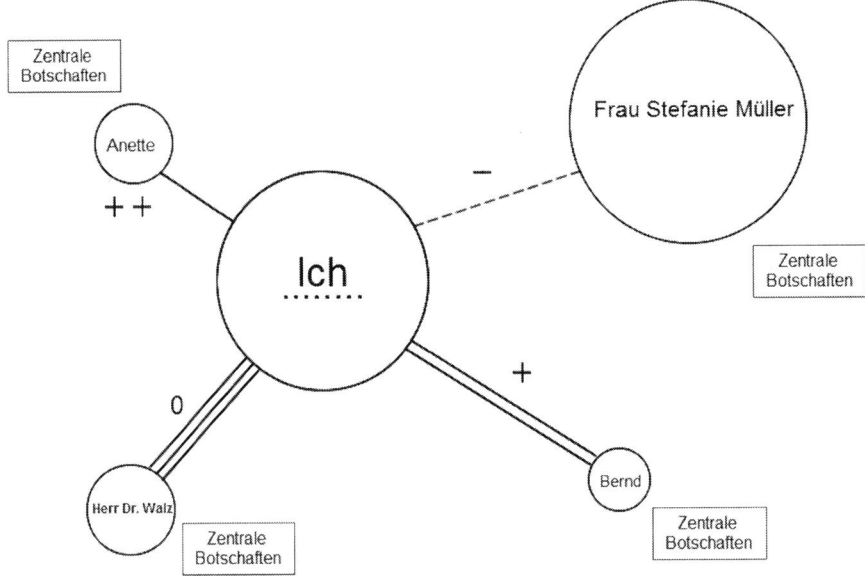

Abb. 7 Systembild zur Anspruchsgruppenanalyse

Die Größe der Kreise symbolisiert die für Sie relative *Bedeutung der verschiedenen Anspruchsgruppen und -personen*.

Die Anzahl der Verbindungsstriche zwischen den Kreisen symbolisiert die *Intensität der Kommunikation*. Eine gestrichelte Linie oder ein einziger Strich bedeuten, dass mit dieser Person oder dieser Gruppe im Vergleich mit anderen nur sehr wenig oder wenig kommuniziert wird. Zwei Striche zeigen eine intensive Kommunikation mit der entsprechenden Gruppe oder Person, drei Striche eine sehr intensive Kommunikation.

Die *Qualität der Beziehung* wird durch die Zeichen Doppelplus, Plus, Null, Minus und Doppelminus gekennzeichnet. Ein Doppelplus bedeutet, dass der Umgang mit dieser Person oder Gruppe sehr angenehm ist, zum Beispiel besonders unkompliziert, verständnisvoll, respektvoll und/oder spaßig. Plus drückt eine angenehme Beziehung aus. Ein Minus symbolisiert eine unangenehme, ein Doppelminus eine sehr unangenehme Beziehung. Eine Null kennzeichnet eine neutrale, geschäftsmäßige Beziehung, die wenige Emotionen hervorruft.

Die jeweilige *Entfernung der Kreise* vom Mittelkreis (dieser repräsentiert Sie in Ihrer Rolle) drückt die von Ihnen in der Realität empfundene Entfernung aus. Nähe und Distanz sind emotionale Kategorien. Oft sind Nähe, Sympathie und intensive Kommunikation miteinander verbunden, jedoch nicht immer. Gefühlte Nähe hat vor allem mit Vertrautheit zu tun. Möglicherweise spüre ich häufig den heißen Atem meines Chefs im Nacken. Er ist mir dann nah, aber wahrscheinlich nicht lieb. Ich werde vermutlich versuchen, mich abzugrenzen, aber das wird mir möglicherweise nur unvollständig gelingen. Umgekehrt kann mir jemand emotional fern sein, weil ich ihn kaum kenne, oder ich halte ihn mit Absicht erfolgreich auf Distanz. Nach einer Weile kenne ich ihn dann auch nicht mehr gut. Vielleicht ist mir aber auch der andere fremd (und damit nicht nah), wir haben immer wieder geschäftliche, d. h. wenig emotionale Kontakte miteinander, sind uns aber trotzdem sympathisch.

Die *zentralen Botschaften* (Erwartungen, Wünsche, Forderungen) der jeweiligen Anspruchsgruppen und -personen stehen am besten direkt bei den jeweiligen Kreisen.

Nachdem die Anspruchsgruppenanalyse erstellt und die Ergebnisse visualisiert sind, kann das Systembild genutzt werden, um das relevante soziale Umfeld im Unternehmen systematisch zu erforschen. Hierfür ist es wieder günstig, einen wohlwollend-kritischen Gesprächspartner zur Verfügung zu haben, der neugierig nachfragt und sich mit seinen persönlichen Eindrücken nicht zurückhält. Der „Forschungsgegenstand" ist die persönliche Wirksamkeit als Fachexperte.

Hilfreich für die Analyse könnten die folgenden Leitfragen sein:

- Was investieren Sie aktuell (zum Beispiel an Zeit, Aufmerksamkeit, Energie, „Platz im Kopf" …) in welche Beziehung?
- Wer kommt bei Ihnen derzeit tendenziell zu kurz, wer wird mit Vorrang „bedient"?

- Wie zufrieden dürften Ihre Anspruchsgruppen mit Ihrem Investment jeweils sein?
- Wie stabil ist das Gefüge? Sind Veränderungen und Konfliktdynamiken bereits im Gang oder absehbar?
- Was macht Ihnen bei der Arbeit Spaß, was nicht?
- Woran zeigt sich in Ihrem Systembild „Wirksamkeit"? Wie würden Sie Wirksamkeit in Ihrem Fall überhaupt definieren? (Zur Erinnerung: Allgemein bedeutet Wirksamkeit aus der Perspektive des Selbstunternehmers, eigene Ziele zu erreichen und mit seinen Beiträgen gehört, verstanden und ernst genommen zu werden.) Für wie hoch halten Sie sie aktuell (ein Wert zwischen 1 und 10; 1 steht für sehr niedrige Wirksamkeit, 10 steht für sehr hohe Wirksamkeit)?
- Welche Stellschrauben zur Veränderung Ihrer Wirksamkeit sehen Sie? Wovon hängt sie ab?
- Auf welche Weise könnte eventuell eine Steigerung Ihrer Wirksamkeit gelingen?
- Was genau wäre anders, wenn sich Ihre Wirksamkeit um zehn Prozent erhöhen oder verringern würde?
- Was müssten Sie selbst tun, wenn Sie Ihre Wirksamkeit erhöhen wollten, was müssten andere dafür tun?

2.6   Energie: Das Konzept auf die Straße bringen

In den folgenden vier Abschnitten geht es um die Mobilisierung von Energie, die für die Umsetzung von persönlichen Vorstellungen und Visionen notwendig ist. Fehlt diese Energie, bleiben die Überlegungen folgenlos. „Papier ist geduldig", könnte es dann heißen, oder: „Gewollt habe ich schon, aber irgendwie ist nichts daraus geworden." Offensichtlich fehlt dann der Wille, eine Veränderung tatsächlich herbeizuführen, oder neben der eigentlich vorhandenen Motivation gibt es innere Gegenkräfte, die eine Umsetzung verhindern.

Möglicherweise führt die Beschäftigung mit den nachfolgenden Fragen und Überlegungen zu einer Teilrevision Ihrer persönlichen Vision. Vorwärts- und Rückwärtsbewegungen im Prozess der Konzeptentwicklung entsprechen dem komplexen und dynamischen Thema aber ohnehin mehr als ein mechanisches Abarbeiten Punkt für Punkt.

2.6.1   Eine Faustformel für Veränderungsprozesse

Wechselnde Umstände führen immer wieder dazu, dass der Fachexperte, wenn er in eigener Sache – d. h. als Manager der Selbst GmbH – handelt, eine neue Standortbestimmung, Kurskorrekturen oder auch die Neufestlegung von Zielen vornehmen muss. Das ist an sich in einer bewegten Welt nichts Besonderes. Schwierigkeiten bereiten jedoch oft die Beharrungskräfte, die den Status quo manchmal gegen alle Vernunft und Einsichten verteidigen. Das gilt für den Einzelnen prinzipiell genauso wie für eine Gruppe, eine Organisation und sogar für eine Gesellschaft.

Die Grundzusammenhänge bei der Frage, ob Menschen beherzt an die Realisierung von Zukunftsvorstellungen herangehen oder nicht, verdeutlicht die folgende Ungleichung:

Vision + Leidensdruck + erste Schritte > erwartete Kosten der Veränderung

Sie kann als Faustformel für das Gelingen oder Nicht-Gelingen von Veränderungsvorhaben verstanden werden. Abgekürzt wird sie im Folgenden (natürlich nicht im mathematischen Sinne) „Veränderungsformel" genannt.

Man kann sich den Zusammenhang bildlich wie eine Waage vorstellen.

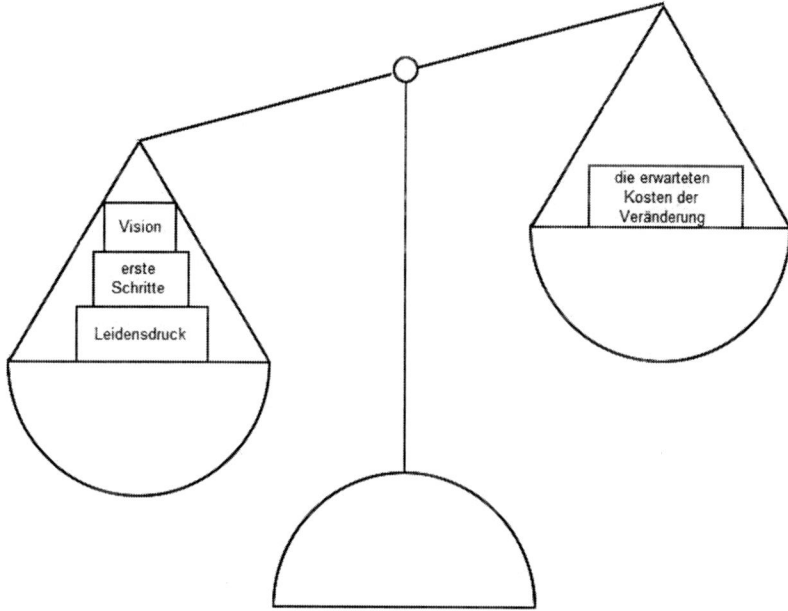

Abb. 8   Die Veränderungsformel als Waage

So wie man bei einer Waage auf die eine Seite mehr Gewicht legen muss als auf die andere, um sie in Bewegung zu bringen, ist mehr Veränderungs- oder Umsetzungsenergie (auf der einen Seite) als Beharrungsenergie (auf der anderen Seite) notwendig, um Veränderungen in Gang zu setzen.

Als Quellen für die notwendige Umsetzungsenergie kommen die Vision und der Leidensdruck infrage. Die aufgebrachte Energie verpufft jedoch, wenn sie nicht kanalisiert und effizient eingesetzt wird. „Erste Schritte" bedeutet dementsprechend zu wissen, wie die Umsetzung konkret anzugehen ist, was zunächst zu tun und eventuell zu lassen ist. Die „Kosten der Veränderung" stehen auf der anderen Seite der Ungleichung.

Das Thema *Vision* wurde schon ausführlich diskutiert (siehe Teil II, Abschnitt 2.2). Sie soll als Orientierungsgeber fungieren und gleichzeitig eine Art Sogwirkung entfalten. Die Spannung zwischen der tatsächlich erlebten Gegenwart und der lustvoll ausgemalten Vision bringt dann die Motivation mit sich, die Vision tatkräftig anzustreben. Die meisten Menschen haben Visionen. Teilweise malen sie sie in Tagträumen aus, um dann mit einem Seufzer zu registrieren, dass es sich leider nur um einen Traum handelt. Vielen Menschen fällt es schwer, daran zu glauben, dass ihre Visionen Wirklichkeit werden könnten. Es fehlt dann zum Beispiel eine Realitätsprüfung (Ist es unter bestimmten Umständen nicht doch machbar?), das Zutrauen in sich selbst, in andere, die man dafür braucht, oder auch darin, dass sich die Gegebenheiten des relevanten Umfeldes genügend positiv entwickeln werden.

Leidensdruck wünscht sich niemand. Und normalerweise wünschen wir ihn auch den Menschen in unserer Umgebung nicht. Trotzdem wirkt Leidensdruck als Energiequelle oft stärker als eine Vision, weil Leidensdruck absolut konkret und unmittelbar spürbar ist. Visionen können Sogkräfte entfalten, Leidensdruck kann eine Stoßkraft hin zur angestrebten Vision auslösen, vorausgesetzt, der Betreffende kann oder will die gegenwärtige Situation tatsächlich nicht mehr ertragen. Eine solche Empfindung und die Entscheidung, daran etwas zu verändern, setzen allerdings einiges voraus, zum Beispiel:

- Eine ungeschminkte Wahrnehmung der Situation. Wir alle kennen im Unterschied dazu die Tendenz, Dinge zu verdrängen, die uns nicht gefallen und die uns dennoch eine Entscheidung abverlangen.

- Aufhören, sich mit der ungeliebten Situation zu arrangieren („das Leben ist eben kein Wunschkonzert" oder ähnliche Sprüche zur Selbstberuhigung) und tapfer Leidensfähigkeit zu beweisen.

- Der Verzicht auf (anscheinend) positive Effekte des Leidens: Manchmal erfüllen ungeliebte Situationen auf unbewusste Weise wichtige Funktionen. Sie können zum Beispiel als Projektionsfläche oder als Sammelbecken dienen für alles Mögliche, das frustriert und nicht gefällt. Die ungeliebte Arbeitsstelle mit dem ganz besonders ungeliebten Chef wird dann eventuell auch zur Ursache erklärt für den häufigen Streit mit dem Lebenspartner, für die schlechten Schulnoten der Kinder, das eigene Übergewicht, die falsche Auswahl des letzten Urlaubsziels etc. Es gibt somit einen eindeutigen Adressaten, quasi einen Sündenbock für all den Mist, der beklagt, beschimpft und bejammert werden kann. Man fühlt sich als unschuldiges Opfer, dem Ungerechtigkeit widerfährt. Oft steht dem gleichzeitig das Gefühl gegenüber, wenigstens moralisch integer und anderen in dieser Hinsicht überlegen zu sein. Opfer fühlen sich meistens mehr oder weniger hilflos den Tätern ausgeliefert, was bedeutet, dass eine Veränderung nur durch den Täter erfolgen kann. Das Opfer (also derjenige, der die ungeliebte Situation aushält) kann selbst nichts dafür tun. Damit schließt sich der Begründungskreis, weshalb man eben nichts machen kann.

Erste Schritte: Damit ist der Beginn der konkreten Umsetzung gemeint. Ein detaillierter Plan ist dafür nicht erforderlich, wohl aber so etwas wie ein „Big Picture", eine grobe und ganzheitliche Vorstellung von der gegenwärtigen sowie der gewünschten Situation mit ihren wichtigsten Elementen und Wirkungszusammenhängen. Ein solches Big Picture hilft, sich zurechtzufinden und Ereignisse sicherer zu interpretieren. In diesem Rahmen können dann kleine Schritte gemacht werden, deren Ergebnisse abgeglichen werden können mit den aus dem Big Picture abgeleiteten Erwartungen. Auf diese Weise können auch die zugrunde liegenden Annahmen überprüft werden. Mit anderen Worten: Lernen kann stattfinden.

Die *erwarteten Kosten der Veränderung* stehen den Veränderungswünschen und -absichten gegenüber. In der Regel handelt es sich dabei um Befürchtungen wie zum Beispiel: „Sicherlich werde ich jede Menge Probleme mit meinem Chef und meinen Kollegen bekommen, wenn ich mich demnächst vor allem für dieses Projekt engagiere und mich dabei stärker in den Vordergrund spiele." Die Realität kann sich dann zwar als sehr viel angenehmer herausstellen als erwartet, aber emotional ist das zunächst meist unerheblich. Befürchtungen spürt man stärker als Hoffnungen.

Innerlich können u. a. die folgenden Posten auf der Kostenseite „gebucht" werden:

- Die Befürchtung, unwillkommene Sprüche vom Chef, von Kollegen oder Bekannten zu hören. Zu den Gewohnheiten, die Menschen nur sehr ungern aufgeben, gehört auch das Bild, das sie von anderen Menschen haben. Wer durch sein Verhalten das (Fremd-)Bild, das Kollegen, Vorgesetzte, Mitarbeiter, Bekannte oder Freunde von ihm haben, irritiert, erntet dafür selten Anerkennung und Unterstützung. Viel häufiger kommen Sprüche, Hänseleien oder sogar Beleidigungen zum Einsatz, die letztlich dem Zweck dienen, den anderen wieder so werden zu lassen, wie man ihn kennt.

- Manchmal führt eine Veränderung des eigenen Verhaltens dazu, dass andere gezwungen sind, ihr Verhalten ebenfalls zu verändern. Selten ist das von den anderen erwünscht. Die Folge sind dann häufig Konflikte, die als unangenehm empfunden werden und Kraft kosten. Die Angst davor kann die Umsetzung des Veränderungsvorhabens hemmen und zu einem „Kostenbestandteil" in der Veränderungsformel werden.

- Um alte, durch Gewohnheiten ausgetretene Pfade zu verlassen, sind Kraft und Disziplin nötig. Unsere Gewohnheiten sind normalerweise sinnvoll, weil sie wie ein Energiesparprogramm wirken. Wir müssen uns nicht jederzeit überlegen, was als Nächstes auf welche Weise zu tun ist. Wir erledigen vieles, ohne es bewusst wahrzunehmen oder gar darüber nachzudenken. Autofahrer können sich normalerweise gut an ihre ersten Fahrstunden erinnern mit der verwirrenden Vielfalt an Aktivitäten, die mehr oder weniger gleichzeitig beachtet und getan werden mussten: in den Seitenspiegel schauen, den Blinker setzen, kuppeln, schalten, kuppeln etc. Nach einiger Zeit verläuft dieser Prozess jedoch vollautomatisch. Man kann sich mühelos dabei unterhalten oder dem Sprecher im Radio zuhören. Gewohnheiten aufzugeben ist unbequem. Beim Autofahren ist das normalerweise auch völlig unsinnig, im Fall der persönlichen Zielverfolgung jedoch oft nötig. Man muss sich dazu aufraffen, ohne sofort zu spüren, dass es sich lohnt. Und obendrein geht ein Stück Sicherheit verloren.

- Veränderungen zwingen oft dazu, nicht nur Gewohntes, sondern auch ganz bewusst Gewolltes und Geschätztes aufzugeben. Vielleicht erfordert die Realisierung einer Vision einen Ortswechsel, der Freunde und Bekannte zurücklässt. Und Familienmitglieder müssen auf Liebgewonnenes verzichten wie den schicken Italiener um die Ecke oder das tolle Schwimmbad.

- Der Wegfall der bereits skizzierten „Jammeroption" kann ebenfalls ein Kostenbestandteil sein. Sich selbst vom Opfer zum Täter zu erklären, ängstigt und ist eine erhebliche und kraftkostende Umdefinition des eigenen Selbstverständnisses.

- Zu Beginn eines Veränderungsvorhabens kann man nicht wissen, was am Ende herauskommen wird. Das Risiko des Scheiterns ist immer gegeben, auch wenn die Einstellungen stimmen und man sich große Mühe gibt. Sicher bei einer Veränderung ist lediglich eine Veränderung. Und die Befürchtung, dass hinterher alles noch viel schlimmer sein kann, gehört unter Umständen ebenfalls zu den Kosten der Veränderung.

- Größere oder kleinere Lernängste können hinzukommen, denn Lernbedarfe werden in Veränderungsprozessen immer auftreten. Die Ursachen können weit in der Vergangenheit liegen, zum Beispiel in unerquicklichen Schulerlebnissen. Wer einmal erlebt hat, dass er sich im Kreis von anderen beim Versuch, etwas besser zu verstehen oder richtig darzustellen, sehr blamiert hat, der verliert leicht das Vertrauen in sich, überhaupt „normal" lernen zu können. Manche Schulsituation, mancher Lehrer oder andere frühe Autoritätspersonen haben vielleicht Gefühle von Unzulänglichkeit, Minderwertigkeit und Beschämung ausgelöst, die in viel späteren Lernsituationen ungewollt wieder auftauchen und erneut Unsicherheiten und Ängste hervorbringen können. Aber auch ganz normale Misserfolgserlebnisse in früheren Ausbildungszusammenhängen können negative Nachwirkungen haben.

- Darüber hinaus können bei manchen Menschen auf einer tieferen psychologischen Ebene weitere Ängste auftreten, wenn sie spüren, dass die vor ihnen liegenden Entwicklungen und Ereignisse in hohem Maße unvorhersehbar und unkontrollierbar sind.

Fragen dazu:

- Wie klar und attraktiv erscheint mir meine persönliche Vision? Wie stelle ich mir mein zukünftiges Leben (als Fachexperte und als Privatperson) vor? Wie stark empfinde ich bei dieser Vorstellung eine Sogkraft hin zu ihrer Verwirklichung? Wählen Sie dafür einen Skalenwert zwischen 10 (sehr stark) und 1 (sehr schwach).
- Als wie attraktiv oder unattraktiv erscheint mir die Gegenwart? Wie wird es mir in einem, in fünf und in zehn Jahren gehen, wenn alles so bleibt, wie es ist?
- Wie ehrlich beurteile ich meine gegenwärtige Situation? Kann es sein, dass ich sie schlechter rede, als sie ist? Oder kann es sein, dass ich sie schöner rede, als sie ist? Wie hätte ich sie wahrscheinlich vor einem und vor drei Jahren im Vorausblick bewertet?
- Angenommen, ich will meine gegenwärtige Situation im Hinblick auf meine persönlichen Wunschvorstellungen verändern. Habe ich schon Ideen und Ansatzpunkte, wie ich das anstellen könnte? Wer könnte mir helfen, welche zu finden?
- Welche inneren Kräfte halten mich mehr oder weniger stark beim Status quo fest? Befürchte ich bei einer eventuellen Veränderung eher Nachteile als Vorteile? Welche sind das? Habe ich deren Berechtigung überprüft?
- Welche Bedeutung haben vielleicht auch bewährte Gewohnheiten für meine (eventuelle) Präferenz zugunsten des Status quo? Was macht sie gegebenenfalls so wertvoll?
- Könnten bei mir noch andere, vielleicht lebensgeschichtlich ältere Unsicherheiten und Ängste im Spiel sein? Mit wem könnte ich solche Fragen besprechen?

2.6.2 Temperament, Motivation und Vertrauen

Die vorgestellte Veränderungsformel beschreibt wichtige Aspekte für das Gelingen oder Nicht-Gelingen von Veränderungen. Leidensdruck und Visionen erzeugen Energie für den Veränderungsprozess Die Kosten der Veränderung lassen solche Energien wirkungslos werden oder erzeugen Energie gegen den Veränderungsprozess. Das Ausmaß an Energie, das auf der persönlichen Ebene wirksam wird, hängt allgemein vom Temperament und spezifisch von Vertrauen, von Ängsten und der Motivation des Betreffenden ab. Mit Temperament ist ein Verhaltensstil gemeint, der eng mit der Emotionalität einer Person zusammenhängt. Temperamentvolle Menschen haben eine relativ niedrige Reizschwelle, reagieren schnell und energisch und legen überhaupt in ihren Bewegungen, im Denken und Sprechen ein hohes Tempo vor. Es scheint so zu sein, dass jeder Mensch einen für ihn typischen „Normalwert" an Temperament bzw. Energie besitzt, um den herum sein Energieniveau innerhalb bestimmter Grenzen, die ebenfalls für die jeweilige Person spezifisch sind, situativ schwankt. Wahrscheinlich gibt es darüber hinaus auch eine typische Normal-Gestimmtheit, um die herum man tagtäglich mehr oder weniger „gut drauf" ist. Stimmungsschwankungen können für mehrere Stunden anhalten, das

Temperament als übergreifender Verhaltensstil ist dagegen stabiler und verändert sich oft ein Leben lang nur wenig.

Auch weniger temperamentvolle Menschen können genügend viel Energie aufbringen, wenn sie hoch motiviert sind. Motivation ist das Ergebnis einer *spezifischen* Bedürfnisspannung, ein gespürter Unterschied zwischen einem wahrgenommenen „Ist" und einem gewünschten „Soll". Grundsätzlich gibt es drei Möglichkeiten, mit dieser Differenz umzugehen: Man kann versuchen, sie durch eigene Aktivitäten zu schließen (motiviertes Handeln), sie positiv akzeptieren („Schön wäre es, aber es ist wirklich nicht realistisch") oder sie resignativ hinnehmen („Wird ja doch nichts" bzw. „Ich kann das eh nicht"). Im Hinblick auf die Veränderungsformel bedeutet Letzteres wahrscheinlich, dass die (befürchteten) Kosten der Veränderung sehr hoch angesetzt werden. Außerdem und im Zusammenhang damit sind regelmäßig selbsterfüllende Prophezeiungen, also zirkuläre Selbstverstärkungsmechanismen, im Spiel. Hierauf wird vor allem im nächsten Abschnitt zurückgekommen.

Bedürfnisspannungen entstehen aus Mangelgefühlen. Diese können sich auf Aspekte wie Sicherheit, Anerkennung, Zugehörigkeit, Harmonie, Autonomie oder Unabhängigkeit beziehen. Motive können dabei nebeneinander stehen (zum Beispiel Abwechslung und Anerkennung), sich gegenseitig verstärken (zum Beispiel Dominanz und Kontrolle) oder sich unter Umständen widersprechen (zum Beispiel Unabhängigkeit und Zugehörigkeit). In solchen Fällen tritt Ambivalenz auf.

Manche Motive finden sich prinzipiell bei allen Menschen, wie zum Beispiel der Wunsch nach Selbstwirksamkeit oder das Bestreben, möglichst sinnvolle Arbeit zu leisten. Andere Motive gehen auf spezifische lebensgeschichtliche Erfahrungen zurück. Auch das Zusammenarbeiten mit anderen motiviert, wenn es auf der Basis guter Beziehungen geschieht, d. h. wenn es als fair, vertrauensvoll und respektvoll wahrgenommen wird und wenn alle stolz auf die Gruppe sind und Vertrauen in ihre Leistungsfähigkeit haben.

Um auf die Spur der eigenen Bedürfnis- oder Motivationsstruktur zu kommen, empfiehlt sich die im Zusammenhang mit der persönlichen Vision schon vorgestellte Technik des mehrmaligen Warum: Was motiviert mich derzeit ganz besonders? (Zum Beispiel die Mitwirkung an einem bestimmten Projekt.) Und wenn ich es erreicht habe, was habe ich dann davon? (Zum Beispiel eine größere Sichtbarkeit und einen Zuwachs an Qualifikation.) Und wenn ich das erreicht habe, was habe ich davon? (Zum Beispiel größere Karrierechancen.) Und was habe ich davon? (Zum Beispiel Anerkennung in meiner Familie.) etc.

Vertrauen spielt für die persönliche Wirksamkeit ebenfalls eine große Rolle. Im positiven Fall unterstützt und verstärkt es die vorhandene Motivation. Wenn Vertrauen fehlt, wird dagegen die eingesetzte Energie reduziert. Mangelndes Vertrauen kann dann zum Gegenspieler der Motivation werden nach dem Motto: „Gewollt hätte ich schon sehr gerne, aber dürfen habe ich mich nicht getraut."

Bei genauerer Betrachtung lassen sich grundsätzlich drei Seiten des Vertrauens unterscheiden:

1. Vertrauen in sich selbst, Selbstvertrauen,
2. Vertrauen in andere und
3. Vertrauen in die Welt oder die Grundüberzeugung, dass es das Leben letztendlich gut mit einem meint und die eigenen Pläne im allgemeinen Lauf der Dinge eine echte Realisierungschance haben werden.

Die drei Erscheinungsformen stehen in starker Wechselwirkung. Ohne Selbstvertrauen und ohne Weltvertrauen kann auch anderen nicht wirklich vertraut werden. Wer hingegen anderen und dem Leben traut, bei dem wächst auch das Vertrauen in die eigenen Möglichkeiten. Und wer selbstbewusst und vertrauend auftritt, der gewinnt in aller Regel das Vertrauen der anderen. Damit ist natürlich weder eine selbstverliebte Show noch Arroganz („Ich bin etwas Besseres") gemeint, beides würde mit großer Wahrscheinlichkeit zu einer ablehnenden Reaktion führen. Selbstvertrauen kann einhergehen mit großer Bescheidenheit („Ich bin Teil eines wichtigeren Ganzen"). Derjenige, der so auftritt, wird eher noch gewinnen.

Selbstvertrauen ist für andere spürbar und signalisiert Gewissheit: „Ich bin von dem überzeugt, was ich mache" und: „Was ich zu bieten habe, ist für euch wertvoll!" Die positive Wirkung einer solchen Haltung wird klar, wenn man sich das Gegenteil vorstellt: „Ich weiß nicht, ob es euch nutzen wird und es ist auch gut möglich, dass meine Überlegungen völlig falsch sind." Warum sollte man sich auf jemanden einlassen und ihm glauben, wenn er es offenbar selbst nicht tut? Wer umgekehrt spürt, dass derjenige, der ihm etwas empfiehlt, selbst an seine Empfehlungen und an seine dahinterstehende Kompetenz glaubt, der ist viel eher bereit, dessen Empfehlungen zu folgen. Und wenn er das tut, gibt er ihm einen Vertrauensvorschuss.

Ohne Vertrauensvorschuss ist Wirksamkeit nicht möglich. Auch wenn es einem Fachexperten gelingt, einer Gruppe von Entscheidern zum Beispiel in einem Steuerkreis die eigenen Gedanken vollständig und in großer Klarheit vorzutragen, bleibt dennoch für die Zuhörer immer ein Rest an Unbestimmtheit übrig. Zumindest der relevante Kontext des Gesagten und die meist große Vielzahl der zugrunde liegenden Annahmen und Voraussetzungen können in der Regel nicht vollständig benannt und in Zusammenhang gebracht werden. Die unvermeidbar übrig bleibenden Verständnislücken bei den Zuhörern müssen sie durch Vertrauen füllen. Ob das gelingt, hängt vor allem von der Beziehung zwischen den Beteiligten ab. Wer als unglaubwürdig angesehen wird, dem ist man oft gar nicht bereit zuzuhören oder dessen Worte werden auf die Goldwaage gelegt mit dem Ziel, einen Fehler oder eine Manipulationsabsicht zu entdecken. Missverständnisse und Fehlinterpretationen sind dann vorprogrammiert. Die beste Möglichkeit, Vertrauen für sich zu wecken, ist es, Vertrauen in andere zu setzen. Das gelingt am besten, wenn man innerlich (und bis zum Beweis des Gegenteils) davon ausgeht, dass auch die anderen grundsätzlich fähig, willens, integer und gutwillig sind. Eine solche Haltung ist normalerweise für andere wahrnehmbar oder zumindest intuitiv spürbar.

Im Grunde ist es unsere freie Entscheidung, wie viel Vertrauen wir in uns selbst, in andere und in die Welt investieren. Mangelndes Vertrauen hat oft gute Gründe, ist aber nicht alternativlos. Manche glauben, Vertrauen zu geben, sei zu riskant. Stattdessen misstrauisch durch die Welt zu gehen, ist jedoch aufgrund der skizzierten psychischen und sozialen Rückwirkungen keineswegs weniger riskant. Entscheidungen sind immer unsicher, gleichgültig, wie wir uns entscheiden, weil wir die Zukunft nicht kennen. Aber es ergeben sich – je nachdem, wofür wir uns entscheiden – unterschiedliche Auswirkungen auf unser Lebensgefühl und damit auch auf unsere Wirksamkeit. Wer zum Beispiel starke Selbstzweifel hegt, wird sich bald gar nichts mehr zutrauen, und wer sehr pessimistisch auf zukünftige Entwicklungen schaut, wird bald gar keine Hoffnungsschimmer mehr am Horizont ausmachen.

Negatives Denken hat eine generalisierende und sich selbst verstärkende Tendenz. Um selbsterfüllende Prophezeiungen in negativer Richtung zu vermeiden und um die eigene Überzeugungskraft zu stärken, kann es helfen, sich konzentriert um Differenzierung und um Selbstermutigung zu bemühen. Dabei können selbstreflexive Fragen helfen, die Sie wiederum am besten mit einem wohlwollend-kritischen Partner besprechen sollten:

- Wie wichtig ist mir mein Konzept wirklich und in welchem Maße traue ich mir zu, es umzusetzen?
- Inwieweit vertraue ich auf die Kooperationsbereitschaft der anderen, die ich brauche, und inwieweit bin ich zuversichtlich, dass sich die Dinge im Umfeld hinreichend günstig für meine Ideen entwickeln werden?
- Über welche Erfolgserlebnisse habe ich mich zuletzt gefreut?
- Welche positiven Eigenschaften wurden mir in der Vergangenheit zugeschrieben? Wer hat mir in der Vergangenheit was zugetraut? Denken Sie dabei auch an enge frühe Bezugspersonen wie zum Beispiel Eltern, Verwandte oder Lehrer.
- In welchen Situationen war ich besonders stolz auf meine Leistung? Was genau ist mir damals so gut gelungen?
- Auf welche meiner Stärken, Eigenschaften und Fähigkeiten waren diese Leistungen zurückzuführen?
- Was war in den Fällen, die ich als negative Beispiele bzw. als Misserfolg in Erinnerung habe, nicht gelungen, was aber sehr wohl? Was lässt sich daraus lernen?
- Wo genau sitzen eventuell Zweifel, dass ich meine Wunschvorstellungen nicht realisieren kann? Welche Überlegungen und Erfahrungen stecken dahinter?
- Was kann ich gegebenenfalls tun, um mehr Zuversicht zu gewinnen? Wessen Meinung und welche Erfahrungen könnten weiterhelfen?

2.6.3 Mentale Selbstprogrammierung und die Kraft selbsterfüllender Prophezeiungen

Unser Wollen und Handeln werden wesentlich von unserer mentalen Verfassung bestimmt. Diese ist aber kein Schicksal, sondern zu einem großen Teil von uns selbst beeinflussbar. Übungen wie Yoga oder Meditation, deren Wurzeln teilweise Jahrtausende zurückreichen, zeigen jeden Tag, dass es nicht unmöglich ist, sich selbst in gewisser Weise am eigenen Schopf aus dem Sumpf zu ziehen. Wir können willentlich unsere Stimmungslage und unseren „Drive" sowohl verschlechtern als auch verbessern.

Die moderne Hirnforschung hat in den letzten Jahren und Jahrzehnten eine Reihe aufregender Erkenntnisse zutage befördert. Dazu gehört u. a. das Zusammenspiel aus Denken, Fühlen, Verhalten und Körperhaltung. Was viele Menschen intuitiv schon wussten, lässt sich heute in Ansätzen auch hirnphysiologisch erklären: Unser Erleben ist ganzheitlich organisiert, Gefühle, Gedanken, Verhalten und Körperhaltungen sind über komplizierte Schaltungen im Gehirn miteinander verbunden. Veränderungen an einer Stelle bringen deshalb auch Veränderungen an den anderen Stellen mit sich.

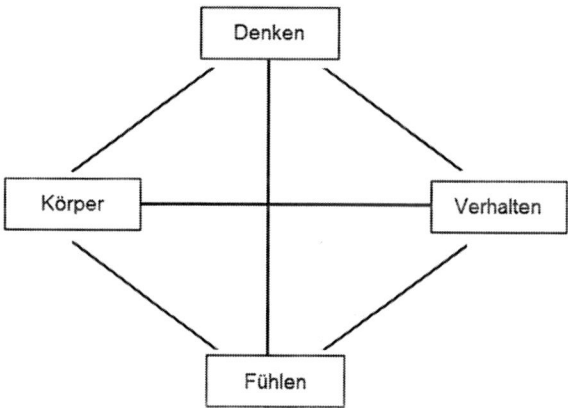

Abb. 9 Ganzheitliches Erleben

Wer beispielsweise depressiv verstimmt ist, fühlt sich schlecht, denkt pessimistisch, handelt verzagt und nimmt eine dementsprechende Körperhaltung ein. In einer depressiven Körperhaltung ist es gar nicht möglich, Freude und Glück zu empfinden. Das Gleiche gilt umgekehrt. Wer gut gelaunt ist, denkt positiv, fühlt sich gut, verhält sich dementsprechend und zeigt das auch durch seine Körperhaltung, seine Stimme, seine Mimik und seine Gestik.

Drei kleine Selbstversuche:

1. Versuchen Sie, so gut wie Sie es können, sich für eine kurze Zeit in eine möglichst niedergeschlagene, depressive Stimmung zu versetzen. Wichtig dabei: Versuchen Sie, dieses Gefühl auch körperlich auszudrücken, zum Beispiel indem Sie sich auf einem Stuhl zusammenkauern, den Kopf hängen lassen und auch sonst möglichst viel Unglück signalisieren. Nachdem Sie das vielleicht für einen Moment geschafft haben, frieren Sie Ihre Körperhaltung ein. Und nun versuchen Sie einmal, ohne sich zu bewegen, ein Glücksgefühl aufsteigen zu lassen. Geht das?

2. Versuchen Sie nun, sich in eine sehr positive, geradezu euphorische Stimmung zu versetzen. Auch hier wieder: Versuchen Sie, dieses Gefühl körperlich auszudrücken, zum Beispiel indem Sie sich aufrichten, Arme und Hände in eine Siegerpose bringen und das Ganze noch mimisch unterstützen. Frieren Sie diese Körperhaltung und Mimik ein und versuchen Sie dann, etwas Leidvolles an sich heranzulassen. Bewegen Sie sich nicht, keinen Muskel, aber versuchen Sie, sich zum Beispiel in die schlimme Situation eines anderen Menschen hineinzuversetzen. Geht das?

3. Stellen Sie sich vor, Sie sind beim Militär. Nehmen Sie eine dementsprechende Haltung ein, stellen Sie sich aufrecht und bringen Sie möglichst Spannung in Ihren Körper. Ziehen Sie die Schultern etwas hoch, den Bauch ein und drücken Sie die Brust hervor. Bitte frieren Sie erneut diese Körperhaltung ein und bewegen Sie sich nicht. Denken Sie nun möglichst konzentriert über den Sinn Ihres Lebens nach. Geht das?

Vielleicht haben Sie gerade selbst erleben können, dass bestimmte Körperhaltungen spezifische Stimmungen fördern und konservieren und andere gar nicht erst möglich werden lassen. Die Aufforderung „Kopf hoch!" ist zum Beispiel hilfreicher, als man gemeinhin denkt, denn bereits diese Bewegung ermöglicht positivere Gedanken und bessere Gefühle. Wer sein Spiegelbild herzhaft anlacht, fühlt sich unmittelbar danach wohler. Sich zusammenzureißen ist mehr als nur eine Frage der Disziplin oder der besseren Außenwirkung. Wer vorübergehend schlecht drauf ist, kann sich in gewissen Grenzen selbst energetisieren und diesen Zustand verändern. Positive Gedanken („Das Glas ist halb voll, nicht halb leer" oder „Jede Situation oder jede Veränderung bringt neben den Risiken und Unannehmlichkeiten auch Chancen mit sich, die ich finden und nutzen kann") und eine dementsprechende Körperhaltung wirken nach innen und nach außen. Man wirkt optimistischer und selbstbewusster, vor allem aber fühlt man sich so. Stimme, Körperhaltung, Mimik und Gestik verändern sich miteinander. Allerdings gelingt das nur, wenn man wirklich die Absicht hat, seine Stimmung zu verbessern, und sich nicht als hilfloses Opfer bösartiger Umstände gefällt. Wir müssen wirklich in eine andere, bessere Stimmung kommen *wollen*. Schlechte Stimmung und kräftiges Jammern empfinden manche Menschen (unbewusst) nämlich durchaus als vorteilhaft: Sie brauchen in dem Fall nichts weiter zu machen und sie sind häufig schnell umgeben von sorgenvollen Menschen, die sie trösten und die ihnen helfen wollen. Der Preis dafür ist freilich hoch. Wer über lange Zeit seine Hilflosigkeit oder das Gefühl des ständigen Zukurzgekommenseins kultiviert, wird nicht viele Freunde haben, höchstens solche, die ihn in seiner Unzufriedenheit bestärken. Indirekt machen das diejenigen, die ihn aus Hilfsbereitschaft „bedienen", auch, denn sie stellen notwendigerweise eine asymmetrische Beziehung her, eine mit unterschiedlichen Augenhöhen.

Erfahrungen zeigen, dass mit dem Glauben an die eigenen Möglichkeiten und Fähigkeiten und mit einiger Übung eine mentale Selbstprogrammierung bis zu einem gewissen Grad gelingen kann. Wir haben es teilweise selbst in der Hand, unser Selbstbewusstsein zu stärken, Katastrophenfantasien in positive Erfolgserwartungen zu transformieren oder mehr Lust und Interesse für eigentlich ungeliebte Aktivitäten zu entwickeln. Eine naive oder penetrant zur Schau getragene Keep-Smiling- oder Alles-wird-gut-Haltung ist damit allerdings nicht gemeint. Vorübergehende Verstimmungen können im konkreten Fall durchaus eine sinnvolle psychische Funktion erfüllen. Wir können dadurch wieder etwas stärker geerdet und in angemessener, gesunder Weise demütiger werden, wir können leichter zu uns selbst zurückfinden und unsere vielfältigen Einbindungen und Abhängigkeiten stärker fühlen. Wenn die eigene Stimmung freilich chronisch schlecht ist und zum dauerhaften Energiefresser wird, ist neben dem Willen eine professionelle Unterstützung erforderlich, um aus diesem Zustand wieder herauszukommen.

Wenn es darauf ankommt, situativ, also für die Bewältigung einer bestimmten Herausforderung besser drauf zu sein, ist in der Regel ein willentliches Gegensteuern möglich. Unsere Gedanken, die positiven wie die negativen, und die damit verbundenen Gefühle, Körperhaltungen und Verhaltensweisen folgen normalerweise unseren inneren Einstellungen und Erwartungen. Dasselbe gilt für die (selektive) Wahrnehmung der Ergebnisse unseres Verhaltens und deren Bewertung. Wir denken weitgehend das, was wir zu denken gewohnt sind, sehen das, was wir sehen wollen, und bewerten es so, wie wir normalerweise bewerten. Auf diese Weise sorgen wir selbst für das, was wir erleben. Wir schaffen teilweise selbst die Welt, in der wir uns bewegen.

Was wir wahrnehmen, hängt vor allem davon ab, was wir für relevant und möglich (erwartbar) halten und damit in den Fokus unserer Aufmerksamkeit nehmen. Vielleicht kennen Sie diese Erfahrung: Gehen Sie mit einem vielleicht zweijährigen Kind spazieren und lassen Sie sich auf das ein, was das Kind für wichtig hält und dem es infolgedessen Aufmerksamkeit schenkt. Sie werden Dinge wahrnehmen, die Sie ohne das Kind mit Sicherheit nicht mitbekommen hätten – vielleicht eine bestimmte Blume, eine Ameise oder auch das Schlagen der Kirchturmglocke, die Sie schon lange nicht mehr gehört haben, obwohl Sie schon seit vielen Jahren gleich neben der Kirche wohnen. Die Schönheit der Blume oder das vielleicht Faszinierende an der kleinen Ameise wären Ihnen verborgen geblieben.

Wenn wir Schlechtes erwarten, ist die Wahrscheinlichkeit sehr hoch, dass wir auch Schlechtes finden. Die prinzipiell verfügbaren Informationen in unserer Umgebung sind weitaus zahlreicher, als wir aufzunehmen und zu verarbeiten imstande sind. Das Wahrnehmungsangebot ist groß genug, um jeder Erwartung gerecht zu werden. Wenn wir Schlechtes fürchten und dann auch Schlechtes finden, verstärkt das unsere Überzeugung, dass die Welt schlecht ist. Unsere Erwartungen, die inneren Einstellungen und das damit verbundene Weltverständnis haben sich bestätigt. Unser Handeln wird dem entsprechen. Wir werden uns, je nachdem, wütend, trotzig oder resignativ zeigen. Zum Glück funktioniert dieser Zusammenhang auch umgekehrt. Wenn wir Positives erwarten, ist die Wahrscheinlichkeit sehr viel größer, dass wir Positives finden. Dementsprechend werden wir uns verhalten. Das Ergebnis ist eine Bestätigung unserer Erwartungen, Überzeugungen und Einstellungen.

Ein klassisches Beispiel für solche selbsterfüllenden Prophezeiungen ist der sogenannte Misserfolgs- und Erfolgskreislauf. Die anfängliche Erwartung wird mit großer Wahrscheinlichkeit bestätigt:

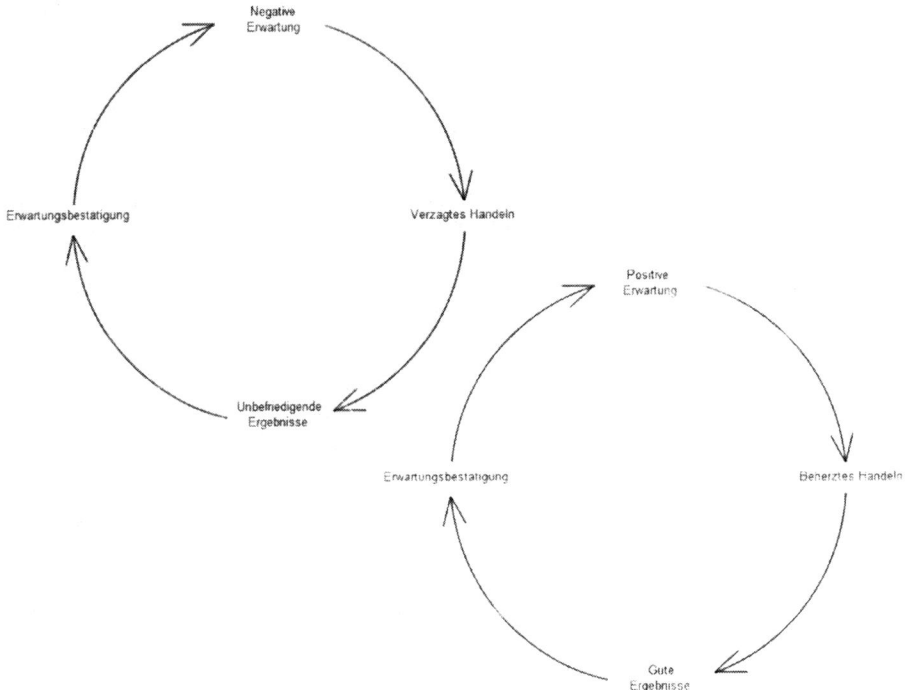

Abb. 10   Misserfolgs- und Erfolgskreislauf

Eine negative Erwartung führt zu verzagtem Handeln („Wird doch eh nichts"). Die Resultate fallen dementsprechend dürftig aus. Verstärkt wird eine solche Bewertung noch durch selektive Wahrnehmung: Mit besonderer Aufmerksamkeit werden gerade die Ergebnisse registriert, die der anfänglichen Erwartung entsprechen. Andere Ergebnisse werden entweder nicht gesehen oder heruntergespielt nach dem Motto „Zufälle gibt es immer wieder". Die Feststellung, dass die Ergebnisse des Handelns unbefriedigend sind, ist dann keine Überraschung, sondern die Bestätigung dessen, was ohnehin schon klar war. Dadurch wird die Misserfolgserwartung bestätigt und kommt in der nächsten Runde umso wirkungsvoller ins Spiel. Der Zirkel verstärkt sich selbst.

Ganz entsprechend funktioniert der Zirkel im Fall einer Erfolgserwartung. Positive Erwartungen führen zu beherztem Handeln („Wollen wir doch mal sehen!"), was gute Resultate erbringt, die durch selektive Wahrnehmung noch verstärkt registriert werden („Siehst du!"), was in der Folge die anfänglichen Erwartungen bestätigt und in der nächsten Runde erneut und verstärkt zu einer positiven Erwartungshaltung führt.

Durch die Wahl der „richtigen" Vorstellungen können wir auch die Wahrscheinlichkeit einer positiven Selbstentwicklung erheblich vergrößern. Durch die Wahl der „falschen" Vorstellungen können wir dagegen unsere Träume systematisch verunmöglichen. Die Realität ist bunt und vielschichtig. Menschen sind immer nur imstande, Ausschnitte von ihr zu sehen. Sie bewerten sie unterschiedlich, entsprechend ihren Erwartungen und Einstellungen. Diese Erwartungen und Einstellungen entwickeln sich lebensgeschichtlich, sie reflektieren unsere Erfahrungen und werden durch aktuelle Bedürfnisse und Interessen bestimmt. Erfahrungen können wir nicht mehr ändern, unsere inneren Einstellungen und Interessen aber sehr wohl.

2.6.4 Antreiber, Energiebremsen und Glaubenssätze: Anregungen zur Selbstreflexion

Bis hierhin sollte deutlich geworden sein, dass die Wirksamkeit eines Fachexperten (als Mitunternehmer wie als Selbstunternehmer) wesentlich davon abhängt, ob er weiß, was er will, was er kann, mit wem er in Kontakt treten sollte und über welche Ressourcen er verfügt. Dieser Gesamtzusammenhang wurde als sein Konzept bezeichnet. Zur Umsetzung braucht er Energie. Seine Motivation kann dabei u. a. von Ängsten und mangelndem Vertrauen beeinträchtigt werden.

Die hinter der Motivation stehenden Bedürfnisse und die Gründe für viele Ängste und größeres oder kleineres (Selbst-)Vertrauen haben überwiegend ihren Ursprung in der persönlichen Lebensgeschichte. Besonders die ganz frühen Erfahrungen, an die wir uns bewusst gar nicht mehr erinnern können, haben uns geprägt. In diesem Zusammenhang hat die Transaktionsanalyse (eine Theorie der Persönlichkeit, die Eric Berne (1964) verfasst hat) ein Konzept entwickelt, das von einem unbewussten Lebensplan ausgeht und aus Verhaltensanweisungen unterschiedlichster Art besteht. Im Einzelnen ist die Rede von Erwartungen und Ängsten, die andere einer Person gegenüber hatten und die diese vielleicht bis heute prägen, Lebensregeln, die Verhaltensnormen oder sogar Minidrehbücher (Skripte) samt abschließender Bewertung der Szenen zum Gegenstand haben, direkte Verhaltensanweisungen (Antreiber), die zu unhinterfragten Maximen im Alltag geworden sein können, Verwünschungen und Bannbotschaften, die wichtige Bedürfnisse und Entwicklungsschritte verbieten, geheime Aufträge, die einer Person möglicherweise von früher wichtigen Bezugspersonen mit auf den Weg gegeben wurden, ohne dass sie darüber mit ihr gesprochen hätten, schwächende Etiketten oder Zuschreibungen, die ebenfalls von wichtigen Bezugspersonen stammen und schließlich Glaubenssätze, die man eventuell ungeprüft übernommen hat, und die die Verhaltensmöglichkeiten stark einschränken und überdies eine große Portion an Verbissenheit, Rigidität und schlechte Laune mit sich bringen.

Das Konzept der Transaktionsanalyse eignet sich u. a. sehr gut als Grundlage für eine tiefer gehende Selbstreflexion. Lesen Sie dafür die Sätze und Aufforderungen langsam und in Ruhe durch. Spüren Sie bei der einen oder anderen Aussage einen emotionalen Widerhall? Löst sie bei Ihnen ein Gefühl aus, das Ihnen lebensgeschichtlich bekannt vorkommt? Von wem könnte die Aussage stammen? Und aus welchem Kontext können sie herrühren?

1. Welche *Erwartungen und Ängste* hatten meine Eltern oder andere frühe Autoritätspersonen mir gegenüber? (Zum Beispiel: „Werde nicht wie Onkel Max!")

2. Welche *Lebensregeln* sind häufig wiederholt worden? Zum Beispiel:
   a) *Bis-Regel:* Ich darf keinen Spaß haben, bis ich meine Arbeit fertig habe.
   b) *Nachdem-Regel:* Zwar kann ich heute Spaß haben, aber morgen werde ich dafür bezahlen müssen.
   c) *Niemals-Regel:* Ich kann niemals bekommen, was ich mir am meisten wünsche.
   d) *Immer-Regel:* Warum muss das ausgerechnet immer mir passieren?
   e) *Beinahe-Regel:* Diesmal hätte ich es beinahe geschafft.

3. Welche *direkten Verhaltensanweisungen* (Antreiber) habe ich mir zu Herzen genommen? Zum Beispiel:
   a) Sei perfekt!
   b) Sei stark!
   c) Streng dich an!
   d) Sei (anderen) gefällig!
   e) Beeil dich!

4. Welchen *Verwünschungen* und *Bannbotschaften* habe ich geglaubt? Zum Beispiel:
   a) Sei Nicht! (existiere nicht)
   b) Sei nicht du selbst!
   c) Sei kein Kind!
   d) Werde nicht erwachsen!
   e) Schaffe es nicht!
   f) Lass das! (Tu's nicht, tu überhaupt nichts)
   g) Sei nicht wichtig!
   h) Sei nicht zugehörig!
   i) Sei nicht nahe!
   j) Sei nicht gesund! (Sei nicht normal)
   k) Denke nicht!
   l) Fühle nicht!

5. Welche *geheimen Aufträge* habe ich im Rucksack und zu erfüllen versucht? (Zum Beispiel: „Werde du, was ich nicht konnte, zum Beispiel erfolgreich, Akademiker, Führungskraft …")

6. Welche *Etiketten* bzw. *Zuschreibungen* habe ich akzeptiert? (Zum Beispiel: „Du bist und bleibst unordentlich, faul, sprachlich unbegabt, mathematisch begabt, nett und sympathisch …")

7. Welche mich einschränkenden *Glaubenssätze* kenne ich bei mir, zum Beispiel:
   a) Alle sollen mich lieben.
   b) Man kann niemandem vertrauen.
   c) Die Welt sollte gerecht sein.
   d) Starke Menschen brauchen keine Hilfe.
   e) Niemand hat das Recht, mich zu kritisieren.
   f) Ich muss besser sein als die anderen.
   g) Ich werde es nie schaffen, mich zu ändern.
   h) Nur wenn ich absolut sicher bin, kann ich Entscheidungen treffen.
   i) Es ist wichtig, dass alle mich akzeptieren.
   j) Es gibt nichts Schlimmeres, als Fehler zu machen.
   k) Es gibt immer eine perfekte Lösung.
   l) Je weniger ich von mir zeige, desto besser.
   m) Die anderen sind besser dran als ich.
   n) Es ist wichtig, immer recht zu haben.
   o) Wenn man Problemen und unangenehmen Situationen aus dem Weg geht, verschwinden sie mit der Zeit von alleine.
   p) Ich bin für alles verantwortlich.

q) Man kann sich auf niemanden verlassen.

r) Die anderen sind schöner, besser, stärker als ich.

s) Es ist wichtig, dass ich immer die volle Kontrolle über alles habe.

t) Ich habe überhaupt keine Probleme.

u) Ich kann es nicht mehr ertragen.

v) Ich bin meinen Gefühlen ausgeliefert.

Sollten Sie sich klar gemacht haben, dass Sie sich bestimmte Aussagen (unbewusst) zu eigen gemacht haben, kann es Ihnen zukünftig gelingen, deren Wirken bewusst wahrzunehmen und zu beobachten. Es ist wie ein Reflex oder ein Programm, das auf Stichworte hin anspringt. Bewusstheit darüber gibt Ihnen die Möglichkeit, aus einem inneren Abstand darauf zu schauen und die Situation anders zu bewerten bzw. sich gegen Ihren ersten Impuls zu entscheiden. Einfach ist das nicht, aber mit neuen Erfahrungen lässt die Lautstärke der inneren Stimme nach. Erfahrungen können leider nicht wie Daten auf einer Festplatte einfach gelöscht, aber sie können mit neuen Erfahrungen überschrieben werden. Dafür kann man sich bewusst bestimmte Situationen aussuchen oder gezielt welche herstellen, um mit dem eigenen Verhalten zu experimentieren. Ohne dass man sich gleich überfordern sollte, könnte das Motto lauten: „Wo die Angst sitzt (oder das schlechte Gefühl), ist der Weg." Als Lohn könnte eine größere persönliche Handlungsfreiheit winken und damit auch die Möglichkeit, die eigenen Zielvorstellungen als Wissensunternehmer wirkungsvoller in die Realität umzusetzen.

2.7   Grundsätze und Maximen für das Selbstmanagement

Die folgenden Überlegungen sind überwiegend eine Zusammenfassung des bisher in diesem Teil des Buches Gesagten. Einige ergänzende Ideen kommen hinzu. Teilweise sind die Grundsätze und Maximen sowie die abschließenden Fragen angelehnt an Gedanken von Stefan Hölscher (2011).

- *Ziele verfolgen und Gelegenheiten nutzen*
  - *Die Dinge strategisch vom Ende her denken:* Was will ich langfristig erreichen? Mit diesem Gedanken ist die Gefahr kleiner, Gegenwärtiges einfach nur in die Zukunft zu projizieren und eigene Ziele zu verfehlen, die nur auf einem anderen als dem gewohnten Pfad erreichbar sind. Außerdem: Vor dem Hintergrund längerfristiger Ziele lassen sich aktuelle Situationen sinnvoll bewerten und priorisieren.
  - *Den Augenblick nicht verpassen:* Diese Maxime relativiert das zuvor Gesagte etwas. Auch die sorgfältigsten längerfristigen Überlegungen können die Zukunft nicht zutreffend und vollständig erfassen. Deshalb ist es wichtig, sich nicht an seine Pläne

zu klammern, sondern sich vom Hier und Jetzt überraschen lassen zu können. Dadurch werden unerwartete Chancen und Risiken überhaupt erst deutlich erkennbar und lassen sich dementsprechend nutzen bzw. lässt sich ihnen kompetent begegnen.

- *Loslassen können:* Entscheidungen für eine gewünschte Zukunft gehen immer mit einem Verzicht auf etwas anderes einher, zum Beispiel alte (Denk-)Gewohnheiten, manche Tagträume oder lieb gewonnene Besitzstände. Loslassen ist notwendig, damit sich die volle Kraft in die strategisch gewählte Richtung entfalten kann und sich nicht im Hin und Her zwischen ambivalenten Vorstellungen verbraucht.

- *Mit Grenzen experimentieren*
  - *Grenzerfahrungen suchen und daraus lernen:* Wir können uns nur dort weiterentwickeln, wo wir uns noch nicht souverän bewegen. Unsere persönliche Lerngeschichte kann man als eine Aneinanderreihung von Überschreitungen persönlicher Grenzen verstehen. Das strategisch geschickte Aussuchen von Herausforderungen, die wir gerade noch bewältigen können, kommt deshalb einem persönlichen Entwicklungsplan gleich.
  - *Kontrollierte Regelverletzung:* Wer sich in seiner Organisation regelkonform verhält, fällt nicht auf. Er bleibt unsichtbar und stößt keinerlei Innovationen an. Wer Regelverletzungen begeht, irritiert, fällt auf und kann eventuell Neues anstoßen. Wenn die Regelverletzungen jedoch zu groß (unkontrolliert) werden, überfordert man und läuft Gefahr, unwirksam zu bleiben und großen Ärger zu bekommen.

- *Stärken nutzen und Schwächen unbedeutend machen*
  - *In unseren Stärken liegen die Mittel, um unsere Ziele zu erreichen.* Deshalb ist es wichtig, sie zu pflegen und weiterzuentwickeln. Schwächen sind dann bedeutsam, wenn sie als Flaschenhälse Entwicklungsschritte behindern oder unmöglich machen. Strategisch ist es sinnvoll, Schwächen nicht völlig auszumerzen (der Aufwand wäre meist unverhältnismäßig groß), sondern nur so weit zu verkleinern, bis sie für wichtige Vorhaben unbedeutend geworden sind. Allerdings: Wer immer nur und ausschließlich an seinen Stärken arbeitet, spezialisiert sich (zu?) stark und entwickelt sich sehr einseitig.
  - *Eigene Verhaltensmuster kennen:* Persönliche Verhaltensmuster und Gewohnheiten konnten sich in der Vergangenheit deshalb stabilisieren, weil sie sich bewährt hatten. Sie sind eine Art „Lessons Learned". Aber natürlich ist das keine Garantie dafür, dass sie sich auch zukünftig bewähren werden. Die Kenntnis und die laufende Reflexion der eigenen Verhaltensmuster können helfen, sich auch in Zukunft erfolgreich zu verhalten, Fettnäpfchen zu vermeiden und in produktiven Beziehungen mit anderen zu bleiben.

- *Seine Reizpunkte („Hot Buttons") kennen:* Wer persönliche Reizpunkte bei anderen drückt, bringt diese (tendenziell) aus der Spur. Sie reagieren dann reflexhaft aggressiv oder depressiv verstimmt. Mehr oder weniger sensible Reizpunkte haben wir alle, sie gleichen lebensgeschichtlichen Narben. Schlechte Erfahrungen sind im emotionalen Gedächtnis abgespeichert und werden durch das Erleben (scheinbar) ähnlicher Situationen blitzschnell wieder aktiviert. Kandidaten für „Hot-Button"-Auslöser sind die genannten Antreiber, Energiebremsen und Glaubenssätze. Anspielungen auf angeblich mangelnde Kompetenzen und Leistung, auf geringe Intelligenz, auf körperliche Besonderheiten und Behinderungen, auf mangelnde Sportlichkeit, „richtiges" Benehmen oder familiäre Besonderheiten – sie alle können dazu gehören. Wer seine „Hot Buttons" und ihre Auslöser kennt, wird durch ihr Drücken weniger leicht überrumpelt, gewinnt Handlungsfreiheit und kann sich selbst dadurch besser steuern.

- *Fokussieren und Abstand herstellen*
  - *Identifikation und Abstand balancieren:* Wenn wir uns mit unseren Zielen identifizieren, sind wir quasi mit ihnen verschmolzen. Wir „sind" dann unsere Ziele und können dementsprechend viel Energie mobilisieren. Die regelmäßige Herstellung eines Abstandes ist genauso wichtig, um mit kühlem Kopf Erfahrungen reflektieren und analysieren zu können, ob der Kurs noch stimmt und das eigene Verhalten passt.
  - *Selbstverpflichtung und Disziplin:* Neues zu tun, ist manchmal unbequem. Alten Gewohnheiten zu folgen oder sich einfach einmal „hängen zu lassen", gleicht einem Energiesparprogramm und ist grundsätzlich durchaus sinnvoll. Um seine Pläne umzusetzen, ist es jedoch manchmal notwendig, sich aufzuraffen, dranzubleiben und Energie zu investieren, auch wenn es nicht immer Spaß macht. Dabei hilft es, seine Verführbarkeiten zu kennen.

- *Kooperieren und Vertrauen*
  - *Win-win-Strategien verfolgen:* Bei der Verfolgung unserer Pläne sind wir normalerweise auf andere angewiesen. Der erkennbare Versuch, die Interessen und Bedürfnisse aller Beteiligten miteinander zu verknüpfen, ist ein Signal und eine gute Voraussetzung für eine erfolgreiche Kooperation. Die dahinter stehende Haltung ist quasi ansteckend und kann dadurch die Chance auf eine Win-win-Lösung erhöhen.
  - *Vertrauen in andere aufbauen:* Wer sichtbar auf die Kompetenz und die Unterstützung anderer vertraut, dessen Vertrauen wird meistens erwidert und bestätigt. Die Wahrscheinlichkeit, dass er bekommen wird, was er sich wünscht, steigt. Vertrauen besitzt Aufforderungscharakter und ist ebenfalls ansteckend.

- *Vertrauen in sich selbst aufbauen:* Ohne Selbstvertrauen wird sich niemand zu neuen Ufern aufmachen. Gespräche mit Freunden, Kollegen, Vorgesetzten und nicht zuletzt auch mit sich selbst können helfen herauszufinden, was aus früheren Erfolgen und Misserfolgen zu lernen ist und welche Stärken einen Erfolg wahrscheinlich machen.
- *Vertrauen in den Lauf der Dinge aufbauen:* Der Satz „Das Glas ist halb voll" ist genauso richtig wie der Satz „Das Glas ist halb leer". Die psychologischen Folgen sind jedoch völlig verschieden. Wahrnehmungen, Bewertungen, Folgehandlungen und Antizipationen sind miteinander verknüpft. Erfolgserwartungen führen zu selbsterfüllenden Prophezeiungen, Misserfolgserwartungen ebenso.

- *Auf Gefühle und Einstellungen achten*
  - *Gefühle als Kompass nutzen:* Gefühle sind hoch verdichtete Informationen über einen selbst und über die Situation, in der man sich befindet. Sie geben zum Beispiel Hinweise, ob man es eher mit einem freundlichen oder weniger freundlichen Umfeld zu tun hat, ob man auf der richtigen Spur ist und wie es aktuell um die eigenen Bedürfnisse steht. Es empfiehlt sich deshalb, Gefühle ernst zu nehmen – was natürlich nicht ausschließt, dass sie einen manchmal in die Irre führen oder gar zu persönlichen Handlungsbarrieren werden können.
  - *Die Macht der inneren Einstellung erkennen:* Die innere Einstellung steuert die Aufmerksamkeit, filtert die Wahrnehmungen und bewertet Situationen. In gleichem Maße, wie es wichtig ist, die eigenen Verhaltensmuster und die persönlichen Reizpunkte zu kennen, so wichtig ist es, die inneren Einstellungen zu erforschen. Bleiben wir offen für Neues, vertrauen wir genügend und behalten wir dabei den klaren Blick auf die Realität? Oder begrenzen wir uns ohne Not selbst?

2.8 Abschließende Fragen zu Zielen, Motiven und Einstellungen

- Wo und wie bin ich gerade unterwegs? Mit wie viel Herzblut? Mit welchen Erwartungen und Einstellungen? Welche Gedanken und Gefühle habe ich dabei?
- Worum geht es mir vor allem? Wie werde ich die aktuelle Situation und meine Möglichkeiten im Abstand von einem Jahr oder später beurteilen?
- Wo werde ich ankommen, wenn ich diesen Kurs beibehalte? Und wie gefällt mir diese Aussicht?
- Fokussiere ich mehr auf Positives oder auf Negatives? Was gefällt mir am heutigen Tag? Was in dieser Woche? Was in diesem Jahr?

- Meine gegenwärtige berufliche und/oder private Situation lässt sich aus verschiedenen Perspektiven betrachten. Wenn ich sie so nehme, wie sie ist: Was ist positiv daran und was ist das Beste, das ich mit meinen Möglichkeiten kurz- und längerfristig daraus machen kann?

- Welche Bedürfnisse welcher Beteiligten sind in meiner gegenwärtigen Situation im Spiel? Welche Bedürfnisse habe ich? Welche Bedürfnisse haben andere? Wie lassen sich die unterschiedlichen Bedürfnisse integrieren? Welche Kompromissmöglichkeiten bieten sich an? Wie könnte eine Win-win-Strategie aussehen?

- Wie konsequent bin ich beim Verfolgen meiner Pläne und Vorhaben? Bin ich bereit, aktuelle Bedürfnisse zugunsten meiner Zukunftsvorstellungen zurückzustellen? Wie und wodurch lasse ich mich gelegentlich zu Ablenkungen oder faulen Ausreden verführen? Wie kann ich gegebenenfalls meine Verführbarkeiten (besser) in den Griff bekommen? Kann ich dafür einen „Deal" mit mir selbst aushandeln?

- Wie gut gelingt es mir, das zu akzeptieren, was ich in meiner Situation nicht ändern kann? Wie ehrlich und genau kann ich unterscheiden zwischen dem, was ich nicht ändern kann, und dem, was ich ändern kann? Wer könnte mir eventuell dabei als wohlwollend-kritischer Gesprächspartner helfen?

Teil III:
Wirksam handeln als
Wissensunternehmer

Der Fachexperte ist in doppelter Hinsicht als Wissensunternehmer unterwegs: Zum einen als Mitunternehmer in der Organisation und zum anderen als Unternehmer in eigener Sache. Im ersten Teil dieses Buches ging es um allgemeinere Aspekte seiner Wirksamkeit in Organisationen, im zweiten Teil um sein Selbstmanagement als Selbst GmbH. Im nun folgenden dritten Teil wird es vor allem um Handwerkliches gehen. Wie soll er sich verhalten, wenn er etwas zu sagen hat und seiner Rolle gemäß aktiv wird?

Wie schon festgestellt (siehe Teil I, Abschnitt 2.3.3), besteht seine Kernaufgabe darin, relevantes Wissen (Was?) in geeigneter Weise (Wie?) im Beisein der richtigen Personen (Wem?) am richtigen Ort (Wo?) zur richtigen Zeit (Wann?) einzuspeisen.

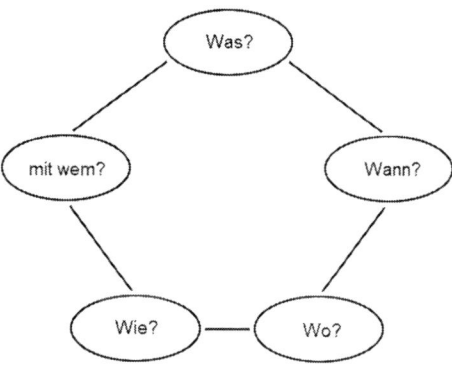

Abb. 11   Die fünf Kernfragen des Fachexperten

Die Antworten auf die fünf Fragen sind miteinander verwoben. Das passende Wie zum Beispiel ergibt sich aus dem Was mit Blick auf die jeweiligen Adressaten (mit wem) und im Zusammenhang mit den jeweils konkreten Umständen (wo und wann). Hinter dem Was steht u. a. ein Wozu, womit sich der zweite Teil dieses Buches ausführlich beschäftigt hat.

Die Fragen *was und wie* betreffen die eigentliche Wissensvermittlung. Vor der Vermittlung expliziten Wissens ist es u. a. notwendig, dieses inhaltlich und methodisch auf diejenigen zuzuschneiden, für die es bestimmt ist. Die Vermittlung impliziten Wissens ist schwieriger, weil der Fachexperte zwar weiß, dass er etwas zu sagen hat, es aber (noch) nicht in Worte fassen kann. Deshalb muss ein Prozess vorgeschaltet werden, der implizites Wissen sichtbar und greifbar werden lässt.

Wer muss überzeugt oder informiert werden? Häufig ist es der direkte Vorgesetzte, der dann eventuell seinerseits Maßnahmen initiiert oder weitere Personen kontaktiert.

Manchmal sind es aber auch Kollegen oder die Vorgesetzten anderer Bereiche, die die Ideen, Warnungen oder Empfehlungen des Fachexperten empfangen sollen. Wer beschäftigt sich mit dem Thema? In wessen Zuständigkeitsbereich fällt es? Mit wem hat es indirekt zu tun? Wer ist betroffen? Und wer kommt eventuell als Kommunikationsmultiplikator infrage? Letzteres kann wichtig sein, wenn das Thema aus Sicht des Fachexperten größere Aufmerksamkeit braucht. Erfahrungsgemäß ist es wichtig, dass der direkte Vorgesetzte immer im Bilde ist. Transparenz dient meist dem Thema und verhindert möglichen Ärger mit Personen, die sich sonst übergangen oder gar brüskiert fühlen würden. Außerdem kann der Vorgesetzte aufgrund seiner überlegenen Position in der Hierarchie helfen, das Thema des Fachexperten in der Organisation voranzutreiben. Schwierig wird es, wenn der Vorgesetzte das Thema nicht unterstützen oder sogar nicht will, dass es diskutiert wird. Falls der Fachexperte davon überzeugt ist, dass er sich im Hinblick auf das Potenzial des Themas oder auf das damit verbundene Risiko nicht täuscht, gerät er in ein Dilemma. Als Mitunternehmer in der Organisation sollte er gegebenenfalls nach Möglichkeiten suchen, sein Anliegen auch an seinem Vorgesetzten vorbei zu platzieren. Das Legen eines „kommunikativen Bypass" kann freilich auch zu seinem Nachteil ausgehen.

Die Fragen „Wo?" und „Wann?" zielen auf passende Gelegenheiten, bei denen der Gesprächspartner besonders gut greifbar und zuhörbereit ist. Das muss nicht immer im Rahmen der üblichen Regularien sein. Begegnungen bei Dienstreisen, auf Messen, auf Kongressen, an Bahnhöfen oder in Flughäfen eignen sich oft besser dazu, bestimmte Anliegen zu Gehör zu bringen, als offizielle Termine in Büros oder Besprechungszimmern. Solche Begegnungen können zufällig passieren, sie können aber auch geplant sein.

Die Fragen im Fünfeck stellen sich grundsätzlich immer, wenn der Fachexperte innerhalb seiner Rolle aktiv wird. Dagegen ändern sich die Situationen, Gelegenheiten und Themen ständig. So geht es einmal um Wissenskommunikation, ein anderes Mal um Überzeugen, Beraten und Fragen, ein weiteres Mal um die Handhabung von Konflikten oder um die produktive Arbeit in Teams. Um diese Themen wird es in diesem dritten Teil des Buches gehen. Zuvor aber noch ein kurzer Blick auf diese Praxisfelder. Was steckt jeweils hinter den Begriffen?

Wissenskommunikation beinhaltet mit der Vermittlung von explizitem und eventuell auch implizitem Wissen die Kernaufgabe des Fachexperten. Sie kann sich auf Informieren beschränken. *Überzeugungsprozesse* zielen auf mehr, nämlich darauf, den Adressaten in irgendeiner Hinsicht innerlich und äußerlich zu bewegen. Sie sind von *Beratungsprozessen* oft schwer zu unterscheiden, weil eine gute Beratung per se überzeugt, sofern sie an die Fragen, Bedürfnisse und Anliegen des zu Beratenden anschließt. Damit das gelingt, ist es notwendig, zu *fragen*. Das ist häufig leichter gesagt als getan, denn viele Fachexperten sehen ihre Aufgabe vielmehr im Sagen als im Fragen. Dementsprechend sind sie im Fragen eher ungeübt.

In der Zusammenarbeit mit Vorgesetzten, Kollegen oder Mitarbeitern sind *Konflikte* oft unvermeidlich. Nicht selten missfällt manchen, was der Fachexperte macht und zu sagen hat, weil die Konsequenzen unbequem sein und bestimmte Interessen gefährden können. Konflikte sind an sich etwas Natürliches und Allgegenwärtiges und nicht per se etwas Negatives. Sie haben das Potenzial, Beziehungen zu schädigen, können aber auch sehr produktiv sein und Beziehungen verbessern. Wie ein Konflikt ausgeht, wird zu einem großen Teil durch das konkreten Handeln des Fachexperten selbst bestimmt.

Besonders unangenehm für den Fachexperten ist es, wenn er persönlich angegriffen wird. Wenn seine Botschaften sehr unwillkommen sind (oder auch nur so verstanden werden), kann sein Gegenüber bewusst oder unbewusst unsachlich und hoch emotional, vielleicht sogar beleidigend werden. Wie ist es in solchen Situationen möglich, sachlich und verbindlich zu bleiben, ohne sein Gesicht und seine persönliche Autorität zu verlieren?

Die praktische Arbeit von Fachexperten spielt sich zu einem großen Teil in *Projektteams* ab, die die Aufgabe haben, komplexe Probleme zu lösen und/oder wichtige Innovationen anzustoßen. Hier ist der Fachexperte gegebenenfalls einer unter mehreren Fachexperten. Er muss keine Entscheider überzeugen, sondern andere Fachleute mit anderen Hintergründen, Denkmodellen oder Vorgehensweisen. Die Spielregeln in Teams unterscheiden sich von denen in der Hierarchie, aber Vertreter der Hierarchie sind die Auftraggeber und die Adressaten der Arbeitsergebnisse. Deshalb ist es wichtig, beides „spielen" zu können, Team und Hierarchie, je nachdem, was auf der Tagesordnung steht.

Innerhalb der Teams geht es um den Austausch und die Generierung von Wissen. Dieser Vorgang ist alles andere als trivial, denn tatsächlich geht es oft nur darum, dass Einzelne versuchen, ihre jeweiligen Sichtweisen einseitig durchzusetzen. In einer Welt, die geprägt ist von Durchsetzungsbestrebungen, von Kategorien des Gewinnens und Verlierens, ist das weitgehend normal. Wenn es jedoch darum geht, das Wissen aller Beteiligten zu aktivieren und zu integrieren, um das sachlich bestmögliche Ergebnis zu erzielen, sind andere Haltungen, Regeln und Verantwortlichkeiten notwendig.

Im folgenden Kapitel werden wir Bert Ex kennenlernen und durch die unterschiedlichen Themenfelder begleiten.

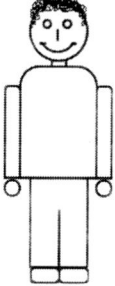

Abb. 12 Bert Ex

Bert Ex ist ein fiktiver Fachexperte. Welche Situationen muss er in seinem beruflichen Alltag meistern? Was sollte er tun, was besser unterlassen, um als Wissensunternehmer erfolgreich zu sein und um gleichzeitig seine persönlichen Ziele zu erreichen? Bert Ex ist ein seltenes Multitalent, er verfügt über mehrere Teilexpertisen. Sein Vorgesetzter ist Hans Vormüller, der sich häufig mit Peter Wichtig streitet. Bert Ex hat natürlich auch Kollegen, u. a. Klaus Koll und Ernst Ege. Besonders unangenehm findet er den Vertriebsleiter Fritz Attack, der Bert Ex gerne für seine eigenen Themen und Interessen einsetzen möchte und dabei nicht zimperlich ist. Nicht ganz so schwierig ist Herr Direktor Obermeier, den Bert Ex von einem bestimmten Projekt überzeugen wird. Natürlich handelt es sich durchweg um fiktive Figuren, denen wir im Laufe dieses dritten Teils begegnen werden.

Wissenskommunikation

1

Wissenskommunikation kann schriftlich oder mündlich (persönlich) erfolgen. Häufig handelt es sich um eine Interaktion zwischen zwei Personen (erklären, unterrichten, unterweisen, empfehlen, beraten, überzeugen, alarmieren etc.) oder um eine Präsentation vor einer Gruppe bzw. einem Gremium. Wissenskommunikation umfasst gelegentlich auch die gesamte Organisation, zum Beispiel im Rahmen einer Großveranstaltung oder durch elektronische Medien wie Wikis etc. Die Anlässe für Wissenskommunikation können dabei sehr unterschiedlich sein.

Die folgenden Überlegungen beschränken sich auf die persönliche Kommunikation zwischen zwei oder mehreren Personen.

1.1 Auf einen Blick

Kommunikation ist nicht Übermittlung, sondern Konstruktion. So wie ein Maler keine Kontrolle darüber hat, was der Betrachter auf seinem Bild sieht und was er damit verbindet, so hat der Sender keine Kontrolle darüber, was bei dem Kommunikationsempfänger ankommt. Er kann lediglich die Wahrscheinlichkeit beeinflussen, richtig verstanden zu werden. Dafür hat er im Fall einer persönlichen Kommunikation je zwei verbale Kanäle (sprachlich und sprecherisch) und zwei nonverbale Kanäle (körpersprachlich und symbolisch) zur Verfügung. Inhaltlich kommuniziert er auf drei Kanälen: der Sachebene, der Beziehungsebene und der Strukturebene. Verständlichkeit und Glaubwürdigkeit hängen stark davon ab, ob die auf den Kanälen und Ebenen gesendeten Botschaften kongruent sind.

Ein Großteil des Wissens von Fachexperten ist implizit, d.h. nicht unmittelbar artikulierbar. Um es verbal vermitteln zu können, hilft es, sein Bauchgefühl im Hinblick auf die zugrunde liegenden persönlichen Erfahrungen zu befragen, entweder alleine oder mithilfe von Kollegen oder anderen Partnern.

Die fundamentalen Formen der Wissensvermittlung sind Zeigen und Erklären. Zeigen transportiert mehr Informationen als Erklären, aber durch Erklärungen kann vieles genauer und tiefer verstanden werden. Für die Vermittlung von Wissen haben sich zehn Grundsätze bewährt. Diese gelten grundsätzlich auch für Präsentationen. Zu deren Vorbereitung gehören Überlegungen im Hinblick auf die Sachaussage (Worum geht es?), die Partneraussage (Was hat das mit ihm zu tun und was sollte er machen?), die Selbst- und Beziehungsaussage (Wie stehe ich selbst zum Thema und zur Gruppe?) sowie die Art der Darstellung. Über den Erfolg einer Präsentation entscheidet die Beziehungsebene stärker als die Sachebene. Deshalb kommt es vor allem auf das Verhalten des Präsentierenden an. Perfektion kann dabei kein sinnvolles Ziel sein. Und Nervosität wird meist nur dann zum Problem, wenn es für den Präsentierenden eines ist. Für die inhaltliche Gliederung empfiehlt sich ein einfaches Schema, das die Bestimmung des Detaillierungsgrades zu einem großen Teil den Präsentationsempfängern überlässt. Bei der Formulierung von Empfehlungen ist es günstig, Beschreibungen, Erklärungen und Bewertungen deutlich voneinander zu trennen. Bewertungen sind Sache der Entscheider, und Empfehlungen sollten sich möglichst ausdrücklich und deutlich auf die Entscheidungskriterien der Präsentationsempfänger beziehen. Zum Beispiel: „Das ist passiert" (Beschreibung), „Die Ursachen liegen bei der Software, und zwar …" (Erklärung). „Sofern Ihnen eine rasche Fehlerbeseitigung so wichtig ist, dass Sie Zusatzkosten in Höhe von 30 Prozent in Kauf zu nehmen bereit sind, empfehle ich Ihnen, sich für Option 1 zu entscheiden" (Empfehlung).

Gelegentlich kann es vorkommen, dass der Fachexperte jenseits des eigentlichen Dienstweges an seinem direkten Vorgesetzten vorbei Kontakt zu einem höherrangigen Manager aufnimmt, um ihm etwas aus seiner Sicht Alarmierendes mitzuteilen. Ein solcher „kommunikativer Bypass" kann von großem Wert für das Unternehmen sein, wenn die relevanten Informationen andernfalls entlang der üblichen Kommunikationskaskade verschluckt, verfälscht oder bewusst ausgeblendet werden. Einen Bypass zu wählen, kann freilich auch heikel werden. Um damit erfolgreich zu sein, ist es wichtig, knapp und präzise in der Sprache und rollenkonform im Verhalten zu sein.

Auf den folgenden Seiten wird Bert Ex, der prototypische Fachexperte, den hier skizzierten Themen nacheinander begegnen.

1.2   Kommunikation und Kommunikationsebenen

Für Bert Ex ist Kommunikation ein vertrautes Alltagsphänomen. Es fällt ihm nur manchmal auf, dass ihr Funktionieren nicht selbstverständlich ist. Aber insbesondere in Situationen, die abseits von Routinen und eingeschliffenen Gewohnheiten liegen, ist es eher unwahrscheinlich, dass Verständigung in dem Sinne gelingt, dass das, was gemeint ist, auch genauso gesagt und von den Adressaten richtig gehört und verstanden wird. Bei Kommunikation handelt es sich entgegen einer weit verbreiteten Vorstellung nicht um die Übermittlung von Informationen zwischen einem „Sender" und einem „Empfänger", sondern um Konstruktion. Von Übermittlung kann man beispielsweise dann sprechen, wenn jemand einem anderen per E-Mail elektronisch gespeicherte Daten zusendet, die dieser dann auf seinem PC empfängt und speichert. Er erhält so eine identische Kopie. Menschliche Kommunikation ist dagegen weitaus komplexer. Sie könnte beispielsweise damit beginnen, dass der „Sender" Bert Ex eine Idee hat. Diese Idee ist vielleicht zunächst noch vage, sie geht möglicherweise intuitiv aus seinem Erfahrungsschatz hervor. Irgendwie wird Bert Ex sie ausdrücken, teils mit, teils ohne Worte, mehr oder weniger strukturiert und vielleicht ohne dass er schon beim Sprechen genau weiß, worauf er hinaus will. Der „Empfänger", sein Vorgesetzter Hans Vormüller, nimmt wahr, was Bert Ex kommuniziert, jedenfalls teilweise, und versucht, es zu verstehen – vorausgesetzt, er erwartet, dass sich die Mühe für ihn lohnt. Wenn er versteht, bringt er das Gehörte und Gesehene in einen Zusammenhang mit *seinem* bereits vorhandenen Wissen und mit *seinen* Erfahrungen. Falls er nach einer ersten gedanklichen Überprüfung mit den Botschaften von Bert Ex etwas anfangen kann, wird er weiter über die Idee nachdenken und sie gegebenenfalls berücksichtigen. Beim Verarbeiten der gehörten Informationen mischt er regelmäßig – ohne es zu merken – Neues mit Erinnertem. Manchmal versteht er zunächst nur Informationsbruchstücke, aber dennoch formt sich in seinem Kopf rasch eine vollständige Vorstellung. Und deren Elemente sind eben teilweise alt (erinnert) und teilweise neu (frisch aufgenommen). Es ist für ihn oft schwer und manchmal gar nicht möglich, die alten Elemente von den neuen zu unterscheiden, zumal die neuen (gerade gehörten) Informationen im Zuge des internen Verstehens- und Verarbeitungsprozesses von Hans Vormüller häufig noch ein wenig modifiziert werden, damit sie ihm vertrauter erscheinen. Das, was als Botschaft von Bert Ex bei seinem Vorgesetzten ankommt, hat insofern mit ihm selbst, aber auch und manchmal noch mehr mit Hans Vormüller zu tun. Die Situation ähnelt derjenigen zwischen einem Maler und einem Betrachter seines Bildes. Der Maler (also der „Sender") drückt seine Themen auf seine ganz persönliche Weise aus und hat anschließend keine Kontrolle mehr darüber, was der Betrachter des Bildes (der „Empfänger") sieht, was er damit verbindet, was es bei ihm auslöst. Der Betrachter konstruiert sich seinen eigenen Sinn aus dem, was er sieht. Der Maler kann nichts weiter tun, als die Wahrscheinlichkeit zu beeinflussen, dass er so verstanden wird, wie er verstanden werden will.

Persönliche Kommunikation zwischen zwei Menschen findet gleichzeitig auf zwei verbalen und zwei nonverbalen *Kanälen* statt:

- *sprachlich*: Formulierungen und Logik des Argumentationsaufbaus
- *sprecherisch*: Stimmlage, Tempo/Pausensetzung, Artikulation, Betonung, Lautstärke,
- *körpersprachlich*: Haltung, Gestik, Mimik, Blickkontakt, Körperkontakt,
- *symbolisch*: zum Beispiel Kleidung, räumlicher Abstand, Gestaltung der direkten Umgebung.

Explizites Wissen wird vor allem sprachlich ausgedrückt. Implizites (unbewusstes) Wissen hat dagegen keinen eigenen „Hauskanal". Vermittelt werden Sachinhalte, aber auch die damit verbundenen Gefühle und Bewertungen. Die Überzeugungskraft des Mitgeteilten hängt u. a. davon ab, ob die kommunizierten Inhalte auf den vier Kanälen kongruent sind oder ob es Widersprüche und Ungereimtheiten zwischen den transportierten Teilbotschaften gibt. Im ersten Fall wirkt das Mitgeteilte glaubwürdig und Bert Ex authentisch. Im zweiten Fall wird sein Vorgesetzter oder ein anderer Empfänger stutzig oder sogar misstrauisch, möglicherweise ohne direkt sagen zu können, woran es liegt. Vielleicht sagt Bert Ex etwas eigentlich Wichtiges, jedoch sehr monoton, ohne jede Energie, ohne Gestik und mit Blick durch das Bürofenster nach draußen. Irgendetwas stimmt dann nicht.

Die Kommunikationsinhalte lassen sich analytisch drei verschiedenen *Ebenen* zuordnen: der Sachebene, der Beziehungsebene und der Strukturebene. Real wirken diese drei Ebenen natürlich zusammen und vermitteln den Gesprächspartnern jeweils einen Gesamteindruck.

Auf der *Sachebene* werden Argumente ausgetauscht. Für Bert Ex sind hier insbesondere Klarheit und Verständlichkeit wichtig. Dafür sorgen vor allem Prägnanz und Einfachheit in der Wortwahl und im Satzbau sowie Struktur und Anregung, damit das Gesagte nicht langweilig, sondern interessant und aufmerksamkeitserregend wird. Auf der Sachebene werden Antworten auf folgende Fragen gegeben: Worum geht es? Was sind die Fakten? In welchem Kontext? Wie hängen die Dinge logisch zusammen? Was hat das Ganze mit den Gesprächspartnern zu tun? Welcher Nutzen, welche Vorteile sind für wen zu erwarten? Und inwieweit ist das Gesagte valide und überprüfbar? Auf der Sachebene sollte normalerweise Bert Ex dominieren, zumindest solange es um sein Thema geht.

Auf der *Beziehungsebene* geht es darum, was zwischenmenschlich passiert. Wie stehen Bert Ex und Hans Vormüller zueinander? Zeigt der eine Sympathie für den anderen? Zollt er ihm Respekt? Wirkt er dabei authentisch? Stimmen Worte und Körpersprache überein? Glaubt er selbst an das, was er sagt, und ist es ihm wichtig? Kurz: Kann man ihm vertrauen? Und wie ist es umgekehrt? Lässt sich der eine im Laufe des Gesprächs vom anderen von dessen Haltung und Stimmung anstecken? Gibt es untereinander Angleichungs- bzw. Resonanzphänomene? Auf der Beziehungsebene kommen Emotionen, innere Einstellungen, Erwartungen und Vorurteile ins Spiel. Unvermeidbar, wenn auch mehr oder weniger deutlich und gewollt, äußern sich die Beteiligten zu dem, was sie selbst denken, fühlen und wollen. Vielleicht versucht Bert Ex, diese Selbstkundgabe zu minimieren, und wirkt dadurch taktisch oder gehemmt. Andere Menschen betonen ihre Selbstkundgabe besonders und sind dementsprechend ständig „auf Sendung". Sie wirken möglicherweise aufgedreht, prahlerisch oder nerven mit theatralischem Gehabe. Erfolgversprechend ist es für Bert Ex, wenn seine Haltung die einer grundsätzlichen persönlichen Gleichwertigkeit ist. Wer sehr undurchsichtig, arrogant, aufdringlich oder unverschämt daherkommt, wird in der Regel genauso wenig seine Ziele erreichen wie derjenige, der sehr unsicher und devot wirkt.

Auf der *Strukturebene* kommt die Organisation ins Spiel. Hier begegnen sich Rollen. Wenn der eine Beteiligte Bert Ex und der andere Hans Vormüller ist, dominiert normalerweise sein Vorgesetzter, das ist Ausdruck der Hierarchie. Ob er sich im gewünschten Sinne auch beeindrucken lässt, hängt u. a. davon ab, wie klar und selbstbewusst Bert Ex seine Rolle ausübt. In welcher Eigenschaft wird er aktiv? In welcher Rolle sieht er sich selbst und in welcher sieht er sein Gegenüber? Akzeptiert er dessen Entscheidungshoheit? Spricht er als Fachexperte zu seinem Chef? Oder spricht er wie zu einem Kollegen oder gar wie zu seinem Mitarbeiter? Will er qua Rolle Einfluss nehmen auf eine konkrete Entscheidung, oder formuliert er einfach nur so eine Idee zum Nachdenken, als Beitrag zur allgemeinen Meinungsbildung? Wirkt er professionell? Umgekehrt stellt sich die Frage, ob der Vorgesetzte die überlegene Position auf der Strukturebene annimmt. Wenn er das dauerhaft vermeidet, fällt er aus der Rolle und macht einen schlechten Job zulasten der Organisation – und natürlich auch von Bert Ex.

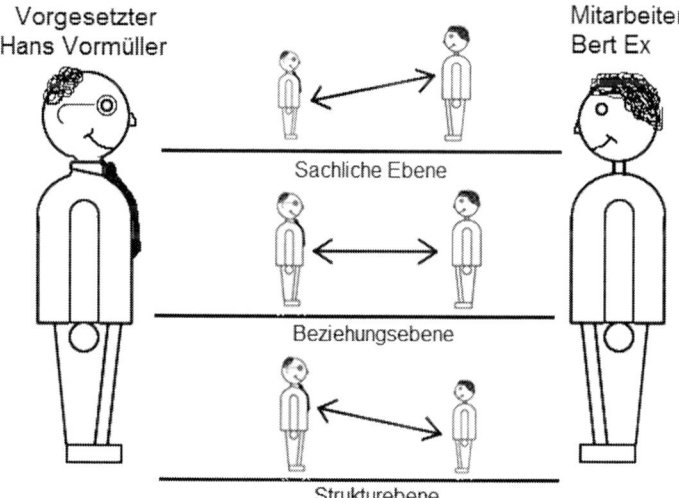

Abb. 13 Drei Ebenen der Kommunikationsinhalte

Abbildung 13 zeigt, dass ein gutes Gespräch zwischen Bert Ex und seinem Vorgesetzten, Hans Vormüller, keineswegs trivial ist. Wenn Bert Ex erfolgreich sein will, muss er eine Balance herstellen zwischen einer sachlich begründeten Dominanz auf der Sachebene („Ich kann Ihnen sagen, dass die relevanten Fakten und Zusammenhänge folgendermaßen aussehen …"), einer rollenbegründeten Zurückhaltung auf der Strukturebene („Es liegt an Ihnen, wie Sie meine Ausführungen bewerten und wie Sie entscheiden. Ich werde es akzeptieren.") und einer Beziehungsgestaltung der grundsätzlichen Gleichwertigkeit („Ich denke, dass wir beide gut harmonieren werden. Ich schätze Sie und weiß, dass ich mich auf Sie und Ihre Rückendeckung verlassen kann. Umgekehrt haben Sie mit mir einen loyalen und kampferprobten Mitarbeiter."). Wenn Bert Ex Pech hat, wird Hans Vormüller allerdings dazu tendieren, seine Dominanz auf der Strukturebene auch auf die Sach- und Beziehungsebene auszuweiten, um seine Autorität zu vergrößern. Besonders bei unsicheren Vorgesetzten oder bei Führungskräften mit einem sehr antiquierten Führungsverständnis kann man das gelegentlich beobachten. Sie verstehen sich dann auch fachlich als die Nummer eins, was sie zumindest durchgängig gar nicht sein können, und obendrein halten sie sich auch für die überlegene, weil mächtigere Persönlichkeit. Umgekehrt läuft Bert Ex unter Umständen Gefahr, seine Dominanz auf der Sachebene auch auf die Struktur- und Beziehungsebene auszuweiten. Er würde sich dann das Recht herausnehmen, in unternehmerischen Fragen selbst zu entscheiden, obwohl er für die Konsequenzen nicht unmittelbar die Verantwortung zu tragen hat, und sich möglicherweise auch persönlich für etwas Besseres halten aufgrund seiner fachlichen Überlegenheit.

1.3   Wissen vermitteln

Die fundamentalen Formen der Wissensvermittlung sind Zeigen und Erklären. Wenn Bert Ex zeigt, wie er bestimmte Dinge tut, ermöglicht er es dem anderen, ihn zu beobachten und es ihm gleichzutun. So folgt die klassische Berufsausbildung zum Beispiel diesem Weg. Wer jahrelang neben seinem Ausbildungsmeister gearbeitet hat, hat wie selbstverständlich einen Großteil seiner Kniffe und Routinen übernommen. Beide verbringen viel Zeit in demselben Arbeitskontext und machen ähnliche Erfahrungen, deshalb kann auch ähnliches Wissen entstehen. Wenn der Meister zeigt, was er tut, vermittelt er neben explizitem auch implizites Wissen, zum Beispiel kleine Tricks, die er gar nicht ohne Weiteres erklären und begründen kann. Videofilme wären dafür nur teilweise ein Ersatz, weil beim Betrachten Verständnisfragen oder ein kritischer Diskurs nicht möglich sind. Psychologische Studien haben darüber hinaus gezeigt, dass eine persönliche Beziehung zwischen Lehrendem und Lernendem das Lernen wesentlich erleichtert.

Wissen zu erklären, ist weitaus schwieriger, weil Bert Ex das, was er tut, mit den richtigen Worten ausdrücken muss. Dafür muss er theoretisch Gelerntes rekapitulieren, es mit seinem Erfahrungswissen verbinden und das Ganze logisch zu einem beschreibbaren und nachvollziehbaren Modell zusammenbauen. Zeigen transportiert mehr Informationen als Erklären, aber durch Erklären kann vieles genauer und tiefer verstanden werden.

Am besten ist eine Kombination aus Zeigen und Erklären. Dinge „live" zu erleben, mit den entsprechenden Erläuterungen dabei, erleichtert sowohl das Verstehen als auch das spätere Erinnern, weil alle Sinne angesprochen und aktiviert werden. Häufig ist aber der gemeinsame Besuch einer Fabrik, eines Labors oder eines Büros nicht möglich. Und häufig gibt es dort auch kaum etwas Relevantes direkt zu sehen. Deshalb werden häufig doch Filme oder Animationen eingesetzt, die manches zeigen, was in der Wirklichkeit so nicht oder nur mit großem Aufwand beobachtet werden könnte. Grafiken und Diagramme haben gegenüber Filmen den Nachteil, dass sie Bewegungen nicht direkt veranschaulichen können. Aber sie eignen sich für sinnvolle Vereinfachungen und Fokussierungen. Sie können Komplexität reduzieren und den Kern des Gemeinten deutlicher hervortreten lassen.

In den meisten beruflichen Situationen wird von Bert Ex erwartet, dass er relevantes Wissen verbal vermittelt, also erklärt. Weil wichtiges Erfahrungswissen oft aber zunächst nur implizit vorhanden ist, muss er Wege finden, es zu explizieren. Davon ist im nächsten Abschnitt die Rede.

1.3.1   Vom impliziten zum expliziten Wissen

Fachexperten beschäftigen sich normalerweise jahrelang mit einem bestimmten Fachgebiet. Sie besitzen theoretisches Wissen und Erfahrungen, die sie zum Teil unmittelbar abrufen und erläutern können (explizites Wissen), von dem sie aber zu einem wahrscheinlich noch größeren Teil lediglich ahnen oder sogar noch nicht einmal wissen, dass sie es wissen (implizites Wissen, siehe Teil I, Abschnitt 4.2). Implizites Wissen kann aus kognitiven und grundsätzlich gut artikulierbaren Elementen (inhaltliches Wissen) und aus operativen, zunächst nur demonstrierbaren Elementen (Handlungswissen) bestehen. Beispiele für Letzteres können bestimmte Vorgehensweisen oder Bewegungsabläufe wie Fahrradfahren oder Krawattenbinden sein, die wegen ihrer (gefühlten) Selbstverständlichkeit quasi zu einem Teil von uns geworden und deren Abläufe aus unserem Bewusstsein verschwunden sind. Für unseren Zusammenhang ist das implizite, inhaltliche Wissen wichtiger.

Insgesamt stellt sich die Frage, wie es gelingen kann, anderen Menschen Wissen zu vermitteln, von dessen Existenz die Wissensträger selbst zunächst noch gar nichts oder nur etwas weiß.

Die Notwendigkeit, implizites in explizites Wissen zu überführen, ergibt sich nicht nur dann, wenn Bert Ex von seinem Erfahrungswissen etwas verbal vermitteln möchte. Sie ergibt sich in der Praxis auch dann, wenn ein verdienter und besonders erfahrener Mitarbeiter in den Ruhestand tritt und er rechtzeitig seinem Nachfolger möglichst viele seiner „kleinen Geheimnisse" mit auf den Weg geben möchte oder wenn es in einer Abteilung ein starkes wissensbedingtes Leistungsgefälle gibt und Einzelne die anderen auf ihr Niveau heben sollen.

Einige Möglichkeiten des Transfers von implizitem zu explizitem Wissen sind erprobt. Manche sind sehr einfach, andere recht aufwändig, viele Methoden überschneiden sich auch. Voll befriedigend ist bisher keine der bekannten Vorgehensweisen. Es ist auch nicht auszuschließen, dass manche Teile des impliziten Handlungswissens sprachlich gar nicht ausgedrückt werden können. Sprache ist eng mit unserem rationalen Verstand verbunden, manche Wissensteile haben aber mit sprachnahen Denkvorgängen gar nichts zu tun und können durch bewusstes Nachdenken sogar verschwinden, so wie ein an sich erfolgreicher Angriffsspieler beim Fußballspielen das Toreschießen verlernen kann, wenn er vor dem Abschuss zu überlegen beginnt, wie er das am besten anstellt.

Im Folgenden finden sich einige allgemeine Beispiele und Prinzipien dafür, wie ein Transfer von implizitem zu explizitem Wissen gelingen kann:

1. Der Wissensträger wird zum *Lehrer*. Er versucht selbst oder mithilfe pädagogisch versierter Kollegen, sein Wissen zu rekapitulieren, zu strukturieren und empfängerorientiert aufzubereiten. Daraufhin zeigt und trägt er es dem oder den Lernenden vor. Hilfreiche Werkzeuge zur Visualisierung der Inhalte sind u. a. Mind Maps, Influenzdiagramme, Wissenslandkarten, Wissensbäume oder Workflow-Diagramme (siehe hierzu z. B. Hasler-Roumois, 2007, oder Kilian et al., 2006).

2. Bert Ex wird zum *Coach*. Der Lernende begleitet ihn eine Weile, fragt gegebenenfalls nach und erläutert anschließend seinerseits explizit, was er gelernt und verstanden hat (möglichst in Bezug auf einzelne, sehr konkrete, vielleicht kritische Situationen) und wie er demnächst selbst vorzugehen gedenkt. Bert Ex hört hauptsächlich zu, fragt gelegentlich nach, meldet hier und da seine Eindrücke zurück und korrigiert oder ergänzt (eher sparsam) mit seinen Erfahrungen und Vorgehensideen.

3. Bert Ex reflektiert im Rahmen einer *Supervision* unter vier Augen oder zusammen mit Kollegen in einer Gruppe seine persönlichen Vorgehensweisen und Erfahrungen. Gemeinsam werden die impliziten Verhaltensregeln extrahiert und die Bedingungen geklärt, unter denen sie funktionieren.

4. Bert Ex trifft sich mit einem geschulten Interviewer. Mithilfe von *Tiefeninterviews* wird versucht, bestimmtes implizites Wissen und die entsprechenden Regeln zu identifizieren. Ausgangspunkte dafür sind konkrete Tops und Flops aus seinem Erfahrungsbereich.

5. Bert Ex wird von einem oder mehreren geschulten *Beobachtern* begleitet. Diese versuchen, sein Verhaltensmuster herauszufinden und explizit zu beschreiben. Zwischendurch fragen sie nach, und hinterher erbitten sie von Bert Ex Feedback zu ihren Beschreibungen und Erklärungen.

6. Ergänzend oder auch ohne professionelle Begleiter wird Bert Ex *gefilmt*. Bei der Filmauswertung werden dann die relevanten Muster und Regeln identifiziert.

In welchen spezifischen Situationen könnte es nun für Bert Ex wichtig werden, implizites in explizites Wissen zu überführen? Was könnte er dann tun?

Relativ häufig wird es vorkommen, dass er von einem Entscheider gefragt wird, welche unter mehreren Handlungs- bzw. Entscheidungsalternativen er aufgrund seiner Expertise favorisiert. Er spürt im Hinblick darauf vielleicht eine deutliche, nicht klar fassbare Tendenz, und es fällt ihm schwer, seine Präferenz zu begründen. Ein anderer Fall könnte der sein, dass er einen vagen Impuls spürt, ein Bauchgefühl, das ihm ein Risiko oder eine besondere Chance für seine Abteilung, seinen Bereich oder für das Unternehmen im Ganzen signalisiert. Oder er möchte ganz allgemein einen Teil seines Erfahrungswissens an einen Kollegen weitergeben. Das kann zum Beispiel sein Verhalten im Umgang mit schwierigen Kunden betreffen oder seine Herangehensweise an bestimmte Problemsituationen. Er bewegt sich dort typischerweise routiniert und sicher, kann aber auf Anhieb nicht erklären, warum er in einem Fall dieses macht und in einem anderen Fall das Gegenteil davon.

In allen drei Fällen hilft es, wenn Bert Ex zunächst versucht, sein vages Gefühl in einen Zusammenhang mit einer konkreten Erfahrung zu bringen. Wie war die Situation? Wie war der Kontext? Was war der Anlass für sein Handeln? Was genau hat er getan?

Dabei werden sich zunächst in seinem Kopf relativ rasch Konturen und Muster bilden. Er kann dann damit beginnen, seine Überlegungen und Einfälle einem anderen zu erklären. Dieser andere muss noch nicht der eigentliche Adressat sein. Es ist nicht einmal notwendig, dass der andere ebenfalls ein Fachmann (oder eine Fachfrau) ist. Durch sein Sprechen kann Bert Ex relativ gut feststellen, was ihm selbst schon klar ist und was ihm noch unklar ist. Oft fällt es zunächst leichter, Bilder und Metaphern zu verwenden. Sie fallen ihm nicht zufällig ein, und von seinen Einfällen aus kann er eventuell zum Wissenskern vordringen. Die Rückfragen seines Gesprächspartners signalisieren ihm, wie plausibel und verständlich seine Ausführungen (schon) sind.

Intensiver und gründlicher wird dieser Prozess der Selbstklärung, wenn Bert Ex damit beginnt, eine (virtuelle) Unterrichtseinheit für Berufsanfänger zu entwickeln. Was könnte dabei das Lernziel sein? Welche Fragen stellen sich für den anderen? In welchen Zusammenhängen interessiert sich dieser dafür? Welche Kernzusammenhänge könnte er beschreiben und auf welche Weise könnte er sie visualisieren? Für welchen Kontext gilt das? Welche Rahmenbedingungen sind zu beachten? Und wie würde er seine Argumentation aufbauen?

Wenn sich sein Bauchgefühl weiterhin schwer in Worte übersetzen lässt, kann Bert Ex versuchen, einen Kollegen auf diesem Gebiet zu coachen. In diesem Fall liegt der Schwerpunkt der Aktivitäten und Erläuterungen auf Seiten des anderen. Dieser begründet, was er weshalb getan und unterlassen hat bzw. was er tun oder unterlassen würde. Bert Ex wird dadurch angeregt. Er hört zu und lässt die Ausführungen des Kollegen auf sich wirken. Er kann rückfragen, kommentieren und eigene Erfahrungen anführen. Möglicherweise kann er danach oder im Laufe des Dialogs mit dem Kollegen genauer eingrenzen, was ihm seine Intuition signalisiert, und es verbal auf den Punkt bringen. Eventuell besteht auch die Möglichkeit, dass er zeigt, was er meint, während sein Kollege ihn beobachtet. Gemeinsam könnten sie danach versuchen, die Wissensdemonstration auf ihre inneren Gesetzmäßigkeiten hin zu untersuchen und diese in Worte zu fassen.

Falls ein fachlich versierter Kollege zur Verfügung steht, der obendrein ein guter Interviewer ist, bieten sich zusätzliche Möglichkeiten. Der Kollege könnte mit Fragen systematisch den jeweils betreffenden Wissenskern bei Bert Ex explorieren und den Wissensgehalt mit seiner Hilfe explizieren. Folgende Interviewfragen kommen infrage:

1. Worum geht es dir? Wie heißt das Thema?
2. Welche Impulse, welches Bauchgefühl möchtest du in diesem Interview ein wenig ausleuchten? Zu welchem Zweck?
3. Kannst du jetzt schon sagen, welche Tendenz hinter deinem Bauchgefühl steckt? Welchen Zusammenhang hast du im Kopf?
4. Welche Tops und welche Flops, die in irgendeinem Zusammenhang mit dem Thema stehen, hast du in den letzten Jahren erlebt? Was genau gelang damals vielleicht überraschend gut, was ging schief?
5. Was hast du in dem konkreten Fall bzw. in den konkreten Fällen getan? Was war auf die Situation bzw. auf das Verhalten der anderen Beteiligten zurückzuführen?
6. In welchen Situationen hast du ähnliche Erfahrungen gemacht? Wie war dabei jeweils der Kontext?
7. In welchen im weiteren Sinne vergleichbaren Situationen ist es dir ganz anders ergangen?
8. Wann hat sich dein implizites Wissen zuletzt gemeldet? In welchem Kontext?
9. Was war der Auslöser? Welchen Handlungsimpuls hast du gespürt?
10. Welche vielleicht gegenläufigen Gefühle waren dabei? Welche Bedürfnisse und vielleicht auch Ängste haben sich eingestellt?
11. Wenn du diesen Gefühlen eine Stimme geben solltest: Was haben sie dir jeweils gesagt? Was solltest du tun, was solltest du unterlassen?
12. Was hast du tatsächlich getan? Mit welchen Folgen?
13. Welche Regeln könntest du – vorläufig – aufstellen?

Implizites Wissen kann sehr unterschiedlich und vielfältig sein. Deshalb wird im konkreten Fall nur ein Teil der Fragen passen. Es liegt an der Kreativität des Interviewers, inwieweit er sie als Anregung nutzt. Er kann vielleicht einige davon verwenden, andere übergehen, wieder andere modifizieren oder auch ganz neue und eigene Fragen finden.

Wenn Bert Ex mit der Vorstellung seines Wissens wirksam sein möchte, muss er es erstens in Worte fassen und zweitens in geeigneter Weise vorstellen, denn sein Adressat muss seine Gedanken verstehen und richtig einordnen können. Auch das gelingt nicht selbstverständlich. Worauf Bert Ex bei der Vermittlung seines Wissens achten sollte, ist der Gegenstand des folgenden Abschnitts.

1.3.2   Zehn Grundsätze der Wissensvermittlung

Um komplexe Sachverhalte zu vermitteln, haben sich die folgenden Grundsätze bewährt. Die Reihenfolge bedeutet keine Rangfolge.

1. An den Empfänger andocken

Wissen kann man nicht wie einen Tennisball einfach so weitergeben. Das Wissen, das Bert Ex vermitteln möchte, muss für sein Gegenüber interessant bzw. relevant sein und in seine Erfahrungswelt passen. Nur dann wird er es aufnehmen, verarbeiten und in seinen eigenen Wissensschatz integrieren. Passung und Relevanz können sich zufällig ergeben, für eine gezielte Wissensvermittlung ist es aber aussichtsreicher, bewusst und eventuell geplant anzudocken. Unter Umständen muss Bert Ex zunächst eine Adressatenanalyse durchführen. Andocken kann sachlich erfolgen (Ziele, fachliche Interessen und Aufgaben des anderen) oder persönlich (seine persönlichen Bedürfnisse, Interessen und Sichtweisen).

2. Die richtige Menge an Informationen vermitteln

Vermittelt Bert Ex zu wenige Informationen, erschließt sich der Wissensgegenstand nicht oder nur unzureichend, wesentliche Aspekte und Zusammenhänge bleiben außerhalb der Betrachtung. Bei zu vielen Informationen gehen der Überblick und der Fokus verloren. Sinnvoll ist es, wenn Bert Ex den zu vermittelnden Wissenskern hervorhebt („darum geht es"), den jeweiligen Kontext grob markiert und ihn danach kontrolliert vernachlässigt. Der Kontext sollte nur dann ins Bild zurückkehren, wenn er für das Verständnis wichtiger Fragen oder Teilaspekte notwendig ist. Verständlichkeit verlangt meistens den Verzicht auf Vollständigkeit.

3. Perspektive markieren

Komplexe Sachverhalte lassen sich nicht vollständig, sondern nur in Ausschnitten betrachten. Und was beobachtet wird, ist abhängig von der jeweiligen Perspektive. Die Betrachtung eines Unternehmens aus der Perspektive eines Börsenmaklers (was er sieht und für wichtig hält) unterscheidet sich stark von der Perspektive eines Betriebsrates, des Reinigungsdienstes oder des zuständigen Finanzamtes. Wenn Bert Ex seine Betrachtungsperspektive ausdrücklich benennt, können die Zuhörer seine Überlegungen leichter verstehen. Ein unvermittelter Perspektivenwechsel in seiner Argumentation würde umgekehrt sofort zu Konfusion führen.

4. Vom Allgemeinen zum Besonderen

Allgemeines verschafft Übersicht, Spezielles sorgt für Konkretheit. Das ist so ähnlich wie beim Fliegen in unterschiedlichen Flughöhen: Bei großer Flughöhe gehen Details verloren, dafür werden die gröberen Strukturen deutlich. Bei niedriger Flughöhe zeigen sich die Besonderheiten der Landschaft. Die Verständlichkeit ist gewöhnlich größer, wenn Bert Ex seine Erläuterungen zunächst allgemein beginnt und danach konkreter wird. Allgemeine Darstellungen werden bei seinen Zuhörern eher passende Erinnerungen wecken und erfahrungsbezogene Assoziationen auslösen als sehr spezielle Ausführungen.

5. Vom Einfachen zum Komplizierten/Komplexen

Wenn Bert Ex die Wissensvermittlung mit der Beschreibung einfacher Zusammenhänge beginnt, gelingt es seinen Zuhörern leichter, an bestehende Wissensbestände anzuknüpfen und auf dieser Grundlage neuen oder komplizierteren Gedankengängen zu folgen. Einfachheit kann allerdings umschlagen in Trivialität, wenn nämlich der relevante Kontext bzw. wesentliche Annahmen und Zusammenhänge dauerhaft ausgeblendet und unerwähnt bleiben. In diesem Fall werden die Dinge wissentlich oder naiv von ihrem Zusammenhang getrennt. Dadurch entstehen Missverständnisse und falsche Schlussfolgerungen. Trivialität ist generell weniger zur Aufklärung als zur Emotionalisierung geeignet. Sachverhalte richtig, aber gleichzeitig einfach und nicht trivial darzustellen, ist schwer und verlangt die volle Expertise von Bert Ex. Er muss dafür, ausgehend von einem umfassenden Verständnis der Themen, zielorientiert immer wieder neu entscheiden, welche Kontextfaktoren gerade vernachlässigt werden können und welche jeweils wieder ins Bild zurückgeholt werden müssen. Manche übereinfachen (trivialen) oder überkomplizierten Darstellungen lösen deshalb den Verdacht aus, dass es weniger um Vermittlung als um Manipulation oder um Selbstdarstellung geht – oder dass es der Betreffende selbst nicht richtig verstanden hat.

6. Vom Bekannten zum Unbekannten

Dieser Grundsatz folgt der Erkenntnis, dass Lernen nur dort stattfinden kann, wo schon vorher Wissen vorhanden ist. Neue Informationen brauchen Vorwissen und erfahrungsbezogene Anknüpfungspunkte, um verstanden, integriert und später wieder erinnert zu werden. Bei der Beschreibung und Erklärung neuer Sachverhalte empfiehlt es sich für Bert Ex aus demselben Grund, Begriffe, Bilder oder Metaphern zu verwenden, mit denen der Lernende unmittelbar etwas anfangen kann.

7. Einfachheit, Gliederung und Prägnanz

Komplexität zu handhaben und zu vermitteln, erfordert Vereinfachung. Das kann für Bert Ex bedeuten, sich auf einen Ausschnitt (Fokus) oder auf wenige Ausschnitte (Module oder Teilsysteme) mit ihren grundlegenden inneren und äußeren Wechselbeziehungen zu konzentrieren. Dabei werden zwangsläufig einzelne Aspekte vernachlässigt und eventuell manche Besonderheiten verallgemeinert. Eine Gliederung sorgt für Übersicht und Orientierung. Sie darf dafür weder zu tief noch zu flach sein. Weiterhin ist Prägnanz wichtig. Sie bringt die Worte von Bert Ex auf den Punkt. Weitläufige oder blumige Ausführungen können ablenken und dazu führen, dass der Fokus verloren geht.

Wenn Bert Ex komplexe Inhalte vermittelt, hilft es seinen Zuhörern, wenn er an den Anfang eine Leitgrafik stellt, eine visualisierte, bildhafte Gliederung, in der die grundlegenden Elemente, auf die er später im Einzelnen eingehen wird, aufgeführt und in ihren wichtigsten Wechselbeziehungen dargestellt sind. Darüber hinaus empfiehlt es sich für Bert Ex, die jeweils gerade verwendete Abstraktionsebene ausdrücklich zu markieren (zum Beispiel: „Wir reden über einzelne Abteilungen, nicht über das Gesamtunternehmen oder über unsere Branche.") und den Fokus darin zu umreißen (zum Beispiel: „Wir reden gerade über die Abteilung Controlling."). Das heißt gleichzeitig, die weniger relevanten Bereiche auszugrenzen (zum Beispiel: „Wir reden nicht über die Entwicklungsabteilung."). Die Diskussion behält Klarheit, wenn es Bert Ex und andere Teilnehmer vermeiden, überraschend den Fokus zu wechseln oder über Abstraktionsebenen zu springen. In der Praxis gibt es solche Manöver nicht selten, unter Umständen werden sie sogar bewusst vorgenommen, um nicht länger ein unwillkommenes Thema diskutieren zu müssen. Die Folge ist allgemeine Konfusion, die noch dadurch gesteigert werden kann, dass die einzelnen Beiträge jeweils für sich gesehen vielleicht durchweg klug und bedenkenswert sind. Sie sind aber nicht miteinander verknüpft und ergeben dadurch kein schlüssiges Gesamtbild. Für Bert Ex gilt es, aufmerksam zu sein und bei Bedarf den relevanten Fokus auf eine adäquate Abstraktionsebene zurückzuholen.

8. Anregung

Wer angeregt ist, ist aufmerksamer, emotionaler, hat mehr Energie und mehr Spaß beim Lernen. Zu viel Energie kann den Prozess des Verstehens erschweren, aber Vermittlungsvorgänge leiden häufiger unter einem Mangel als an einem Übermaß an Energie. Wenn es Bert Ex gelingt anzudocken, wirkt bereits dies anregend, weil der Lernende (vielleicht ein um Rat fragender Kollege oder ein Linienmanager) feststellt, dass es um ihn selbst geht, um seine Fragen, seine Ziele und Bedürfnisse. Anregung gelingt darüber hinaus durch Überraschungen. Unerwartete, möglichst originelle Verfremdungen (Analogien bzw. Metaphern), Irritationen und leichte Provokationen, Humor, geschickte Fragen, der aktive Einbezug in einen Dialog oder in eine Handlungssequenz, ein Medienspektakel: Das alles sind Möglichkeiten für Bert Ex, Menschen anzuregen, wenn er deren konkrete Anliegen und Fragestellungen nicht kennt oder wenn die Gruppe sehr heterogen ist.

9. Verfremden

Verfremden heißt Bedeutungsübertragung mittels Analogien, Metaphern, Landkarten, Bildern oder Geschichten. Etwas Neues wird durch den Vergleich mit etwas bereits Bekanntem leichter verständlich, oder es werden unterschiedliche Wissensbereiche miteinander in Verbindung gebracht (zum Beispiel „Automobilevolution"). Wenn Bert Ex eine falsche Metapher verwendet, kann er natürlich umgekehrt auch verwirren. Metaphern können in einem Text verwendet („Informationen transportieren") oder zur Visualisierung genutzt werden. Infrage kommen künstliche (zum Beispiel „Trichter") und natürliche Objekte (zum Beispiel „Wasserfall"), Tätigkeiten (zum Beispiel „Jonglieren") oder bekannte Geschichten (zum Beispiel die Geschichte über Ikarus).

Verfremdungen überraschen und können daher auch anregen. Außerdem werden mehr Informationen transportiert. Ein Bild sagt bekanntlich mehr als tausend Worte, und über Jahrtausende sind mittels Geschichten die wichtigsten Wissensbestände von Generation zu Generation weitergegeben worden. Menschen sind gewohnt, sich wichtige Ereignisse oder Entwicklungen in Form von Geschichten zu erklären und zu merken. Wir alle denken ständig in Geschichten, weil sie nicht nur „trockene" Einzelinformationen enthalten wie zum Beispiel das Telefonbuch oder eine Vokabelsammlung, sondern immer auch Sinn, Zusammenhänge, Emotionen und Bewertungen.

10. Lernzugänge, Arbeitsgedächtnis und Behaltensquote

Menschen unterscheiden sich in ihren Lernzugängen. Handlungs-orientierte Menschen fragen sich beim Lernen, was sie mit dem Dargebotenen praktisch anfangen können. Dementsprechend selektiv sind sie aufmerksam und hören sie zu. Erlebensorientierte Menschen stellen sich vor, wie es ihnen und anderen Beteiligten wohl beim Anwenden des Gelernten gehen wird. Und reflexionsorientierte Menschen gehen vor allem der Frage nach, wie die Dinge genau zu verstehen sind und wie sie wohl miteinander zusammenhängen, zunächst unabhängig von den praktischen Folgen und den möglichen Erlebensweisen. Diese Unterschiede können für Bert Ex bei der Aufbereitung des zu vermittelnden Wissens eine Rolle spielen. Zum Beispiel dürften Manager im Allgemeinen eher handlungsorientiert denken, Forscher und Experten häufiger reflexionsorientiert. Im Zweifelsfall sollte Bert Ex für eine Mischung in der Darstellungsweise und in der Auswahl von Anschauungsbeispielen sorgen, sodass alle Lernzugänge „bedient" werden.

Bei der Aufbereitung des zu vermittelnden Wissens ist es weiterhin wichtig, die Begrenztheit des menschlichen Arbeitsgedächtnisses zu berücksichtigen. Wir sind lediglich fähig, für eine kurze Zeit von wenigen Sekunden fünf bis maximal neun Informationen (Worte, Zahlen, Bilder) gleichzeitig zu verarbeiten, d. h. sie in unserer Vorstellung zu betrachten, zu ordnen und miteinander zu verknüpfen. Eine Informationsüberfrachtung führt rasch zu Überforderung und Unverständnis. Ein Experte wie Bert Ex kommt damit gut zurecht, denn er kann sein Wissensgebiet leicht in zusammenhängende (fünf bis neun) Module oder Cluster strukturieren und bei Bedarf in einzelne Module mit je unterschiedlichen Auflösungsgraden hineinzoomen – ein klassischer Weg, um Komplexität zu vergrößern oder zu verkleinern. Diese Fähigkeit besitzen Nicht-Fachleute nicht, weshalb sie leicht abgehängt werden können und den roten Faden verlieren.

Schließlich sollte Bert Ex berücksichtigen, dass unterschiedliche Sinneseindrücke unterschiedlich stark im Gedächtnis haften bleiben. So zeigen Untersuchungen, dass gewöhnlich nur zehn Prozent von dem erinnert wird, was gelesen wurde, 20 Prozent von dem, was gehört wurde, 30 Prozent von dem, was (szenisch) gesehen wurde, 50 Prozent von dem, was gesehen und gehört wurde, 70 Prozent von dem, was anderen erklärt wurde, und 90 Prozent von dem, was selbst getan worden ist. Damit drückt sich noch einmal die starke Erfahrungsgebundenheit von Wissen und Lernen aus.

1.3.3 Wissen präsentieren

Wissen zu präsentieren, ist eine Kernaufgabe für Fachexperten wie Bert Ex. Meistens geschieht das vor einer Gruppe, mehr oder weniger formell. Gewöhnlich liegt der Präsentation ein Auftrag zugrunde, sodass es sich strukturell zwischen Bert Ex und dem Gremium um eine Auftraggeber-Auftragnehmer-Beziehung handelt. Ein Beispiel ist die Präsentation einer Projektgruppe (bzw. von deren Vertretern) vor einem Steuerkreis. Gelegentlich präsentiert Bert Ex aber auch spontan, indem er in einer bestimmten Situation seine Gedanken sortiert, zum Flip Chart oder zum White Board geht und sie vorträgt.

Grundsätzlich werden in Präsentationen speziell auf die Entscheider zugeschnittene und visualisierte Wissensbeiträge vorgestellt, zusammen mit den daraus abgeleiteten Ideen, Vorschlägen oder Empfehlungen. Die Entscheider sind fachlich weit weniger im Thema, sie wollen von den Fachexperten informiert werden, und diese wollen die Entscheider häufig für ihre Vorstellungen gewinnen. Gewöhnlich kommt es den Entscheidern vor allem darauf an, wie ihre Ziele erreicht bzw. wie Leistung- und Ertragspotenziale aktiviert, Effektivität und Effizienz gesteigert, Kosten reduziert und Innovationen ermöglicht werden können. Je weniger ihnen die Präsentationsinhalte gefallen, weil sie beispielsweise nicht zu ihren bisherigen Zielen oder Auffassungen passen oder weil sie vielleicht im Widerspruch zu wichtigen Interessen einzelner Beteiligter stehen, desto schwieriger wird es für Bert Ex, die Entscheider zu überzeugen.

Die Vorbereitung

Präsentationen sind eine spezielle Form der Kommunikation. In der Regel sind mehrere Personen beteiligt, und die Kommunikation ist weniger direkt als in Vier-Augen-Gesprächen. Dadurch wird sie komplexer, was für Bert Ex einen erhöhten Vorbereitungsaufwand bedeutet. Dazu gehören Überlegungen zur Sachaussage, zur Partneraussage, zur Selbst- und Beziehungsaussage sowie zur Art der Darstellung.

Die *Sachaussage* betrifft den sachlichen Gehalt der Kommunikation. Ihn sollte Bert Ex so aufbereiten, dass die wichtigsten Aussagen an die Ziele und an die bereits bestehenden Vorstellungen der Präsentationsempfänger anschließen. Im ersten Schritt sammelt er relevante Inhalte, danach wählt er aus, gewichtet und sortiert sie. An dieser Stelle könnte Bert Ex in eine Expertenfalle tappen: Menschen, die sich über Jahre hinweg intensiv mit einem bestimmten Wissensgebiet beschäftigt haben, sind dermaßen vertraut mit den inneren Gesetzmäßigkeiten, Methoden und Fachbegriffen, dass sie oft kein Gespür mehr haben für die relative Ahnungslosigkeit von Nicht-Fachleuten. Im Ergebnis überfordern sie ihre Zuhörer, indem sie sich zu stark auf Details konzentrieren (als ob der Gesamtzusammenhang selbstverständlich wäre) und bei ihren Erläuterungen zu viel Vorwissen voraussetzen.

Die Sachaussage kann in eine Empfehlung münden. Diese gehört zur *Partneraussage*. Bert Ex richtet sie direkt an die Gruppe und macht deutlich, was die Präsentationsempfänger von dem Vorschlag haben werden, wenn sie ihn umsetzen, und zwar gemessen an *deren* Relevanzkriterien. Welche Vorteile sind zu erwarten? Welche Nachteile könnten entstehen? Wie könnten diese vermieden oder reduziert werden? Welche weiteren Chancen und Risiken könnten ins Spiel kommen? Von welchen Wahrscheinlichkeiten ist auszugehen und unter welchen Prämissen steht die ganze Argumentation? Wie lautet der Appell? Was sollten die Präsentationsempfänger nach Meinung von Bert Ex direkt im Anschluss tun?

Die *Selbst- und Beziehungsaussage* drückt den Bezug von Bert Ex zum Thema und zur Gruppe der Präsentationsempfänger aus. Was hat er selbst mit dem Thema zu tun? Wie motiviert ist er? In welcher Rolle steht er vor der Gruppe? Was sind sein eigenes Ziel und sein Interesse? Bert Ex sollte sich vorab solche Fragen stellen, denn das eigene Verhalten vor der Gruppe wird stark von den inneren Haltungen und Einstellungen beeinflusst.

Eng mit der Selbstaussage ist eine Beziehungsaussage verbunden. Zumindest nonverbal drückt Bert Ex immer aus, was er von den anderen hält und wie sie seinem Empfinden nach zu ihm stehen. Verhält er sich fordernd („Fragt nicht lange, sondern tut, was ich euch sage!"), arrogant („Die Leute hier haben sowieso keine Ahnung."), ängstlich („Wie werde ich wohl ankommen?") oder devot („Gnade! Ihr habt die Macht und werdet mich bewerten")? Oder verhält sich Bert Ex selbstbewusst und respektvoll? Schafft er es, ein Klima aufzubauen, das durch konzentrierte Sachlichkeit, aber auch durch Lockerheit und gegenseitige Wertschätzung gekennzeichnet ist?

Bei der *Art der Darstellung* geht es u. a. um geeignete Formen der Visualisierung (ein Bild sagt mehr als tausend Worte) und um die Auswahl der passenden Medien. Die so gerne benutzten PowerPoint-Folien sind im Allgemeinen sicherlich sehr praktisch und hilfreich. Aber sie verführen dazu, zu viel Inhalt hineinzupacken. Zusätzlich besteht die

Gefahr, dass Bert Ex hinter den Folien verschwindet, und zwar umso mehr, je besser die Folien sind. Das kann ein Nachteil sein, wenn die Präsentationsinhalte nicht per se überzeugen, zum Beispiel weil sie nicht das treffen, was die Präsentationsempfänger sehen und hören wollen. Ist der Inhalt oder sind die Empfehlungen strittig, kommt es besonders stark auf die Person an. Ist Bert Ex überzeugend? Kann man ihm glauben? Sieht es so aus, als ob er selbst an das glaubt, was er präsentiert? Wie spricht er? Was sagt seine Körpersprache? Etc.

Bei der konkreten Vorbereitung der Präsentation empfiehlt es sich für Bert Ex, mit dem Appell zu beginnen. Dadurch fällt es leichter, die gesamte Präsentation auf ihren eigentlichen Zweck zuzuschneiden. Die Präsentationseröffnung, die ins Thema einführen und Spannung aufbauen soll, plant er am besten am Schluss.

Eine gute Präsentationsvorbereitung gibt Sicherheit. Allerdings muss Bert Ex immer damit rechnen, dass sich die reale Situation anders entwickelt, als geplant. In diesem Fall darf er nicht am Konzept kleben, sondern muss improvisieren. Eine gute Vorbereitung kann ihm auch dann helfen, denn er ist im Thema. Außerdem wird er normalerweise einige der vorbereiteten Teile in seine Improvisation einbauen können, vielleicht in anderer Gewichtung und Reihung als ursprünglich vorgesehen.

Die Präsentationsdurchführung

Präsentationen sollen überzeugen. Vor allem dann, wenn die Präsentationsempfänger die vorgetragenen Inhalte und Empfehlungen eigentlich nicht hören wollen, weil sie etwas anderes erwartet oder erhofft haben oder weil bestimmte Interessen negativ berührt sind, kommt es darauf an, wie Bert Ex persönlich wirkt. Besonders in diesem Fall entscheidet die Beziehungsebene über den Erfolg, nicht die Brillanz der Argumentation auf der Sachebene. Man muss Bert Ex glauben! Wer sich persönlich angreifbar und unglaubwürdig macht, verliert auch das Vertrauen in die Richtigkeit seiner Sachaussagen. Das ist aber erforderlich, denn Präsentationsempfänger sind grundsätzlich nur imstande, die Plausibilität und die formale Logik des Vorgetragenen zu überprüfen. Die Bewertung der inhaltlichen Qualität der Aussagen hängt neben der Folgerichtigkeit der Argumentation davon ab, inwieweit der relevante Kontext berücksichtigt ist und wie zutreffend die zugrunde liegenden Annahmen und Prämissen sind. Professionell beurteilen können dies nur andere Experten. Die Präsentationsempfänger können sich höchstens durch kritische Fragen einen Eindruck davon verschaffen.

In erster Linie kommt es darauf an, dass Bert Ex selbst davon überzeugt ist, dass seine Empfehlungen den Präsentationsempfängern nutzen werden und dass die Präsentationsempfänger ihm glauben, dass er Experte auf seinem Gebiet ist. Es hilft, wenn er Begeisterung ausstrahlt. Begeisterung steckt an, wenn sie echt ist. Wenn Bert Ex eher introvertiert ist und es im schwer fällt, Emotionen zu zeigen, sollte er sich nicht verbiegen. Klarheit, Logik und erkennbare Aufrichtigkeit genügen meistens.

Wenn das Verhalten von Bert Ex – gewollt oder ungewollt - provokant wirkt, weil er zum Beispiel lustlos oder arrogant auftritt, kann die Präsentation schnell zu einer konflikthaften Auseinandersetzung werden. Der Schwerpunkt der Kommunikation rutscht dann von der Sach- auf die Beziehungsebene, was denjenigen entgegenkommt, denen seine Sachaussagen ohnehin nicht gefallen. Manchmal wird eine solche Konfliktsituation auch bewusst provoziert, indem Präsentationsempfänger den Präsentierenden persönlich angreifen mit dem Ziel, ihn zu verunsichern und seine Glaubwürdigkeit infrage zu stellen. Attackiert wird dann die Person, gemeint ist ihre Position. Auch aus diesen Gründen ist es wichtig, dass Bert Ex auf sein Verhalten und auf seine Art der Beziehungsgestaltung achtet. Und es ist wichtig, dass es ihm gelingt, sich nicht provozieren zu lassen (siehe hierzu auch Abschnitt 5.6).

Fachexperten wie Bert Ex sind häufig Perfektionisten. Ein wenig Perfektionismus hilft vielen von ihnen, auf ihrem Fachgebiet gut und erfolgreich zu sein. Perfektionsansprüche bei der Durchführung von Präsentationen sind jedoch in der Regel keine gute Idee, zumal eine rundum perfekte Präsentation ohnehin – wenn überhaupt – nur in Lehrfilmen zu finden ist. Viel wichtiger sind Authentizität und eine persönliche Note („Human Touch") wie zum Beispiel etwas Selbstironie oder die Betonung eines ganz eigenen Bezugs zum Thema – natürlich auf der Grundlage eines guten (nicht notwendigerweise perfekten) Sachvortrages.

Perfektion kann provozieren. Im Allgemeinen wird sie bewundert, aber selten geliebt. Manche Präsentationsempfänger fühlen sich von einem erkennbaren Anspruch auf Perfektion auch sportlich herausgefordert. Ihre Aufmerksamkeit richtet sich dann auf die Frage, welche Fehler womöglich doch zu entdecken sind, und nicht auf den eigentlichen Inhalt. Manche Profis überlegen sich im Rahmen ihrer (durchaus perfektionistischen) Vorbereitung kleine Fehler in der Durchführung, die sie „live" dann schlagfertig und humorvoll kommentieren und geschickt ausbügeln, um menschlicher und sympathischer zu wirken. Beispiele dafür sind kleine Versprecher, Stolperer oder auch eine scheinbar vergessene Folie. Natürlich ist Vorsicht geboten, denn kleine Fehler bewusst und Erfolg versprechend einzubauen, will gelernt sein. Ansonsten steht die persönliche Glaubwürdigkeit in Gefahr.

Ein anderes Thema, das Bert Ex das Leben schwer machen kann, ist Nervosität oder Lampenfieber. Lampenfieber ist an sich positiv, denn es mobilisiert notwendige Energie. Zu wenig Anfangsnervosität kann bei Bert Ex wie bei den Präsentationsempfängern zu Langeweile führen und zulasten seiner Reaktionsschnelligkeit und Schlagfertigkeit gehen. Zu viel Anfangsnervosität kann freilich lähmen oder gar zu einem Blackout führen. Wie es gelingen kann, sich bei Bedarf selbst ein wenig zu entspannen und zu beruhigen, wird in Abschnitt 5.2 noch einmal aufgegriffen.

Nervosität wird vor allem dann zum Problem, wenn sie für Bert Ex eine spürbare Belastung ist. Gefühle sind, so wie Einstellungen und Haltungen auch, ansteckend. Wenn Bert Ex die Situation peinlich ist und er versucht, seine Aufregung zu verbergen, kann die Situation für alle Beteiligten unangenehm werden. Wenn sich Bert Ex jedoch seine Nervosität selbst nicht übel nimmt und damit offen, vielleicht sogar humorvoll umgeht, kann er im Gegenteil Sympathiepunkte erringen und an Überzeugungskraft gewinnen.

Die beste Möglichkeit für Bert Ex, Nervosität während der Präsentation abzubauen, besteht darin, direkten Kontakt mit den Präsentationsempfängern herzustellen. Fragen, ob das Vorgestellte zu den Erwartungen passt, ob die verwendeten Beispiele bekannt sind und zutreffen, ob die Annahmen über die Situation der Präsentationsempfänger richtig sind, ob die Lösungsideen interessant erscheinen oder Ähnliches helfen, Sicherheit zu gewinnen. Die Gruppe der Präsentationsempfänger fühlt sich durch Fragen solcher Art ernst genommen und in ihren Anliegen verstanden, was ihre Zustimmungsbereitschaft automatisch erhöht. Ihre Haltung wird Bert Ex gegenüber wohlwollender. Wenn er das spürt, wird er ruhiger. Viele Menschen ziehen sich im Gegensatz dazu jedoch aus dem Kontakt zurück, wenn der Stress zunimmt – mit den genau gegenteiligen Folgen. Die Unsicherheit wächst („Bin ich auf der richtigen Spur?", „Ist mein Vortrag verständlich?", „Mache ich das hier richtig?"), und bei den Präsentationsempfängern wächst der Unmut („Interessiert er sich überhaupt dafür, was das Ganze mit uns zu tun hat?", „Nimmt er uns ernst?", „Will er eigentlich wissen, was wir damit anfangen können?" etc.).

Zu Beginn der Präsentation sollte Bert Ex die Gruppe freundlich begrüßen und sich selbst knapp vorstellen. Dazu gehören ein paar Sätze darüber, was er selbst mit dem Thema zu tun hat und in welcher Rolle er vor der Gruppe steht. Er könnte Folgendes sagen:

„Ich freue mich, Sie hier begrüßen zu können. Mein Name ist Bert Ex. Ich bin in diesem Unternehmen zuständig für Qualitätsmanagement. In den letzten Jahren habe ich mich sehr stark um Prozessoptimierung gekümmert, weshalb ich gerne die Gelegenheit wahrnehme, mit Ihnen über neue und vielversprechende Ansätze auf diesem Gebiet zu sprechen."

Es ist günstig, wenn Bert Ex die Präsentation mit einer positiven Aussage beginnt, die die Zuhörer sofort zu einem ausdrücklichen oder unausgesprochenen „Ja" veranlasst. Dadurch entsteht zumindest tendenziell eine wohlwollende Zuhörbereitschaft, die Präsentationsempfänger öffnen sich dem Thema. Das Gegenteil geschieht, wenn sich die Gruppe sofort brüskiert oder provoziert fühlt. Ein „Nein" verschließt die Gruppe, und es ist schwierig, die Tür danach wieder aufzubekommen. Die positive Aussage braucht nicht spektakulär zu sein. Falls es zum Beispiel um die Präsentation eines Projektzwischenstandes vor einem Steuerkreis geht, können bereits der Verweis auf den erhaltenen Auftrag und vielleicht die Betonung seiner Wichtigkeit für das Unternehmen genügen:

„Wir waren uns in der Gruppe jederzeit darüber einig, welche Bedeutung das Projekt für die weitere Entwicklung unseres Unternehmens hat. Dementsprechend haben wir alles unter-

nommen, um die bestmögliche Lösung in der von Ihnen genannten Zeit zu entwickeln. Wir berichten heute über den Zwischenstand unserer Überlegungen und hoffen, darüber mit Ihnen ins Gespräch zu kommen" (Zustimmung suchender Rundblick).

Für die inhaltliche Gliederung der Präsentation hat sich eine sehr einfache Grobstruktur bewährt (siehe Abbildung 14).

Abb. 14 Gliederung einer Präsentation

Im ersten Schritt könnte Bert Ex die Situation der Präsentationsempfänger umschreiben, vielleicht in Verbindung mit einem Hinweis darauf, was ihn und die Anwesenden in der *aktuellen* Situation zusammengebracht hat. Dadurch wird sofort deutlich, dass es um *deren* Belange geht. Ihre Aufmerksamkeit ist normalerweise gewährleistet. Im Fall einer Präsentation vor externen Geschäftspartnern könnte die Eröffnung so lauten:

„Soweit ich weiß, herrscht in Ihrem Geschäft seit Jahren ein brutaler Wettbewerb, den man am besten durch originelle Innovationen besteht (Zustimmung suchender Rundblick). Es freut mich, dass Sie heute hierher gekommen sind, um vor diesem Hintergrund mit uns Möglichkeiten einer Zusammenarbeit zu erörtern."

Im zweiten Schritt könnte Bert Ex die Frage, die Herausforderung, die Schwierigkeit oder das Problem umreißen, das die Präsentationsempfänger in der genannten Situation beschäftigt. Gibt es hierzu eine zustimmende Reaktion, erhöht das seine Sicherheit, auf der richtigen Spur zu sein, und es erhöht die Sicherheit der Präsentationsempfänger, in der richtigen Veranstaltung zu sein.

„Die Schwierigkeit besteht offensichtlich darin, Innovationen immer wieder in kurzen zeitlichen Abständen auf den Markt zu bringen, die sich von denen der Wettbewerber positiv unterscheiden und die gleichzeitig Zustimmung und Kaufbereitschaft bei Ihren Kunden auslösen. Sehe ich das richtig?"

Im dritten Schritt sollte Bert Ex die Lösungsvorschläge erläutern, und zwar zunächst eher knapp, mit möglichst wenigen Details und Hintergründen.

Die meisten Entscheider sind lösungsorientiert, so wie ein Autokäufer, der sich für den Benzinverbrauch interessiert, aber nicht so sehr für die spritsparende Technik unter der Motorhaube. Eine mögliche Schwierigkeit entsteht darin, dass vielleicht genau hier die besondere Expertise des Experten liegt, auf die er stolz ist und mit der er sich identifiziert. Er kann es dann als Zumutung empfinden, nicht detailliert über den besonderen technischen Kniff oder über nichttechnische Einzelheiten der Problemlösung sprechen zu können. Er würde damit aber nichts Positives erreichen, höchstens Unverständnis und Ungeduld auf Seiten des Kunden bzw. des Entscheiders. Besser, als unaufgefordert auf Details einzugehen, ist es, darauf zu hoffen, dass die positiv überraschten Präsentationsempfänger nachfragen, wie die Lösung genau zustande kommt, wie sie im Detail zu verstehen ist und wie sie gegebenenfalls realisiert werden kann. Interessierte Fragen gezielt zu beantworten und sein Wissen empfängerorientiert anzubieten, ist in jedem Fall günstiger als das gut gemeinte, aber unaufgeforderte Zuschütten mit Details und Zusammenhängen.

„Unser Vorschlag sieht Folgendes vor:
1. …
2. …
3. …

Folgende Rahmenbedingungen müssen dafür hergestellt werden: … Das bedeutet für Sie … und für uns … Die Vorteile eines solchen Vorgehens liegen in … Nicht verschweigen möchten wir … Um mögliche Nachteile bzw. Risiken zu minimieren, empfehlen wir … Das hätte zudem den Vorteil, dass …

Welche Fragen haben Sie? Was möchten Sie gerne ausführlicher erläutert haben oder besprechen?"

Im vierten Schritt schließlich sollte Bert Ex einen deutlichen Appell aussprechen, eine möglichst klare und eindeutige Aufforderung an die Präsentationsempfänger. Was genau sollten sie jetzt seiner Meinung nach tun oder unterlassen?

„Mir scheint, unser Kooperationsmodell leuchtet Ihnen ein. Das freut mich. Lasst uns mit dem gemeinsamen Projekt sofort starten! Darf ich Sie jetzt in unseren Ausstellungsraum bitten, wo auch schon weitere Mitarbeiter auf Sie warten?"

Ideen für die Symbolisierung von Wissen

Wie bereits mehrfach erwähnt, ist die Verwendung von Metaphern besonders gut geeignet, Wissen zu vermitteln. Neues wird durch den Vergleich mit Bekanntem (das ist die Funktion von Metaphern) leichter verständlich, die Verknüpfung mit bereits bestehenden Wissenselementen geschieht relativ problemlos.

Im Folgenden sind einige Beispiele aufgeführt. Sie sind eng angelehnt an die Überlegungen von Reinhardt und Eppler (2004) und eine Art Fundgrube für Bert Ex, wenn er Ideen und Anregungen für die Gestaltung seiner Präsentationen sucht.

Tab. 1 Metaphern

Metapher	Eigenschaften/Assoziationen
1. Eisberg	Der größte Teil ist nicht sichtbar, und dieser unsichtbare Teil könnte riskant sein.
2. Trichter	Einer oder mehrere Inputs werden gefiltert, verdichtet und so zu einem höherwertigen Endresultat.
3. Pendel	Eine Balance zwischen Extremen muss gefunden werden.
4. Treppe	Etwas Stabiles, das in verschiedenen Stufen zu einem Ziel führt.
5. Baum	Etwas, das wächst, im Boden verankert ist und Früchte trägt.
6. Waage	Eine Struktur, um Vergleiche anzustellen oder Vor- und Nachteile abzuwägen.
7. Kette	Elemente, die voneinander abhängen und ein starkes Ganzes bilden.
8. Rutschbahn	Eine spielerische Struktur, bestehend aus Aufstieg, Aussicht und dynamischer Fahrt.
9. Thermometer	Eine vertikale Skala, welche die gegenwärtige Situation und ihre Bedeutung/Bewertung wiedergibt.
10. Sonnensystem	Elemente, die von einem großen zentralen Element abhängen und sich an diesem orientieren.
11. Flaschenhals	Ein Ressourcenengpass
12. Fluss	Etwas, das in eine Richtung fließt und eine gewisse (Band-)Breite mit sich bringt.
13. Brücke	Etwas, das Leute zusammenführt und Hindernisse überwindet.
14. Radarschirm	Ein Überblick über relevante Objekte und ihre Entfernung.
15. Schloss/Schlüssel	Eine Lösung, die zum Problem passt.
16. Hebel	Durch kluges Ansetzen wird weniger Aufwand benötigt.
17. Orchester	Verschiedene Rollen, die unter einer Leitung zusammenarbeiten.
18. Labyrinth	Ein unübersichtlicher Prozess, in dem man sich ohne Orientierungshilfe schnell verlieren kann.
19. Maschine	Ein komplizierter Gegenstand, der einen Input in einen höherwertigen Output umwandelt.
20. Jonglieren	Mehrere Aufgaben müssen gleichzeitig erledigt werden.
21. Rad	Etwas Dynamisches, das aus einem zentralen und verschiedenen anderen Elementen besteht

1.3.4 Empfehlungen aussprechen

Präsentationen enden gewöhnlich mit einem Appell, der einer Empfehlung gleichkommt. Bert Ex fordert damit den oder die Präsentationsempfänger auf, etwas Bestimmtes zu tun oder zu unterlassen. Von Fachexperten werden Empfehlungen erwartet, je nachdem, wie sie formuliert werden, können sie jedoch sehr unterschiedliche Auswirkungen haben. In einem Fall können die Entscheider den Überlegungen von Bert Ex leicht und gerne folgen, in einem anderen können sie sie ablehnen, noch bevor sie den genauen Inhalt der Empfehlung und den entsprechenden Begründungszusammenhang richtig verstanden haben. Weil das Aussprechen von Empfehlungen für die Rolle des Fachexperten zentral ist und weil sie nicht selbstverständlich so ankommen wie gewünscht, werden sie im folgenden Abschnitt etwas genauer untersucht.

Worauf es ankommt

Damit Empfehlungen die von Bert Ex gewünschten Reaktionen auslösen, müssen sie einerseits für die Entscheider zumindest inhaltlich relevant sein (zum Beispiel Zielbeitrag, Aktivierung von Leistungs- und Ertragspotenzialen, Steigerung von Effektivität und Effizienz, Reduktion von Kosten, Innovation) und andererseits rollenkonform vorgetragen werden. Im Hinblick auf Letzteres hilft es Bert Ex, wenn er sorgfältig auf die Unterscheidung zwischen *Beschreiben*, *Erklären* und *Bewerten* achtet. Beschreiben lassen sich Wahrnehmungen. Wie diese Wahrnehmungen jeweils für sich und im Zusammenhang verstanden werden können, sagen Erklärungen. Bewertungen drücken aus, ob das so Verstandene wichtig oder unwichtig ist und ob zum Beispiel Handlungsbedarf besteht.

Abb. 15 Beschreiben, Erklären und Bewerten

Dieser Prozess aus Wahrnehmung, Interpretation und nachfolgender rationaler wie gefühlsmäßiger Bewertung findet in unseren Köpfen ständig statt, ohne dass wir uns dessen immer bewusst sind. Wir können gar nicht anders, als das, was in unsere Aufmerksamkeit gerät, umgehend in einen von uns selbst hergestellten Zusammenhang zu bringen und daraufhin für gut oder schlecht, attraktiv oder unattraktiv, anziehend oder abstoßend zu halten. Der Vorgang lässt sich auf das Zusammenspiel der Rollen von Fachexperten und Linienmanagern in Organisationen übertragen. Dort besteht eine klare Arbeitsteilung: Beschreiben und Erklären ist Sache der Ersteren, Bewerten dagegen Aufgabe der Letzteren. Jede Entscheidung ist immer auch eine Bewertung, und das Relevante richtig zu beschreiben sowie in seinen Zusammenhängen zu erläutern, verlangt Expertise. Die Exklusivität der Entscheidungskompetenz auf der Seite der Linienmanager ist notwendig, damit es in Organisationen zu einheitlichen Entscheidungen kommen kann und die Präferenzen und Zielrichtungen verbindlich festgelegt werden können.

Bewertungen basieren auf Kriterien. Wer festlegt, worauf es ihm bei der Auswahl zwischen unterschiedlichen Optionen ankommt und wie wichtig ihm die verschiedenen Gesichtspunkte sind, hat im Grunde bereits entschieden. Wenn ein Manager zum Beispiel in einer bestimmten Situation Tempo für vordringlich hält und Qualität für nachrangig, fallen viele Optionen weg und eine bestimmte erweist sich möglicherweise als die am besten geeignete. Die Auswahl derjenigen Variante, die die vorab definierten Kriterien am besten erfüllt, ist sinnvollerweise Sache der Fachleute, jedenfalls dann, wenn die Zusammenhänge unübersichtlicher und komplizierter werden.

Aus diesen Überlegungen ergibt sich, dass Bert Ex Empfehlungen möglichst ausdrücklich auf die von den Entscheidern zuvor festgelegten Entscheidungskriterien beziehen sollte. Macht er das nicht, bleibt offen, ob er deren Kriterien oder seine eigenen zugrunde gelegt hat. Im letzteren Fall hätte in Wirklichkeit Bert Ex entschieden, sofern sein Vorgesetzter (Hans Vormüller) seine Empfehlungen ungefragt übernimmt.

Eine passende Argumentationsstruktur kann zum Beispiel so aussehen:

- *„Das ist der Auftrag."* Es ist günstig, ihn noch einmal ausdrücklich auszusprechen und damit zu signalisieren, dass er verstanden und ernst genommen worden ist. Zum Beispiel:
  „Unser Auftrag war es, den Roll-out dieses Softwarepaketes zu planen. Das haben wir bestmöglich getan."

- *„So kann (oder wird) es gehen:*
  - Das sind die Alternativen.
  - Das sind jeweils die relevanten Chancen und Risiken, die qualitativen und quantitativen Vor- und Nachteile, die möglichen oder wahrscheinlichen Fern- und Nebenwirkungen, die wichtigsten Voraussetzungen und Rahmenerfordernisse.
  - Bezogen auf *Ihre Bewertungskriterien* empfehlen wir *diese* Alternative.
  - So könnte die Umsetzung aussehen."

Zum Beispiel: *„Auf die beschriebene Weise lässt sich das Softwarepaket ausrollen. Jedoch mussten wir feststellen, dass Ihre Vorgaben im Hinblick auf die zeitlichen Ziele nicht erfüllt werden können. Alternative Softwareprogramme, die Ihre Vorgabe erfüllen, sind wahrscheinlich verfügbar. Für die Fortsetzung unserer Arbeit bitten wir Sie deshalb um eine neue Entscheidung."*

Nicht selten kommt es vor, dass Präsentierende vor allem betonen, was weshalb nicht geht. Die meisten Entscheider mögen jedoch solche Argumentationsmuster überhaupt nicht („Wollen Sie uns helfen, Probleme zu lösen, oder wollen Sie hauptsächlich Probleme kreieren und damit selbst für uns zum Problem werden?"). Allenfalls dann, wenn Naturgesetze eine Lösung definitiv unmöglich machen, könnte Bert Ex darauf hinweisen, leider nicht zaubern zu können. In allen anderen Fällen ist es für ihn günstiger zu zeigen, *wie* es gehen könnte, selbst wenn es aus seiner Sicht viel zu teuer, aufwändig, riskant oder Ähnliches wäre. Solche Bewertungen liegen nicht in seiner Zuständigkeit. Deshalb sollte eine entsprechende Präsentation sinngemäß mit der Frage enden: „Wollen Sie das?"

Diese Frage gibt die Bewertungshoheit ausdrücklich dorthin, wo sie hingehört, nämlich zu den Managern. Wenn die anschließende Diskussion zwischen den Entscheidern in eine Richtung geht, die aus Sicht von Bert Ex falsch oder bedenklich ist, sollte er seiner Rolle entsprechend intervenieren. Dafür könnte er bestimmte Überlegungen noch einmal wiederholen und betonen sowie den einen oder anderen Hinweis ergänzen. Eine andere Möglichkeit sind Fragen. Mit ihrer Hilfe kann neu fokussiert und eventuell auch die Diskussion gelenkt werden. Mit Fragen kann Bert Ex indirekt und rollenkonform darauf hinweisen, worauf es seiner Meinung nach bei der Entscheidung ankommt. Ein Beispiel:

„Erlauben Sie mir bitte eine Frage: Bisher sind wir davon ausgegangen, dass an den Vorgaben ‚ohne Funktionssicherheit und einfache Bedienung' nicht zu rütteln ist. Im Moment scheint dies für Ihre Diskussion aber keine Rolle zu spielen. Haben wir Ihre Übereinkunft, dieses Entscheidungskriterium aufzugeben, überhört?"

Eine direkte und zugleich rollenkonforme Intervention wäre andererseits ein ausdrücklich als persönliche Meinung deklariertes Statement. Zum Beispiel:

„Aus meiner Perspektive ist der Aspekt ‚hohe Funktionssicherheit' ganz besonders wichtig, weil … Wie denken Sie darüber?"

Mit der abschließenden Frage an die Entscheider wird deren Bewertungshoheit wieder bestätigt.

Eine Gefahr für die Glaubwürdigkeit und die fachliche Autorität kann für Bert Ex entstehen, wenn er in eine Rechtfertigungsschleife gerät. Besonders dann, wenn bestimmten Präsentationsempfängern das Ergebnis nicht passt, fangen sie häufig an, die fachliche Substanz des Gesagten anzuzweifeln. Wenn Bert Ex den Eindruck hat, dass er nicht richtig oder nicht vollständig verstanden worden ist, sollte er argumentativ nachlegen. Spätestens dann aber, wenn sich trotz zusätzlicher Erläuterungen nichts klärt und er beginnt, ratlos zu werden, wie er es denn noch anders erklären könnte, ist die Wahrscheinlichkeit groß, dass es sich nicht um ein Verständnis-, sondern um ein Vertrauensproblem handelt. Noch einmal wiederholte Begründungen und Erklärungen machen die Sache nicht besser und können die fachliche Autorität von Bert Ex sogar schwächen. Es könnte der

Eindruck entstehen, dass er sich (zu Recht?) angegriffen fühlt, dass ihm wenig und vor allem nichts Neues mehr einfällt und er sich argumentativ im Kreis dreht. Es bleibt Bert Ex in diesem Fall nur übrig, darauf zu verweisen, dass er sich alle Mühe gegeben hat, dass er von der Richtigkeit seiner Ausführungen und der genannten Konsequenzen überzeugt ist und dass er selbstverständlich das Recht der Entscheider akzeptiert, sich an anderer Stelle (vielleicht bei externen Experten oder Instituten) zusätzlichen Rat zu holen.

Sonderfall „Kommunikativer Bypass"

Gelegentlich kommt es vor, dass ein Fachexperte eine große Chance oder ein großes Risiko für sein Unternehmen sieht, aber auf dem normalen Dienstweg (über den Vorgesetzten bzw. über die zuständigen Gremien) wenig Resonanz erhält. Wenn er sich als Wissensunternehmer versteht, wird er nicht aufgeben und eine Möglichkeit suchen, eventuell über einen „kommunikativen Bypass" wichtige Meinungsbildner und Entscheider zu erreichen. Wenn sich dafür eine Gelegenheit bietet, zum Beispiel am Flughafen, während einer Messe oder auf einer Dienstreise, steht normalerweise nur sehr wenig Zeit zur Verfügung, um die alarmierende Nachricht an den Mann zu bringen. So könnte Bert Ex eventuell ein erfolgreiches „Bypass-Gespräch" führen:

- Begrüßung und kurze Vorstellung: „Guten Tag, Herr Dr. …, ich bin Bert Ex und ich arbeite in der Abteilung … Hier ist meine Visitenkarte."
- Die (wahrscheinliche) Eile des Managers ernst nehmen: „Darf ich Sie ein kleines Stück Ihres Weges begleiten?"
- Die Einmaligkeit der Situation ausdrücken: „Die Situation ist außergewöhnlich und sehr wichtig".
- Eine alarmierende Überschrift wählen und kurz erwähnen, dass der normale Lauf der Dinge im konkreten Fall nicht funktioniert: „Ich sehe für unser Unternehmen eine Chance in einer Größenordnung von mehreren Millionen Euro, aber leider ist sie dabei, an unserem Unternehmen vorbeizuziehen. Der normale Dienstweg ist leider verstopft." Oder: „Ich sehe für unser Unternehmen ein Risiko in einer Größenordnung von mehreren Millionen Euro, aber leider ist es derzeit auf dem normalen Dienstweg nicht bearbeitbar und deshalb dabei, für uns unausweichlich zu werden."
- Sehr kurz, wenn möglich nur in einem Satz andeuten, um was es inhaltlich geht: „Es geht um eine Erfindung in …, die wir in Kombination mit … hervorragend vermarkten können." Oder: „Die Kombination einer neuen mit einer bereits eingeführten Software wird zu massiven Störungen bei unseren wichtigsten Kunden führen."
- Nach einer Möglichkeit fragen, die Dinge ausführlicher miteinander zu besprechen: „Wann kann ich Sie treffen oder anrufen, um Ihnen die Angelegenheit mit etwas mehr Zeit und Ruhe erläutern zu können?"

Weil nur sehr wenig Zeit zur Verfügung steht, ist es wichtig, unmittelbar verständlich zu kommunizieren und keine Zweifel an der Dringlichkeit aufkommen zu lassen. Günstig sind dafür kurze und klare Sätze sowie die Vermeidung von „Weichspülern" wie zum Beispiel „könnte", „sollte", „eventuell", „vielleicht" oder „eigentlich". Dem Anlass entsprechend sollte Bert Ex energisch, aber langsam sprechen und die Bedeutung des Gesagten durch Mimik und Gestik unterstreichen – soweit es ihm möglich ist und zu ihm passt.

Es versteht sich von selbst, dass solche „kommunikativen Bypässe" nur in wenigen Ausnahmefällen genutzt werden sollten. Das Mittel nutzt sich sonst sehr schnell ab, und die Manager reagieren dann zunehmend genervt, abwiegelnd oder unmittelbar ablehnend.

Auch wenn Bert Ex gute Gründe für sein Handeln sieht, geht er mit dem „kommunikativen Bypass" ein Risiko ein, weil sein unmittelbarer Vorgesetzter Hans Vormüller (zunächst) übergangen wird. Er wird von den Überlegungen seines Mitarbeiters wissen, denn sonst wäre der normale Dienstweg nach dessen Meinung nicht verstopft, aber er wird den Sachverhalt anders beurteilen. Durch Bert Ex' Kontaktaufnahme mit einem höherrangigen Manager kann er sich brüskiert fühlen. Als Konsequenz daraus ist vieles möglich, zum Beispiel Dauerärger mit dem Vorgesetzten oder Belobigung und (spätere) Beförderung auf Initiative der übergeordneten Führungskraft. Ein alter Sponti-Spruch könnte hier passen: „No risk, no fun!

Überzeugen

2

Fachexperten müssen überzeugen, wenn sie ihre Vorschläge und Ideen wirksam einbringen wollen. Sie besitzen keine Entscheidungskompetenzen, wenn es um Fragen der Geschäftsentwicklung geht, und normalerweise auch keine Anweisungsbefugnisse gegenüber anderen Personen in der Organisation. Um Menschen im gewünschten Sinne zu bewegen, können sie nur auf die Wirkung ihrer Person und auf die Kraft ihrer Argumente setzen.

2.1 Auf einen Blick

Beim *Überzeugen* handelt sich um einen gemeinschaftlichen Prozess, der prinzipiell transparent und ergebnisoffen ist. Derjenige, der sich überzeugen lässt, entscheidet sich *aus freien Stücken* dazu, den persönlichen Vorstellungen, Einschätzungen, Meinungen oder Empfehlungen des Fachexperten zumindest in wichtigen Teilbereichen zu folgen. Davon zu unterscheiden ist *Manipulation,* die verdeckte und zielorientierte Beeinflussung des Erlebens und Verhaltens anderer. Manipulation gefährdet die Beziehungen, und deren Qualität ist wiederum sehr wichtig für das Gelingen von Überzeugungsprozessen. Allerdings ist die saubere Trennung zwischen Überzeugen und Manipulieren in der Praxis oft schwierig. Eine sinnvolle Trennlinie könnte bei der bewussten Täuschung zur Erzielung eines einseitigen Vorteils liegen.

Derjenige, der überzeugen will, muss sagen, was er meint, der andere muss hören, was der Erste sagt, er muss es verstehen und akzeptieren, und er muss letzten Endes dementsprechend handeln. Diese Kette deutet bereits an, von wie vielen Voraussetzungen erfolgreiches Überzeugen abhängig ist. Es kommt auf adäquates Verhalten auf den drei Kommunikationsebenen (Sach-, Beziehungs-, Strukturebene) an und darauf, ob der Fachexperte aktiv zuhört und sinnvoll nachfragt, Einwände ernst nimmt und insgesamt ein Gleichgewicht herstellt aus dem selbstbewussten Vertreten der eigenen Position und dem ehrlichen Versuch, sich in den anderen sachlich wie emotional hineinzuversetzen. Weiterhin sind die Platzierung und Reihung der Argumente bedeutsam. Es ist zum Beispiel nicht günstig, gleich zu Beginn der Diskussion zu viele oder sogar alle Argumente „abzufeuern". Für das eröffnende Statement empfiehlt sich eine Argumentationsstruktur, die mit dem *Ziel des Gesprächspartners* beginnt und mit dem *eigenen Ziel* bzw. dem Appell endet. Intuitiv argumentieren wir eher anders herum, beginnen mit dem *eigenen* Ziel und enden mit *seinen* möglichen Vorteilen. Der Nachteil dabei: Der Gesprächspartner wird viel deutlicher den Aufforderungsdruck spüren und viel wahrscheinlicher defensiv und abwiegelnd reagieren.

Wenn er sich letzten Endes positiv entscheidet, dann überwiegen in seiner internen Bilanz die sachlich-rationalen zusammen mit den emotionalen Beweggründen gegenüber den Alternativen, nichts oder etwas anderes zu tun. Ohne für ihn passende Beweggründe wird sich der Gesprächspartner nicht im gewünschten Sinne bewegen, also überzeugen lassen.

2.2   Überzeugen – Überreden – Manipulieren

Überzeugen heißt, einen anderen mittels Kommunikation so zu beeinflussen, dass er sich *aus freien Stücken* den persönlichen Vorstellungen, Einschätzungen, Meinungen oder Empfehlungen eines anderen zumindest in wichtigen Teilbereichen anschließt. Ausgangspunkt ist die Erkenntnis, dass Menschen prinzipiell unterschiedlich wahrnehmen, denken, fühlen und bewerten. Beim Überzeugen handelt es sich deshalb um einen gemeinschaftlichen Prozess grundsätzlich gleichwertiger Menschen, der prinzipiell transparent und ergebnisoffen ist. Dabei ist eine Paradoxie im Spiel: Je mehr ich dem anderen glaubhaft mache, dass ich seine Entscheidung akzeptieren werde, auch wenn sie anders ausfällt, als ich sie mir wünsche, umso mehr steigt die Wahrscheinlichkeit, dass er mir folgen wird. Der Grund ist eine häufig beobachtbare Regel im menschlichen Zusammenleben: Wenn Bert Ex erkennt, dass der andere, zum Beispiel sein Kollege Klaus Koll, ihn ernst nimmt, seine Person und seine grundsätzliche Willensfreiheit, dann nimmt Bert Ex auch seinen Kollegen Klaus Koll ernst, und das wechselseitige Vertrauen steigt. Ernst genommen werden tut gut, deshalb wird Bert Ex wahrscheinlich finden, dass Klaus Koll wegen des positiven Zeichens nun auch bei ihm etwas „gut hat".

Von Überzeugung zu unterscheiden ist die *Manipulation,* die verdeckte und zielorientierte Beeinflussung des Erlebens und Verhaltens anderer. Manipulierte Menschen handeln nicht aufgrund eigener Einsichten oder Überzeugungen, sondern fremdbestimmt. Wer manipulieren will, dem geht es nicht – wie beim Überzeugen – um die Qualität der Problemlösung, sondern um die Durchsetzung seines Willens.

Überreden ist eine Stufe dazwischen. Wer jemanden überredet, will ebenfalls sein Anliegen unbedingt durchbringen, allerdings offen. Er wirkt mehr oder weniger penetrant auf den anderen ein und beeinflusst ihn weniger mithilfe rationaler Argumente als mit starken Emotionen. Wenn der andere nachgibt, dann eher aus Erschöpfung oder um endlich in Ruhe gelassen zu werden. Zu einem Problem für den erfolgreichen Überreder kann die Fragilität der Vereinbarung werden, denn die Übereinstimmung wird wahrscheinlich nicht sehr nachhaltig sein. Beim Überzeugen ist das anders, hier kann das Zustandekommen einer Übereinstimmung schwierig werden, ist dann aber vergleichsweise stabiler.

Fachexperten arbeiten gewöhnlich für eine längere Zeit in einer bestimmten Organisation und haben es dort teilweise mit immer denselben Menschen zu tun. Wenn es Bert Ex zum Beispiel gelingt, seinen Kollegen Klaus Koll zu überzeugen, hat das auf die Beziehung zwischen den beiden eine stärkende Wirkung. Man ist sich zum Beispiel einig, wie man ein bestimmtes Projekt angehen will oder ein Problem lösen möchte, und diese Gemeinsamkeit bindet situativ zusammen. Wer sich dagegen als Kollege oder als Vorgesetzter manipuliert fühlt, sieht sich instrumentalisiert, und die Beziehung wird Schaden nehmen. Um in einer Organisation nachhaltig erfolgreich zu sein, ist eine gute Beziehung mit den wichtigen Bezugspersonen notwendig. Von daher verbietet sich manipulatives Verhalten – eigentlich.

In der Praxis ist der Unterschied zwischen Überzeugen und Manipulieren oft nicht so klar und eindeutig (siehe zum Beispiel Thaler und Sunstein, 2011). Wo fängt die verdeckte und nichtergebnisoffene Einflussnahme an? Unser Alltag ist voll von Beispielen für subtile Einflussnahmen. Natürlich zählt die Werbung dazu oder professionell gestaltete PR-Aktionen. Auch die Anordnung der Waren im Supermarkt ist ein Beispiel. Nur: Irgendetwas muss in irgendeiner Weise kommuniziert werden, um zu informieren, und das wird jeweils einen spezifischen Effekt haben. Und die Waren im Kaufhaus müssen irgendwie platziert werden. Es gibt immer Plätze, an denen sich Artikel besser verkaufen als an anderen. Sollte deshalb von Gesetzes wegen gewürfelt werden, was wohin zu stellen ist? Bekannt ist auch das Phänomen, dass neben der Formulierung auch die Anordnung der Fragen in einem Fragebogen eine starke Auswirkung darauf hat, was am Ende herauskommt. Wenn beispielsweise gefragt wird

a) Wie glücklich sind Sie?
b) Wie oft haben Sie Verabredungen?

werden andere Antworten auf die Glücksfrage herauskommen als wenn Sie fragen

a) Wie oft haben Sie Verabredungen?
b) Wie glücklich sind Sie?

In irgendeiner Reihenfolge werden die Fragen natürlich immer gestellt werden müssen, und jede Reihenfolge hat eine bestimmte Wirkung. Die meisten Antworten – und auch die meisten Entscheidungen – werden nicht als das Ergebnis tiefen Nachdenkens ausgesprochen bzw. getroffen, sondern eher intuitiv. Wir handeln selten rational und lassen uns häufiger von Assoziationen und Gefühlen leiten, besonders wenn uns das Thema nicht so furchtbar wichtig ist und/oder wenn wir wenig Zeit haben, uns damit zu beschäftigen. Dadurch sind wir für subtile Einflussnahmen anfälliger.

Ähnliches wie für die Platzierung von Waren oder die Reihung von Fragen gilt für unser Verhalten. Egal, was wir tun, wir erzielen immer eine Wirkung, sei es bewusst und absichtsvoll oder nicht bewusst und (scheinbar) absichtslos. Instinktiv verhalten wir uns so, wie wir meinen, dass es unseren eigenen Zielen am meisten nützt. Das kann unsere Sprechweise betreffen, die Wortwahl, die Wahl von Beispielen zur Unterstützung unserer Position oder die Körpersprache. Selbst wenn wir es wollten, können wir nicht verhindern, dass wir nicht nur mit dem rationalen Kern unserer Argumente wirken, sondern immer auch mit dem, wie wir sie mitteilen, gleichgültig, ob das bewusst oder nicht bewusst geschieht.

Die Forderung, jederzeit transparent mit einer grundsätzlich ergebnisoffenen Erwartungshaltung zu handeln, ist eine Überforderung. Es spricht vieles dafür, die Grenzlinie dort zu ziehen, wo eine bewusste Täuschung zur Erzielung eines einseitigen Vorteils ins Spiel kommt. Kleine Manöver zur Verstärkung der eigenen Position, die die grundsätzliche Wahlfreiheit des anderen nicht infrage stellen, sollten erlaubt sein. Sie lassen sich ohnehin auch beim besten Willen kaum vermeiden.

Im nächsten Abschnitt geht es um den Prozess des Überzeugens. Wie sieht er genau aus und welche Faktoren entscheiden über den Erfolg?

2.3 Der Prozess des Überzeugens

Derjenige, der überzeugen will, muss

- sagen, was er meint. Das ist nicht immer einfach, denn oft steht nur ein Impuls am Anfang, eine Tendenz bzw. ein Bauchgefühl. Es hat nichts mit kognitiver Beschränktheit zu tun, wenn Bert Ex spürt, dass er etwas Wichtiges zu sagen hat, ihm aber momentan die richtigen Worte fehlen. Manchmal wird erst im Zuge des Dialogs klar, was er eigentlich sagen will, gemäß dem Motto von Heinrich von Kleist „über die allmähliche Verfertigung der Gedanken beim Reden“.

Derjenige, der überzeugt werden soll, muss

- hören, was Bert Ex sagt. Das erfordert Zuhörbereitschaft und Aufmerksamkeit. Wenn er gerade im Dauerlauf zur nächsten Sitzung ist, wird es damit nicht weit her sein.
- verstehen, was Bert Ex sagt und meint. Hierfür muss der andere das Gehörte mit den *eigenen* Wissensbeständen verknüpfen können. Unbekannte Fremdwörter, Fachchinesisch oder das Voraussetzen zu großen Vorwissens werden sein Verstehen verhin-

dern. Überzeugen erfordert, erfolgreich an die Denk- und Vorstellungswelt des anderen, an seine Interessen, Bedürfnisse und Präferenzen anzudocken.

- mit dem Gehörten einverstanden sein. Das setzt voraus, dass er es für relevant und sachlich richtig hält, es mit seinen Zielen, Interessen und Bedürfnissen vereinbar ist und er keine attraktivere Alternative sieht. Und er muss Bert Ex vertrauen, dass er ehrlich ist und ihm seine Überlegungen nach bestem Wissen und Gewissen vorträgt.
- dementsprechend handeln. Damit ist zu rechnen, wenn er das Gehörte *in seiner Denkwelt* für so wichtig und/oder dringend hält, dass er sich in Bewegung setzt bzw. andere Aktivitäten dafür zurückstellt.

Ergänzend lässt sich eine Reihe von Fragen formulieren, die sich auf das Kommunikationsmodell mit den drei Ebenen (siehe Abschnitt 1.2) beziehen und weitere wichtige Erfolgsbedingungen verdeutlichen:

- *Sachebene:* Ist die eigene Position in der Sache klar und verständlich? Ist die Argumentation schlüssig und für den anderen nachvollziehbar? Wie ist die Position des anderen zu verstehen? Was ist sein Kontext? Welcher Nutzen ist für *ihn* zu erwarten? Worauf legt er Wert?
- *Beziehungsebene:* Wie stehen die Beteiligten menschlich zueinander? Gibt es Sympathie bzw. Respekt für den anderen? Wirkt der Fachexperte vertrauenswürdig? Fühlt sich sein Gesprächspartner ernst genommen und ebenbürtig behandelt?
- *Strukturebene:* Ist deutlich, in welchen professionellen Rollen die Beteiligten zusammenkommen (als Kunde/Lieferant, als Mitarbeiter/Vorgesetzter, als Repräsentant einer höheren/einer niedrigeren Hierarchiestufe, als Vertreter unterschiedlicher Organisationen oder Abteilungen etc.)? Benimmt sich der Fachexperte rollenkonform, also so, wie es professionell zu erwarten ist?

Erfolgsentscheidend für eine überzeugende Gesprächsführung sind letztlich die inneren Haltungen und die dementsprechenden Verhaltensweisen.

2.4   Überzeugendes Verhalten

Angenommen, Bert Ex verfolgt eine wichtige Aufgabe und ist dabei auf die Beiträge seines Kollegen Klaus Koll angewiesen, der allerdings überlastet ist und für Zusatzarbeiten, die Bert Ex ihm gerne übergeben möchte, (zunächst) weder Zeit noch Motivation hat. Was könnte Bert Ex tun, um die Wahrscheinlichkeit, das Klaus Koll ihm hilft, zu erhöhen? Er könnte

- auf ein *Gleichgewicht* achten *aus Plädieren* (die eigene Position klar und selbstbewusst vertreten) *und Erkunden* (sich empathisch in die Situation und Position des anderen hineindenken und hineinfühlen). Ohne auf die Position und Haltung des anderen einzugehen, kann Bert Ex kein wirkliches Gespräch führen. Er könnte dann lediglich die eigenen Gedanken als Monolog vortragen und damit zeigen, dass er sich für den anderen und dessen Überlegungen und Interessen nicht sehr interessiert. Wenn Bert Ex allerdings zu 100 Prozent empathisch ist und seinen Kollegen prima versteht, ist er in Gefahr, sein eigenes Anliegen zu vernachlässigen oder sogar zu vergessen. Er würde sich dann selbst weniger ernst nehmen als den anderen. Deshalb sollte Bert Ex gleichgewichtig sein eigenes Anliegen nachdrücklich und offensiv vertreten.

- *Blickkontakt* herstellen und halten: Wer dem anderen offen in die Augen schaut, wirkt ehrlich. Allerdings sollte Bert Ex seinen Kollegen nicht mit Blicken fixieren und dadurch unnötig zusätzlichen Druck aufbauen. Er kann seinen Blick zwischendurch etwas schweifen lassen und auch andere Punkte in seinem Gesicht anschauen.

- beim Sprechen *Bedeutung ausdrücken*: Bert Ex sollte eher langsam reden und sparsam, aber gezielt betonen, um Bedeutung auszudrücken. Er sollte weiterhin darauf achten, Wörter am Ende deutlich auszusprechen. Das verhindert u. a., dass ihm die Gedanken beim Sprechen davoneilen. Pausen sind ebenfalls wichtig. Sie helfen dem Kollegen, das Gehörte zu verstehen und einzuordnen. Außerdem können Pausen an den richtigen Stellen einen zum Inhalt passenden Spannungsbogen erzeugen. Natürlich darf Bert Ex dabei nicht übertreiben, weil solche sprecherischen Elemente, besonders wenn sie sonst nicht typisch für ihn sind, theatralisch und damit unglaubwürdig wirken können.

- *aktiv zuhören*: Bert Ex sollte konzentriert versuchen, den Kollegen zu verstehen, und dabei auch auf Gefühle bei sich und dem anderen achten – Gefühle vermitteln bekanntlich wichtige Informationen über einen selbst, den anderen und die Situation. Vielleicht spürt Bert Ex Ungeduld und aufkommenden Ärger. Dies ist womöglich eine Reaktion auf das Abwiegeln seines Gegenübers Klaus Koll, der sich vielleicht betont cool und gelangweilt zeigt und dabei zu erkennen gibt, dass ihm das Gespräch ausgesprochen lästig ist. Würde Bert Ex seinem Impuls folgen und den Nachdruck erhöhen, würde er die negativen Gefühle auf beiden Seiten anheizen.

- *nachfragen*: Bert Ex könnte Klaus Koll bitten, allgemeine Aussagen zu konkretisieren oder zu differenzieren („*Was meinst du, wenn du sagst, ich sollte zuvor meine Hausaufgaben machen?*", „*Meinst du, dass dein Chef immer sein Veto einlegen würde?*", „*Was könnte dich eventuell dazu bewegen, dir mein Anliegen zumindest einmal etwas genauer anzuschauen?*" etc.). Die Antworten könnte Bert Ex dann eventuell aufgreifen und das Gespräch produktiv fortsetzen.

- *Einwände ernst nehmen*: Wenn Bert Ex Einwände nicht gleich abwehrt, sondern sie quittiert und spiegelt („*Angekommen, ich habe verstanden, dass …*"), beweist er, dass er die Meinung und damit letztlich auch den Kollegen persönlich ernst nimmt. Dieser muss deshalb nicht mit wachsendem Nachdruck klarzumachen versuchen, warum er dem Wunsch von Bert Ex nicht folgen will oder kann. Grundsätzlich sollte Bert Ex Einwände nicht bekämpfen, sondern versuchen, sie zu relativieren (*„Ich sehe ein, was du mir gesagt hast. Gleichzeitig denke ich, dass mein Anliegen für das Unternehmen und auch für dich bedeutsam sein könnte, weil … "*) und am Ende Vor- und Nachteile zu bilanzieren (*„Wenn ich deine Vorbehalte und die Chancen, die meines Erachtens in meinem Vorschlag stecken, nebeneinander stelle, dann …"*). Bert Ex sollte berechtigte Einwände umstandslos anerkennen. Der Umgang mit Einwänden hat starke Auswirkungen auf die Beziehungsebene. Wenn Bert Ex sich bemüht, konstruktiv und fair damit umzugehen, gewinnt er an Vertrauenswürdigkeit und erhöht die Zustimmungsbereitschaft von Klaus Koll.

- gegebenenfalls auf eine *Metaebene wechseln:* Wenn sich das Gespräch verhakt, sich vielleicht im Kreis dreht oder starke Emotionen aufkommen, ohne dass sofort klar ist, woran das liegt, ist es günstig für Bert Ex, auf eine Metaebene zu wechseln und über die Kommunikation selbst zu sprechen: *„Ist unser Gespräch für dich o. k.?", „Sind wir noch auf der richtigen Spur?", „Ist dir mein Anliegen klar? Fühlst du dich von mir verstanden?"* etc.

Selbstverständlich ist es für Überzeugungsprozesse in erster Linie wichtig, in der Sache Relevantes zu sagen zu haben. Wenn das nicht der Fall ist, hilft auch die gelungenste Beziehungsgestaltung nichts. Der relevante Inhalt muss aber, um die gewünschte Wirkung zu entfalten, richtig portioniert und empfängergerecht dargereicht werden. Es kommt, mit anderen Worten, auch auf die Rhetorik bzw. die Argumentationsstruktur an.

2.5 Überzeugend argumentieren

Angenommen, Bert Ex will seinen Vorgesetzten, Hans Vormüller, davon überzeugen, dass er einen schon lange Zeit praktizierten und in der Vergangenheit auch bewährten Arbeitsprozess aufgrund veränderter Kundenanforderungen durch einen anderen ersetzen soll. Weiter angenommen, Hans Vormüller scheut Veränderungen, weil er meistens mehr und größere Schwierigkeiten und Risiken als Vorteile erwartet. Er hat bisher mit einigen improvisierten Maßnahmen versucht, den alten Prozess „zu retten".

Für Bert Ex empfiehlt es sich, nicht zu viele oder gar alle Argumente auf einmal vorzutragen. Wer gleich zu Beginn sein ganzes Pulver verschießt, riskiert, dass die Qualität seiner besten Argumente gar nicht wahrgenommen wird. Hans Vormüller wäre wahrscheinlich schon quantitativ überfordert und würde sich – bewusst oder unbewusst –

dasjenige Argument für seine Erwiderung aussuchen, dass er schon kennt und/oder welches er am besten kontern kann. Darum wird sich dann auch die anschließende Diskussion drehen. Besser ist es, wenn Bert Ex seine Argumente – jedes für sich – gezielt ins Spiel bringt und darauf achtet, dass sie jeweils von Hans Vormüller gehört, verstanden und verarbeitet werden können. Auf diese Weise lässt sich der Überzeugungsprozess leichter steuern. Kernargumente sollte Bert Ex strategisch klug platzieren, und sie sollten besonders gut überlegt sein (einleuchtende Fakten, Beispiele, Analogien, Geschichten). Außerdem hilft es, wenn er sich schon im Vorfeld auf denkbare Gegenargumente vorbereitet, um sie in geeigneter Weise beantworten zu können.

Vorbereiten sollte Bert Ex vor allem das einleitende Statement. Dessen Wirkung ist besonders von der Reihenfolge der Argumente abhängig. Das Statement eröffnet die Diskussion und prägt ihren weiteren Verlauf.

Bei der Vorbereitung des Statements, das den Vorgesetzten umstimmen soll, denkt Bert Ex gewöhnlich – so wie die meisten von uns auch – intuitiv in folgender Reihenfolge:

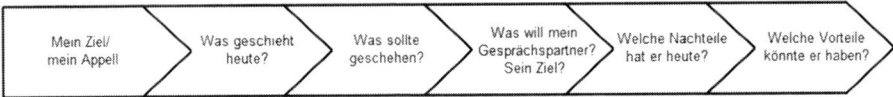

Abb. 16   Gewöhnliche Denkreihenfolge bei der Vorbereitung eines Statements

Dazu ein Beispiel:

(1)   *„Ich schlage Ihnen vor, dem Kauf einer Testversion eines neu angebotenen Softwareprogramms XYZ zuzustimmen und mich mit einem kleinen und überschaubaren Praxistest zu beauftragen. Auf diese Weise könnten wir am besten überprüfen, ob es hält, was es verspricht.“*

(2)   *„Die in der letzten Woche ergriffenen Maßnahmen zur Sicherung der Funktionsfähigkeit unserer Arbeitsprozesse benötigen durchschnittlich fünf Minuten mehr Zeit pro Durchgang als vorher, also rund eine Stunde jeden Tag, und verursachen trotzdem Fehler, wie zum Beispiel die letzte Woche mit drei Fällen gezeigt hat.“*

(3)   *„Wenn wir die Software XYZ installieren würden, könnten wir die gewohnte Effizienz und Zuverlässigkeit unserer Arbeitsprozesse weiterhin erwarten.“*

(4)   *„Wenn ich unser Gespräch am letzten Dienstag während unserer gemeinsamen Dienstreise richtig in Erinnerung habe, sind Ihnen Qualität und Zuverlässigkeit unserer abteilungsbezogenen Arbeitsprozesse besonders wichtig.“*

(5)   *„Derzeit scheint das Erreichen unserer Ziele in Gefahr zu sein. Unser Arbeitsablauf ist wegen der neuen Kundenanforderungen langsamer, unsicher und die Qualität ist nicht gewährleistet.“*

(6) „Die neu angebotene Software passt sehr gut für unsere Belange und verspricht gerade
     im Hinblick auf Stabilität und Tempo unserer Arbeitsprozesse große Vorteile. Sie
     wurde speziell für die neuen Kundenanforderungen entwickelt."

Diese Reihung entspricht *unserer* Denkbewegung. Wenn Hans Vormüller jedoch überzeugt werden soll (Bert Ex ist es ja schon), ist es günstiger, entsprechend der Intuition
seines Vorgesetzten in *dessen* Welt zu argumentieren:

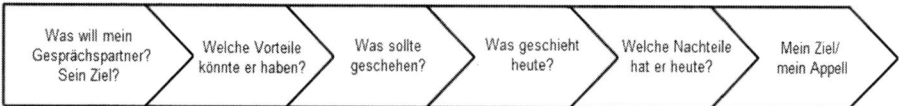

Abb. 17 Adaptierte Denkreihenfolge bei der Vorbereitung eines Statements

Auch dazu ein Beispiel:

(1) „Wenn ich unser Gespräch am letzten Dienstag während unserer gemeinsamen
     Dienstreise richtig in Erinnerung habe, sind Ihnen Qualität und Zuverlässigkeit unse-
     rer abteilungsbezogenen Arbeitsprozesse besonders wichtig."

(2) „Eine neu angebotene Software XYZ passt sehr gut für unsere Belange und verspricht
     gerade im Hinblick auf Stabilität und auch Tempo große Vorteile. Sie wurde speziell
     für die neuen Kundenanforderungen entwickelt."

(3) „Wenn wir sie installieren würden, könnten wir die gewohnte Effizienz und Zuverläs-
     sigkeit unserer Arbeitsprozesse weiterhin erwarten."

(4) „Die in der letzten Woche ergriffenen Maßnahmen zur Sicherung der Funktionsfä-
     higkeit unserer Arbeitsprozesse benötigen durchschnittlich fünf Minuten mehr Zeit
     pro Durchgang als vorher, also rund eine Stunde jeden Tag, und verursachen trotz-
     dem Fehler, wie zum Beispiel die letzte Woche mit drei Fällen gezeigt hat."

(5) „Derzeit scheinen unsere Ziele gefährdet zu sein. Unser Arbeitsablauf ist wegen der
     neuen Kundenanforderungen langsamer, unsicher und die Qualität ist nicht gewähr-
     leistet."

(6) „Ich schlage Ihnen deshalb vor, dem Kauf einer Testversion des Softwareprogramms
     XYZ zuzustimmen und mich mit einem kleinen und überschaubaren Praxistest des
     neu angebotenen Softwareprogramms zu beauftragen. Auf diese Weise könnten wir
     am besten überprüfen, ob es hält, was es verspricht. Was meinen Sie?"

Es spricht nichts dagegen, dass Bert Ex während der Gesprächsvorbereitung die Argumente so aufschreibt, wie sie ihm in den Sinn kommen. Allerdings sollte er versuchen, auf
ihre Reihenfolge im realen Gespräch zu achten. Das bedeutet, grundsätzlich mit dem Ziel
von Hans Vormüller zu beginnen und mit dem Appell, der für sein eigenes Ziel steht, zu

enden. Im umgekehrten Fall würde Hans Vormüller deutlich stärker einen Aufforderungsdruck spüren, sich möglicherweise sogar angegriffen fühlen und viel wahrscheinlicher in eine defensive, abwehrende Haltung geraten.

Die Zustimmung wird Hans Vormüller leichter fallen, wenn er an die Loyalität seines Mitarbeiters Bert Ex glaubt. In diesem Fall wird er annehmen, dass Bert Ex bei seinem Vorgehen Rücksicht auf Hans Vormüllers Ziele und Bedürfnisse nimmt und im Hinblick darauf nichts Gravierendes ohne vorherige Rücksprache mit ihm unternimmt.

2.6   Niemand tut etwas, ohne davon zu profitieren

Wenn Hans Vormüller schließlich der Einführung der neuen Software zustimmt, hat er sich für ein Tauschgeschäft entschieden, denn niemand tut etwas, wenn er nichts davon hat. Natürlich sind damit nicht nur materielle Aspekte gemeint. Sachliche ebenso wie emotionale Gründe werden ihn bewogen haben, u. a. wahrscheinlich die Annahme, dass er mithilfe der neuen Software seinen eigenen Zielen und Interessen näher kommen wird. Die Sache selbst (die zuverlässige Erledigung von Arbeitsabläufen) wird ihm wichtig sein, weil er einen professionellen Anspruch hat und sich mit seiner Abteilung bzw. der Organisation identifizieren dürfte. Vielleicht wird er auch Bert Ex zuliebe zustimmen, weil er ihn nicht enttäuschen möchte und ihm eine gute Beziehung mit Bert Ex wichtig ist.

Ähnlich wird es bei seinem Kollegen Klaus Koll sein, den Bert Ex für eine Zusatzarbeit gewinnen möchte. Vielleicht gibt hier ein ausdrückliches oder unausgesprochenes direktes Tauschgeschäft den Ausschlag (Bert Ex kommt zum Beispiel Klaus Koll bei seinem Projekt entgegen). Vielleicht kommt bei Klaus Koll (zusätzlich) das Verantwortungsgefühl gegenüber der Organisation, sein professioneller Anspruch oder seine Kollegialität hinzu.

Manchmal ist auch die Aussicht auf Anerkennung, auf persönliche Weiterentwicklung, auf größere Sicherheit oder schlicht auf mehr Spaß bei der Arbeit entscheidend. Meistens ist es ein Mix aus Beweggründen, der Menschen einlenken lässt. Sollten sich keine oder zu wenig Beweggründe für die vorgeschlagene oder erbetene Aktivität finden lassen, wird es nicht gelingen, Klaus Koll oder Hans Vormüller zu überzeugen, denn sie hätten mehr davon, nichts oder etwas anderes zu tun.

Beraten

3

Überzeugen und Beraten sind miteinander verwandte Vorgänge. Der entscheidende Unterschied besteht darin, dass es sich bei einer Beratung um eine Dienstleistung handelt und der Fachexperte inhaltlich neutral ist. Beratung heißt, jemanden dabei zu unterstützen, eine für *ihn* stimmige und umsetzbare Entscheidung zu finden, ohne die eventuell vorhandenen eigenen Präferenzen durchsetzen zu wollen. Dem Berater sind alle möglichen Optionen seines Gegenübers gleich recht. Wenn das nicht der Fall ist, weil er aufgrund seiner Expertise eine Alternative, bezogen auf die Kriterien seines Gegenübers, für besser hält, dann muss er ihn überzeugen. Oder er geht einen Konflikt ein, wenn sich die jeweiligen Bewertungskriterien unterscheiden und ihm die Durchsetzung seines Anliegens wichtig ist.

3.1 Auf einen Blick

Im Hinblick auf Fachberatung lassen sich zwei Zugänge unterscheiden. Einmal geht es um die Vermittlung von Informationen, zum anderen um Empfehlungen oder Verschreibungen aufgrund einer zuvor angestellten Diagnose. Damit Fachberatung funktioniert, müssen einige nicht selbstverständliche Voraussetzungen erfüllt sein, zum Beispiel, dass der zu Beratende weiß, was er will und benötigt und dass der Berater das Richtige in einer geeigneten Weise vermitteln bzw. liefern kann. Grundsätzlich ist Fachberatung sinnvoll und notwendig, wenn in einer überschaubaren Situation das Problem klar und eindeutig bestimmt ist und eine Aussicht auf eine eindeutige Lösung besteht. Wenn die Situation jedoch komplex und mehrdeutig ist, gibt es meist die eine, einfache und eindeutige Antwort nicht. Erforderlich ist in diesem Fall das Umschalten auf Prozessberatung, womit ein gemeinsamer Suchprozess gemeint ist, der sich vor allem auf ein adäquates Situations-, Problem- und Zielverständnis richtet. Prozessberatung trägt der Tatsache Rechnung, dass weder der Beratungssuchende noch der Fachexperte im konkreten Fall weiß, wie die Dinge, um die es geht, genau aussehen und wie sie zusammenhängen. Insofern könnte man auch sagen, dass Prozessberatung die gemeinsame Konstruktion von Wirklichkeit bedeutet, indem man sich auf eine gemeinsame Sichtweise verständigt. Die Beteiligten sind dabei ebenbürtig, wobei der Beratungssuchende „ortskundig" ist, während der Prozessberater methodisches Know-how einbringt, insbesondere Fragetechniken sowie respektvolle Neugierde. Fachwissen kann ihm helfen, die richtigen Fragen zu stellen. Zu viel Fachwissen kann jedoch auch dazu führen, dass er voreingenommen wird und sich seiner blinden Flecken nicht bewusst ist. Fachberatung bringt außerdem ein Kränkungspotenzial mit sich, weil der eine etwas weiß, was der andere nicht weiß, aber braucht. Die Beziehungsgefährdung wird deutlich, wenn der Fachberater zu schulmeistern beginnt. In der Praxis wechseln sich Fach- und Prozessberatung im Gespräch häufig ab. Wichtig für den Fachexperten ist es zu wissen, in welchem Modus er sich jeweils gerade befindet.

3.2   Fachberatung und Prozessberatung

Grundsätzlich lassen sich zwei Beratungsarten unterscheiden: Fachberatung und Prozessberatung. Bei Fachberatung geht es um die Vermittlung von Informationen einerseits („Folgende Kostenarten lassen sich steuerlich absetzen: …" oder: „Eine Balanced Scorecard ist …") und um Empfehlungen, die eine vorherige Analyse voraussetzen, andererseits („Das Problem ist …, Sie sollten deshalb … tun"). Prozessberatung geht davon aus, dass weder der Berater noch der zu Beratende die Situation voll durchschaut und die infrage kommenden Lösungsmöglichkeiten bereits kennt. Deshalb handelt es sich um einen gemeinsamen Suchprozess.

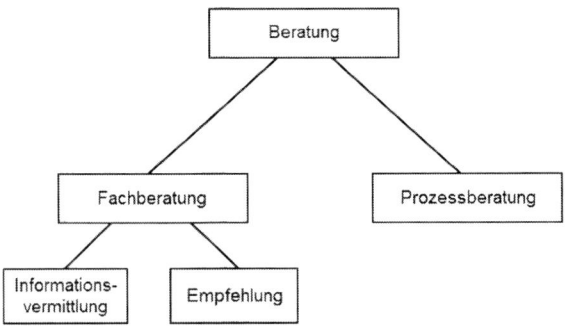

Abb. 18   Beratungsarten

Jede Form der Beratung benötigt als Arbeitsgrundlage einen zumindest stillschweigenden Kontrakt. Wenn Bert Ex damit beginnt, einen anderen unaufgefordert zu beraten, löst er meistens keine freundliche, sondern eher eine unwillige, vielleicht sogar aggressive Reaktion aus, weil er dem anderen Beratungsbedarf (Bedürftigkeit) unterstellt und sich gleichzeitig selbst in die komplementäre, d. h. erhabene Position begibt. Die beidseitige Verabredung für eine Beratungssequenz ist normalerweise nicht auf einen einzigen Zeitpunkt vor Beginn der Arbeit beschränkt, sondern braucht während des gesamten Prozesses immer wieder eine Bestätigung oder auch eine Modifikation.

Fachberatung ist sinnvoll und notwendig, wenn das Problem klar und eindeutig bestimmt ist und es dafür eine klare und eindeutige Lösung gibt. Wenn diese Lösung in der Organisation oder beim einzelnen Manager nicht bekannt ist, dann ist es sehr hilfreich, wenn sie ein interner oder externer Fachexperte beisteuern kann. Bei einer Fachberatung fehlen dem zu Beratenden Wissensressourcen oder Zeit.

Damit Fachberatung im Sinne einer *Informationsvermittlung* funktioniert, müssen einige Voraussetzungen erfüllt sein: Der zu Beratende, zum Beispiel Hans Vormüller, weiß, was er wissen will. Dafür muss er zumindest Kontextwissen besitzen. Hans Vormüller kann dies sinngemäß mitteilen. Bert Ex versteht ihn richtig, er kann die gewünschten Informationen beschaffen und sie dann seinerseits unmissverständlich weitergeben. Schließlich kann Hans Vormüller mit den Informationen das anfangen, was er damit anfangen will. In der Praxis sind einige der genannten Voraussetzungen oft nicht erfüllt. Zum Beispiel weiß der zu Beratende oft selbst nicht so genau, was er will. Sein wirkliches Anliegen schält sich erst im Laufe des Gesprächs heraus – wenn überhaupt. Genauso häufig kommt es vor, dass der Berater nur teilweise versteht, was sein Gegenüber meint und wofür er die Information benötigt.

Bei einer Fachberatung, die in eine *Empfehlung* mündet, müsste Bert Ex zusätzlich imstande sein, für seine Analyse an alle notwendigen Informationen auch aus der Welt von Hans Vormüller heranzukommen und sie richtig zu interpretieren, und er müsste Empfehlungen aussprechen können, die in die Welt von Hans Vormüller passen. Sehr wahrscheinlich ist das in vielen Fällen nicht. Vielleicht verabreicht er ihm in bester Absicht eine „Dusche" an Informationen, die alle sein Spezialgebiet betreffen, auf dem er sich besonders gut auskennt, die aber mit der eigentlichen Fragestellung von Hans Vormüller kaum etwas zu tun haben. Bert Ex überlässt es dann seinem Chef, das Gehörte nach dessen eigenen Kriterien zu strukturieren und das für ihn Relevante herauszufiltern. Damit ist dieser schnell überfordert, ihm kann so nicht geholfen werden.

Angesichts der Vielzahl an Voraussetzungen ist es nicht verwunderlich, dass Beratung oft in schlechtem Ruf steht und die Umsetzungsrate von Empfehlungen häufig gering ist. Ein zusätzlicher Grund könnten Schwierigkeiten auf der Beziehungsebene sein.

Jede Fachberatung bringt eine beziehungsgefährdende Asymmetrie mit sich. Der Beratende weiß etwas, was der Beratungssuchende nicht weiß, aber braucht. Hans Vormüller ist vorübergehend von Bert Ex abhängig (vergleiche die Überlegungen zu den drei Kommunikationsebenen in Abschnitt 1.2). Wenn Bert Ex Empfehlungen ausspricht, begibt er sich sogar in eine noch stärkere Position, als wenn er nur Informationen weitergibt, weil er sich in dem Fall für Diagnose und Therapie zuständig erklärt. Das Kränkungspotenzial ist noch größer.

Natürlich muss Fachberatung nicht zwangsläufig zu Kränkungen führen. Wenn Hans Vormüller keinen Wert darauf legt, sich im fraglichen Thema auszukennen, ist der Prozess normalerweise unproblematisch. Wenn Hans Vormüller sich aber selbst als Fachmann sieht, kann er die Fachberatung als Kränkung empfinden. Vielleicht fühlt er sich durch seine hierarchische Überlegenheit wieder im Lot, vielleicht aber auch nicht. Möglicherweise hat Bert Ex sogar dazu beigetragen, indem er zum Beispiel sein Gegenüber geschulmeistert hat, ironisch geworden ist, oder vielleicht, indem er über weite Strecken des Gesprächs den Blickkontakt vermieden und dadurch den Anschein von Arroganz vermittelt hat. Gleichgültig, woran es liegt: Wenn Bert Ex als Reaktion auf die (scheinbar sachlich begründeten) Zweifel gebetsmühlenhaft seine Argumente immer wieder von Neuem vorträgt, wird das Verhältnis schlechter statt besser, weil er sich auf der falschen Ebene befindet (vergleiche auch die Ausführungen zu den Themen Durchführung der Präsentation in Teil III, Abschnitt 1.3.3 und Aussprechen von Empfehlungen in Abschnitt 1.3.4). Er gerät unter Rechtfertigungsdruck. Günstiger ist es für Bert Ex, offen für Fragen und knapp mit seinen Ausführungen zu sein und dabei deutlich zu machen, dass er selbst von dem überzeugt ist, wozu er rät, und zwar im Hinblick auf das, worauf es Hans Vormüller ankommt, und dass er ansonsten respektieren wird, was Hans Vormüller damit anfängt. Mit solchen Aussagen bewegt er sich adäquat auch auf der Beziehungsebene, auf der in diesem Beispiel das Problem liegt.

Fachberatung ist, wie gesagt, grundsätzlich dann sinnvoll, wenn einfache Ursache-Wirkungs-Zusammenhänge vorliegen. Wenn die Situation jedoch komplex und mehrdeutig ist, ist es notwendig, (zunächst) auf Prozessberatung „umzuschalten".

Prozessberatung ist nach Edgar Schein (2000) „der Aufbau einer Beziehung mit dem Klienten, die es diesem erlaubt, die in seinem internen und externen Umfeld auftretenden Ereignisse wahrzunehmen, zu verstehen und darauf zu reagieren, um die Situation, so wie sie definiert ist, zu verbessern".

Während in der Fachberatung das Problem durch externe Wissensressourcen behoben wird, ist es Ziel der Prozessberatung, durch die Aktivierung interner Wissensressourcen gegenwärtige und zukünftige Probleme durch den Betroffenen selbst und besser als bisher zu lösen. Es handelt sich dabei um einen gemeinsamen Suchprozess, der sich zunächst auf ein adäquates Situations-, Problem- und Zielverständnis richtet und erst danach die Frage nach den passenden Maßnahmen stellt. Metaphorisch ausgedrückt, geht Bert Ex als Prozessberater „im Kopf des zu Beratenden spazieren". Er anerkennt selbstverständlich, dass der andere ortskundig ist und nicht er, Bert Ex, aber er schaut sich neugierig die innere Landkarte des anderen an, stellt Verständnisfragen und kommentiert gelegentlich, was ihm bei der Betrachtung auffällt. Mit anderen Worten: Bei einer Prozessberatung sind die Beteiligten ebenbürtig, es gibt kein oben und unten. Der zu Beratende verfügt über die notwendigen Informationen und auch das Wissen, um die richtigen Entscheidungen zu treffen. Er kann Bert Ex als Klärungshelfer aber gut gebrauchen.

Die meisten Beratungsthemen, die Gegenstand einer Prozessberatung sind, haben auch mit Menschen zu tun, die in irgendeiner Weise involviert sind. Vor allem soziale Situationen beinhalten aber immer mehr Informationen, als wahrnehmbar oder auch ermittelbar sind, und alle Wirklichkeitsvorstellungen, gleichgültig von wem sie stammen, sind deshalb Vereinfachungen der Realität. Entsprechend sind auch Probleme nicht naturgegeben, sondern werden von Menschen definiert. So gesehen, dient Prozessberatung der gemeinsamen Konstruktion von Wirklichkeit. Dabei kann und soll Bert Ex seine Erfahrung durchaus einbringen, wenn auch immer mit dem Bewusstsein, dass er keine letzten Wahrheiten besitzt und sein Wissen in neuem Kontext falsch sein kann. In der Praxis wird sich Prozessberatung abwechseln mit Fachberatung, zum Beispiel wenn nach gründlicher Exploration gemeinsam eine *in der Welt des anderen* relevante Frage auftaucht und von Bert Ex eindeutig beantwortet werden kann. Antworten ziehen meistens neue Fragen nach sich, und deren Bearbeitung wird häufig wieder eine Rückbewegung in den Prozessberatungsmodus verlangen. Die Mehrzahl der Antworten, zum Beispiel wie etwas zu verstehen ist und welche Konsequenzen daraus zu ziehen sind, wird wieder nicht eindeutig sein. Dort, wo das doch der Fall ist, ist Fachberatung gefragt, wo nicht, könnte vielleicht eine relevante Erfahrung von Bert Ex als Grundlage für weitere Überlegungen dienen.

Als Prozessberater sollte Bert Ex während des Gesprächs einen roten Faden entwickeln und verfolgen. Vorhandenes Fachwissen kann helfen, die richtigen Fragen zu stellen und Informationen richtig einzuordnen. Fehlendes Fachwissen muss jedoch kein Problem sein. Nicht-Wissende können unter Umständen eine „naive" und damit neue Perspektive ins Spiel bringen, mit der Chance, festgefahrenen Denkmustern zu entkommen und ganz neue Deutungsmöglichkeiten und Handlungsideen zu erkennen. Zu großes Fachwissen kann sogar schädlich sein, weil es zu Voreingenommenheit führen und blinde Flecken verursachen kann. In diesem Fall können typische Fehler auftreten, die zum Ärgernis für denjenigen werden können, der beraten werden möchte. Wer allzu sehr an seinen eigenen Wirklichkeitsvorstellungen festhält, meint oft, besser als der andere zu wissen, was dieser will, denkt oder fühlt. Er redet mehr als der andere, weil er glaubt, Bescheid zu wissen. Er hört nicht zu und wechselt möglicherweise unvermittelt das Thema. Eventuell macht er sogar Druck durch Nachbohren oder subtile Vorwürfe, wenn bei dem Ratsuchenden Widerstand oder Irritationen auftauchen. Außerdem stellt er falsche oder schlechte Fragen, wenn er glaubt, schon zu wissen, wie die Dinge bestellt sind. Vermeiden lassen sich solche unangenehmen Verhaltensweisen am besten durch zur Situation passende innere Einstellungen. Dazu gehören vor allem eine wertschätzende Neugierde, ein echtes Interesse für den anderen und die Erkenntnis, dass man über die Welt *des anderen* nichts weiß. Man könnte auch sagen, es bedarf einer unvoreingenommenen und freundlichen Fragehaltung. Um Fragen als das wichtigste Mittel in Beratungsprozessen geht es im folgenden Kapitel.

Fragen

4

Mit Fragen lassen sich nicht nur Informationen gewinnen, sie sind auch eine Grundlage für gemeinsames Denken, Lernen und Handeln. Fragen stehen im Mittelpunkt insbesondere von Prozessberatung, aber auch Fachberatung erfordert die Beherrschung von Fragetechniken und eine dementsprechende Haltung der respektvollen Neugierde und der grundsätzlichen Ergebnisoffenheit.

4.1 Auf einen Blick

Die meisten Menschen sind im Sagen weitaus geübter als im Fragen. Während Ersteres häufig nicht mehr als das Wiedergeben, man könnte auch sagen „Downloaden" bekannter Meinungen und Vorstellungen beinhaltet, können Fragen einen gemeinschaftlichen und produktiven Prozess einleiten und Neues hervorbringen. Dafür müssen sie aber zum gemeinsamen Ziel und zur Situation passen, denn sonst können sie Schaden anrichten. Der potenziellen Wirkkraft guter Fragen steht eine potenzielle Beziehungsbelastung gegenüber. Haltung ist deshalb erneut grundsätzlich wichtiger als Fragetechnik. Missverständliche Formulierungen sind kein Problem, wenn die positive, wertschätzende Haltung des Fragenden spürbar ist. Umgekehrt kann der Betreffende so gut fragen, wie er will, wenn dem Gefragten seine ablehnende, misstrauische oder gleichgültige Haltung auffällt. Fragetechniken beinhalten die situativ passende Verwendung bestimmter Fragetypen. Dazu gehören zum Beispiel offene und geschlossene Fragen. Von besonderer Bedeutung sind systemische Fragen, die im Zusammenhang mit systemischer Therapie und Beratung entwickelt wurden. Sie eigenen sich besonders gut zur Exploration von Erfahrungen, Absichten oder Wirklichkeitsvorstellungen.

4.2   Fragetechniken und Haltungen

Fragen sind, wie gesagt, das wichtigste Mittel in Beratungsprozessen. Wenn Bert Ex im Rahmen einer Fachberatung vermeiden möchte, den anderen auf Verdacht mit Informationen zuzuschütten, die dieser gar nicht alle gebrauchen und schon gar nicht verarbeiten kann, muss er zunächst mit Fragen den Bereich herausarbeiten, um den es dem anderen gerade geht. Wie im vorherigen Kapitel festgestellt, ist es keineswegs selbstverständlich, dass der Ratsuchende von Anfang an genau weiß, was er wissen möchte und was er zur Lösung seines Problems wissen muss.

Fachberatung ist stärker durch das Sagen gekennzeichnet. Hierin sind die meisten Menschen gut geübt. Im Zentrum der Prozessberatung steht dagegen das Fragen. Mit Fragen können Annahmen, Denkgewohnheiten und festgefahrene Meinungen sichtbar und in Bewegung gebracht werden. Gutes Fragen ermöglicht gemeinsames Denken und gemeinsames Entwickeln von neuen Vorstellungen, während Sagen ganz häufig nur das Wiedergeben von bekannten Sichtweisen und Glaubenssätzen ist. Fragen können neue Impulse ins Spiel bringen, den Gesprächsfluss aufrechterhalten, die Richtung festlegen und einen Fokus setzen. Fragen funktionieren jedoch nur dann, wenn sie zur Situation passen, wenn die Beziehung trägt und die innere Einstellung passt. Für die Antwort sollte sich Bert Ex deshalb tatsächlich interessieren, gleichgültig, wie sie ausfällt. Sonst kann er beim nächsten Mal so „richtig" fragen, wie er will. Die wichtigsten Voraussetzungen für gutes Fragen sind ein ernsthaftes Interesse an der Sache, ein positives Interesse am Gegenüber sowie die Bereitschaft, sich immer wieder von neuen Vorstellungen und Denkmöglichkeiten überraschen zu lassen.

Die innere Haltung des Fragenden ist grundsätzlich wichtiger als seine Fragetechnik. Haltungen bestimmen ganz wesentlich, was Bert Ex wahrnimmt, wie er das Wahrgenommene versteht und wie er darauf reagiert (vergleiche die Abschnitte 2.7 und 2.8 in Teil II). Haltungen bestimmen auch, wie Bert Ex zu dem anderen steht und welche Wörter und Sätze er während des Gesprächs wählt bzw. welche ihm dabei „zufällig" einfallen. Der Gesprächspartner spürt seine Haltung. Ist sie wertschätzend, wird wahrscheinlich auch er wertschätzend reagieren und zum Beispiel missverständliche Fragen viel wahrscheinlicher so verstehen, wie sie gemeint sind.

Fragetechniken beziehen sich in der Regel auf die situativ angepasste und zielorientierte Verwendung unterschiedlicher Fragetypen. Im nächsten Abschnitt werden die wichtigsten kurz vorgestellt.

4.3   Fragetypen

Bert Ex sollte möglichst einfache Fragen stellen und den Grund dafür nennen, damit das Gespräch nicht den Charakter eines Verhörs annimmt. Außerdem sollte er immer nur eine und nicht mehrere Fragen auf einmal stellen. Die *„klassischen" Fragetypen* sind die folgenden:

- *Geschlossene Fragen:* Auf geschlossene Fragen antwortet der Partner normalerweise mit „ja" oder „nein" oder mit einer knappen Information. Zur Eröffnung eines Dialogs oder zur Belebung des Gesprächsflusses sind sie nicht geeignet, zur Festlegung von Verabredungen oder Entscheidungen dagegen schon. Sie sind zweckmäßig, wenn Sie einen Sachverhalt klären möchten, zum Beispiel: „Habe ich Sie an dieser Stelle richtig verstanden?" oder „Haben wir noch mehr zu besprechen?". Sie werden auch dann eingesetzt, wenn man bestimmte Themen, Themenabschnitte oder das Gespräch insgesamt zum Abschluss bringen möchte, zum Beispiel: „Sind Sie so damit einverstanden?" oder „Können wir so verbleiben?" Geschlossene Fragen können Druck machen, weshalb sie auch gerne von Staatsanwälten oder von Strafverteidigern vor Gericht verwendet werden („Geben Sie endlich zu, dass Sie …").

- *Offene Fragen:* Auf offene Fragen kann der Gesprächspartner nicht nur mit „ja" oder „nein" antworten, sondern er wird aufgefordert, ausführlicher zu werden. Während geschlossene Fragen häufig mit einem (Hilfs-)Verb beginnen („Hast Du die Karten schon besorgt?"), stehen bei offenen Fragen die Fragewörter was, wessen, welche, wann, wie, wie viel, wodurch, womit, wohin, inwieweit etc. typischerweise am Satzanfang. Vorsicht ist bei dem Wort „warum" geboten: Es erinnert manche Menschen an ungute Situationen, die sie früher einmal als negativ wahrgenommen haben („Warum hast du schon wieder dein Zimmer nicht aufgeräumt?"). Warum-Fragen verführen zu Rechtfertigungen und lassen viele Menschen verstimmt oder dickköpfig reagieren.

  Offene Fragen eignen sich gut für die Gesprächseröffnung. Sie geben dem Gesprächspartner viel Raum, um seine Erfahrungen, Überlegungen und Ideen auszuführen. Dadurch kann sein Denken – zusammen mit seinen damit verbundenen Gefühlen und Bewertungen – erkennbar werden, wodurch sich wiederum viele Anknüpfungspunkte für die Fortsetzung des Dialogs ergeben.

- *Informationsfragen:* Sie sollten kurz sein und nicht sehr häufig vorkommen, sonst kann das Gespräch wie ein Verhör empfunden werden. Sie dienen dazu, eine bestimmte Information zu erhalten. Beispiele dafür: „Wie meinen Sie das?" „Worauf beziehen Sie das?" oder „Was verstehen Sie unter …?" Sie unterbrechen möglicherweise den Redefluss, dienen aber dem besseren Verständnis – zunächst dem des Zuhörers, indirekt auch des Sprechers. Informationsfragen können positiv auf die Beziehung wirken, weil sie Interesse signalisieren und ausdrücken, dass das Gesagte und damit der andere ernst genommen wird.

- *Bestätigungsfragen:* Sie sorgen für mehr Sicherheit im Gespräch, weil sie klären helfen, ob man richtig verstanden worden ist bzw. ob beide Seiten dasselbe Verständnis von einem bestimmten Thema haben. Beispiele dazu: „Bin ich soweit verständlich geblieben?", „Stimmen Sie meinen Überlegungen zu, dass …?" oder: „Sind wir uns in der Hinsicht einig, dass …?" Bestätigungsfragen können Gesprächsabschnitte abschließen und dadurch für mehr Klarheit und Struktur sorgen. Sie können aber unter Umständen, wenn es um die Bestätigung einer Zusage oder eines Einverständnisses geht, zu früh gestellt werden. In dem Fall wird der Gesprächspartner Druck spüren, der kontraproduktiv sein kann.

- *Indirekte Fragen:* Durch sie wird versucht, eine gewünschte Information über einen Umweg zu gewinnen. Beispiele dafür: „Treffe ich Sie morgen in Frankfurt?" (eigentlich gemeint: „Werden Sie unterwegs sein?") oder: „Werden Sie in diesem Jahr investieren?" (eigentlich gemeint: „Wie sehen Ihre Ertragsaussichten aus?"). Die Antworten auf indirekte Fragen müssen die gewünschte Information nicht unbedingt enthalten. Außerdem können indirekte Fragen, wenn ihr Ziel erkannt wird, als manipulativ empfunden werden. Vorsichtig und sparsam eingesetzt können sie aber auch diplomatisch wirken, wenn dem Gesprächspartner die ehrliche Beantwortung einer direkten Frage ansonsten peinlich wäre.

- *Alternativfragen:* Sie können Gesprächsabschnitte abschließen, in denen unproduktiv immer wieder von einer Möglichkeit zur anderen gesprungen wird. Wenn mit einer positiven, wertschätzenden Haltung alternativ gefragt wird, kann das helfen, zu fokussieren und zu strukturieren („Unter dem Strich: Neigen Sie nach den letzten Überlegungen eher zu Option A oder zu Option B?"). Alternativfragen können aber auch manipulativ wirken, weil von an sich vielen möglichen nur zum Beispiel zwei ganz bestimmte Optionen zur Wahl gestellt werden. Das erleichtert zwar die Auswahl, schließt aber andere Möglichkeiten aus. Beispiele dafür: „Tun wir als nächstes dies oder das?" oder: „Wünschen Sie zum Nachtisch Eis oder nur einen Kaffee?"

- *Suggestivfragen:* Sie können, wenn dahinter eine positive, wertschätzende Haltung erkennbar ist, durch Zuspitzungen oder kleine Provokationen festgefahrene Gespräche wieder in Gang bringen („Würden Sie eigentlich auch mit Schlips und Anzug in eine Sauna gehen?"). Suggestivfragen wirken aber häufig manipulativ und belasten die Beziehung, weil sie dem anderen die eigenen Ideen, Sichtweisen oder Meinungen suggerieren, Dinge unterstellen oder dem Befragten Antworten in den Mund legen. Beispiele dafür: „Sie möchten doch sicherlich auch …?" oder: „Finden Sie im Ernst, dass …?"

- *Rhetorische Fragen:* Sie bedürfen keiner Antwort, weil sie gar nicht als Frage gemeint sind. Häufig beantwortet der Fragende sie durch seinen Tonfall selbst. Beispiele dafür: „Was halten Sie von einer Pause?", „Wollen Sie sich etwa umbringen?" oder: „Was denken Sie, was wir in unserem Unternehmen produzieren?" Rhetorische Fragen können Gesprächspassagen würzen, sie können aber auch unnötig provozieren und das Gespräch belasten.

Je nach Situation wirken bestimmte Fragen gut oder auch schlecht. Einige Fragen eignen sich kaum für einen partnerschaftlichen Diskurs. Jedoch ist bekanntlich die Haltung hinter den Fragen viel wichtiger als deren Formulierung. Und eigentlich „verbotene" Fragen können, wenn sie mit einem Augenblinzeln und einem freundlichen Lächeln verbunden sind, zu einem entscheidenden Impuls im Gespräch werden.

Wenn es um die systematische Exploration von Erfahrungen, Absichten und Wirklichkeitsvorstellungen des Gesprächspartners geht, eigenen sich die sogenannten systemischen Fragen besonders gut. Sie wurden im Zusammenhang mit systemischer Beratung und Therapie entwickelt, sind aber auch in vielen Alltagssituationen tauglich. Manche von ihnen findet man in Alltagsgesprächen häufiger, andere dagegen selten. *Systemische Fragen* sind besonders wirkmächtig, was bedeutet, dass bei ihrer Verwendung eine wohlwollende, partnerschaftliche Haltung auf der Beziehungsebene notwendig ist. Im Folgenden werden die bekanntesten systemischen Fragetypen kurz vorgestellt.

- *Meinungs- oder Einschätzungsfragen:* Sie zeigen, dass sich der Fragende für die subjektiven Sichtweisen des anderen, für seine Meinungen, Bewertungen und Einschätzungen im Hinblick auf Ursachen, Bedingungen, Entwicklungen etc. interessiert. Es geht nicht um Wahrheiten an sich, sondern immer um das, was der Gefragte aus seiner Perspektive für wahr oder relevant hält. Beispiele dafür:
  - „Was ist Ihrer Meinung nach das Hauptproblem?"
  - „Worauf wird es vor allem ankommen?"
  - „Welche Stellhebel sehen Sie?"
  - „Weshalb, meinen Sie, ist bisher noch nichts geschehen?"

- *Operationalisierungsfragen:* Sie gehen der Frage nach, woran genau behauptete oder infrage stehende Sachverhalte festgemacht werden können. Damit dienen sie der Konkretisierung und erleichtern das gegenseitige Verstehen. Gleichzeitig können sie dem Befragten helfen, die Tragfähigkeit seiner Argumente zu überprüfen. Häufig stehen auch hinter sehr festen Meinungen eher Glaubensbekenntnisse als überprüfbare, valide Tatsachen. Genau deshalb können Operationalisierungsfragen für den Befragten auch unangenehm werden. Beispiele dafür:
  - „Woran erkennen Sie, dass es schlecht funktioniert?"
  - „Schön? Was genau finden Sie schön?"
  - „Was macht Klaus Koll denn, wenn Sie finden, er verhalte sich unkollegial?"
  - „Anhand welcher Indikatoren machen Sie fest, dass es der Wettbewerber XYZ bei diesem Kunden leichter hat?"

- *Differenzierungsfragen:* Sie vermögen das einfache Denken in Schwarz-Weiß-Kategorien zu verändern. Besonders in Konfliktsituationen, aber auch gelegentlich im normalen Alltag neigt man zu Polarisierungen. Dinge sind dann nur noch gut oder schlecht, richtig oder falsch, machbar oder völlig unmöglich etc. Differenzierungen können gut mithilfe von Prozentwerten, Skalenwerten oder Klassifizierungen ausgedrückt werden. Wenn erst einmal sichtbar geworden ist, dass es auch Grautöne gibt, fällt es oft leichter, das Gespräch konstruktiv fortzusetzen, zum Beispiel mit der Frage, was der Unterschied zwischen dem angegebenen Skalenwert 3 und einem möglichen Skalenwert 1 ist. Beispiele dafür:
    - „Wie groß ist derzeit die Performance in der Abteilung, ausgedrückt auf einer Skala zwischen 0 (gar keine Performance) und 10 (höchstmögliche Performance)?"
    - „Was glauben Sie: Zu wie viel Prozent erfüllt die Abteilung derzeit die Erwartungen des Kunden?"
    - „Handelt es sich um einen A-Kunden, einen B-Kunden oder um einen C-Kunden?"
    - „Ist die normale Leistung dieses Mitarbeiters überdurchschnittlich, durchschnittlich oder unterdurchschnittlich?"

- *Fragen zu Lösungsversuchen:* Sie dienen dem Zweck herauszufinden, was in Bezug auf das Problem aktuell oder früher schon getan worden ist und mit welchem Erfolg. Dahinter steckt die Idee der „Best Practices" bzw. der „Lessons Learned". Gut gefragt, können u. a. Lösungsansätze und Ressourcen deutlicher werden. Beispiele dafür:
    - „Was haben Sie bisher schon ausprobiert?"
    - „Zu welchem Ergebnis hat das geführt?"
    - „Wie hat Hans Vormüller das damals gemacht?"
    - „Was ist Ihrer Meinung nach dafür ausschlaggebend gewesen, dass A funktioniert hat, B dagegen nicht?"

- *Zirkuläre oder Umwegfragen:* Sie erfragen persönliche Einschätzungen, wie der infrage stehende Sachverhalt wohl aus einer anderen Perspektive gesehen wird. Wir alle sind es gewohnt, in unserer eigenen Logik zu denken, und halten es intuitiv vielleicht sogar für die einzige Möglichkeit, die infrage stehende Angelegenheit zu betrachten. Tatsächlich aber stellt sich oft heraus, dass sich die eine Situation aus unterschiedlichen Perspektiven völlig unterschiedlich darstellt. Das zu erkennen und ins Kalkül zu nehmen, kann helfen, schwierige Situationen ganzheitlich zu verstehen und sich angemessen zu verhalten. Beispiele dafür:
    - „Was denken Sie, was der Vorstand dazu meint?"
    - „Wie würde der Kunde das wohl kommentieren?"
    - „Was glauben Sie, denkt der Kunde über die Zusammenarbeit zwischen Ihrem Vertriebsinnen- und -außendienst?"

– „Wenn wir die Kollegen im Projektteam fragen würden, was diese davon halten:
   Was glauben Sie, würden sie sagen?"

- *Hypothetische Fragen:* Sie helfen, sich bestimmte Handlungsalternativen oder unterschiedliche Szenarien vorzustellen. Damit können sie Möglichkeitsräume ausleuchten,
was besonders dann günstig ist, wenn schwierige Entscheidungen in kniffligen Situationen getroffen werden müssen. Beispiele dafür:

– „Angenommen, Sie würden sich für meinen Vorschlag entscheiden, was wäre dann
   anders? Was würde es für wen bedeuten? Mit welchen Reaktionen wäre zu rechnen?"
– „Stell dir vor, du würdest mich bei diesem Projekt stärker unterstützen. Welche
   Auswirkungen hätte das für dich?"

Ein bekanntes Beispiel für eine hypothetische Frage ist die Wunderfrage. Sie fragt
nach positiven Zuständen und kann visionäre Vorstellungen des Gesprächspartners
deutlich werden lassen, ohne dass zugleich an die einengenden Bedingungen ihrer Realisierung gedacht wird. Beispiele dafür:

– „Was würden Sie sich wünschen, wenn Sie einen konkreten Wunsch in Bezug auf
   Ihre Abteilung frei hätten?"
– „Angenommen, Sie hätten alle erdenklichen Möglichkeiten und Freiheiten. Was
   würden Sie anstreben und wie würde Ihre Abteilung in fünf Jahren aussehen?"

Eine interessante Variante dazu ist die sogenannte Verschlechterungsfrage. Sie macht
deutlich, was nach Meinung des Gefragten geschehen müsste, damit etwas schlimmer,
schlechter, noch desaströser etc. wird. Die Frage wirkt befremdlich, die Antworten darauf können aber Ansatzpunkte oder Stellschrauben für Veränderungen zeigen. Was
sich negativ verändern lässt, lässt sich auf verwandte Weise oft auch positiv verändern. Und manch einem, der in schlechter Stimmung ist, fällt es viel leichter, auch in
Szenarien negativ zu denken. Beispiele dafür:

– „Auf welche Weise könnten Sie die Situation noch weiter verschlechtern? Was
   müssten Sie tun, um den Karren an die Wand zu fahren?"
– „Was müsste geschehen, damit Ihre Kunden endgültig das Vertrauen in Ihre Leistungsfähigkeit verlieren?"
– „Wie könnte ich es schaffen, deine Unterstützung für das Projekt mit Sicherheit zu
   verlieren?"

Wenn Bert Ex fragt, möchte er in der Regel explorieren und nicht provozieren. Dennoch
kann er damit – gewollt oder ungewollt – in einen Konflikt geraten. Dieser ist dann mitunter fruchtlos und kraftraubend, in anderen Fällen kann er aber Bewegung und Fortschritt auslösen.

Um den konstruktiven Umgang mit Konflikten geht es im nächsten Kapitel.

Konflikte handhaben

5

Die Kernaufgabe des Fachexperten besteht darin, Wissensbeiträge in die Organisation einzuspeisen. Das geschieht gewöhnlich auf dem Weg der Beratung bzw. der Überzeugung von Entscheidern. Konflikte gehören jedoch ebenfalls zum Alltag von Bert Ex und seinen Berufskollegen. Streit gibt es vor allem mit Kollegen, sei es in Teams (siehe Kapitel 6, in diesem Teil) oder im Rahmen der Erledigung von Regelaufgaben. Zusätzlich kann es zu Konflikten mit Führungskräften kommen.

5.1   Auf einen Blick

Konflikte resultieren aus unterschiedlichen und nicht miteinander zu vereinbarenden Interessen, Bedürfnissen, Sichtweisen, Meinungen oder Handlungsabsichten bei gleichzeitig bestehender wechselseitiger Abhängigkeit. Die Konfliktparteien brauchen einander, aber sie wollen in verschiedene Richtungen gehen. Wenn beiden der Konfliktgegenstand wichtig ist und sich jeder durchsetzen will, geraten sie in eine Stresssituation. Damit beginnt die typische Konfliktdynamik, ein emotionales Aufschaukeln, das mehr und mehr die Blicke der Beteiligten eintrübt, sofern keine deeskalierenden Impulse ins Spiel kommen.

Wenn es Bert Ex oder anderen Fachexperten gelingt, andere zu überzeugen, endet der anfänglich bestehende Konflikt mit einem Konsens oder einem tragfähigen Kompromiss. Wenn sich ein Entscheider nicht überzeugen lässt und bei seiner eigenen Betrachtungsweise bleibt, muss Bert Ex qua Rolle nachgeben und die Entscheidung akzeptieren. Damit ist der Konflikt auch gelöst. Wenn es aber nicht um eine geschäftsmäßige Entscheidung des Vorgesetzten oder anderer Führungskräfte geht oder es sich bei dem Konfliktgegner um einen Kollegen bzw. Mitarbeiter handelt, bleiben dem Fachexperten weitere Optionen.

Grundsätzlich lassen sich folgende Konfliktlösungsformen unterscheiden:

1. Delegation
2. Vermeidung/Ignoranz
3. Nachgeben

4. Durchsetzen
5. Kompromiss
6. Konsens

Keine der genannten Konfliktlösungsformen ist an sich den anderen überlegen. Sie unterscheiden sich im Hinblick auf den jeweils notwendigen emotionalen und unter Umständen auch zeitlichen Aufwand (hier liegen die Varianten 1, 2 und 3 klar vorne), Stabilität (hier sind die Varianten 5 und 6 deutlich besser) und mögliche Auswirkungen auf die Beziehung (hier ist es nicht eindeutig, welche Variante Vor- bzw. Nachteile hat). Je nach Situation empfiehlt sich die eine oder die andere Konfliktlösungsform, allerdings zeigen wir normalerweise von der Situation unabhängige Präferenzen in unserem persönlichen Verhalten. Größere Variabilität in unserem Konfliktverhalten kann deshalb ein lohnendes Ziel für die eigene Persönlichkeitsentwicklung sein.

Konsenslösungen oder gute Kompromisse werden häufig als Win-win-Lösungen bezeichnet. Sie anzustreben, empfiehlt sich in vielen Situationen. Ihr Zustandekommen ist vor allem abhängig von unseren Haltungen und Einstellungen gegenüber Konflikten generell und speziell gegenüber dem jeweiligen Konfliktpartner. Darüber hinaus lassen sich einige Maximen und Grundsätze finden, die sehr hilfreich und teilweise eine Voraussetzung für eine Win-win-Lösung sind.

Besonders anspruchsvoll wird es für Bert Ex dann, wenn er von jemandem persönlich angegriffen wird und er nicht auf gleiche Weise antworten sollte, weil ein offener Gegenangriff voraussichtlich mehr schaden als nützen würde. Andererseits möchte er aber sein Gesicht wahren. In solchen Situationen hat sich eine jeweils an die Härte und Penetranz des Angriffs angepasste Reaktion bewährt: Ignorieren, den Angriff benennen, aber dabei sachlich antworten und soweit möglich beim Thema bleiben, die Beziehung thematisieren, sich ausdrücklich abgrenzen und schließlich die Kommunikation abbrechen.

5.2   Konflikte und die Rolle des Fachexperten

Konflikte haben zumindest zwei Merkmale: Sie gehen auf Unterschiede zurück, derer sich die Beteiligten bewusst sind. Dabei kann es sich um divergierende und unvereinbare Interessen, Bedürfnisse, Sichtweisen, Meinungen oder Handlungsabsichten handeln. Und es besteht innerhalb eines gemeinsamen Handlungsrahmens eine wechselseitige Abhängigkeit. Diese kann sachlich begründet sein, zum Beispiel in der Realisierung von Handlungen (man kann nicht gleichzeitig zum Urlaub in die Südsee und ins Hochgebirge reisen), oder emotional. Ein Beispiel für Letzteres: Die Konfliktparteien sind Anhänger verschiedener politischer Parteien, und zumindest einer von ihnen kann es nicht aushalten, dass der andere bei seiner Meinung bleibt. Sind beide tolerant, besteht eine Meinungsverschiedenheit. Fällt es ihnen schwer, die Position des anderen zu akzeptieren, entsteht ein Spannungsfeld. Der Übergang zum Konflikt ist fließend. Zum Konflikt gehört, dass den Beteiligten ihre jeweils unterschiedlichen Standpunkte persönlich wichtig sind.

Die meisten Menschen mögen Konflikte nicht und bevorzugen harmonische Beziehungen – allerdings unter der Voraussetzung, dass sich die anderen den eigenen Auffassungen, Meinungen, Handlungsweisen etc. anschließen. Weil das zumindest auf Dauer extrem unwahrscheinlich ist, sind Konflikte völlig normale Alltagserscheinungen. In sozialen Gemeinschaften sind sie unvermeidlich, lediglich der Umgang mit Konflikten variiert. Konflikte sind jedoch nicht nur unvermeidlich, sie sind auch notwendig. Zum einen ist es nur über den Konflikt möglich, Gemeinschaften, zum Beispiel Organisationen, zusammenzuhalten. Würde jeder tun, was ihm gerade beliebt, käme das der Auflösung der Gemeinschaft gleich. Zum anderen ist nur über den Konflikt Fortschritt möglich, denn permanente Zustimmung zum Gegebenen käme einer Stagnation gleich, was andererseits aber gar nicht möglich ist, weil sich die relevanten Umfelder ständig verändern. Das konflikthafte Einbringen unterschiedlicher Positionen macht gerade in Veränderungszeiten die reale Komplexität innen wie außen sichtbar und damit bearbeitbar. Und schließlich kann sich nur über den Konflikt die beste von mehreren auf ihre Realisierung drängenden Ideen durchsetzen. Auch die Marktwirtschaft basiert dort, wo sie tatsächlich besteht, auf dem Selektionsprinzip („Das am besten Passende gewinnt").

Bert Ex soll sein Bestmögliches tun, um seine spezifischen Wissensbeiträge einzubringen. Das kann auf dem Weg der Beratung, der Überzeugung oder über den Konflikt geschehen. Seine Rolle bringt es mit sich, dass er gegenüber Entscheidern fast nur über die Möglichkeit der Beratung bzw. des Überzeugens verfügt. Danach muss er die Entscheidung akzeptieren, auch wenn er persönlich eine andere Auffassung vertritt und er alles dafür getan hat, dass seine Position gehört, verstanden und bedacht worden ist. Wenn es nicht um eine unternehmerische Entscheidung oder wenn es um eine Auseinandersetzung auf Kollegenebene geht, ist das Eingehen eines Konfliktes unter Umständen eine notwendige Maßnahme, um sich durchzusetzen.

Konflikte entstehen in der Zusammenarbeit mit denjenigen, die bestimmte Erwartungen, Wünsche oder Forderungen an Bert Ex richten (siehe Teil II, Abschnitt 2.5; die Anspruchsgruppenanalyse eignet sich auch für eine umfassende Konfliktanalyse). Häufig geht es um differierende Ansichten in Bezug auf Ziele, Aufgaben, Verantwortlichkeiten oder Vorgehensweisen. Andere Konfliktarten sind Verteilungs-, Werte- und Beziehungskonflikte. Konflikte können sich auch in den Personen selbst abspielen (intrapsychische Konflikte), wenn zum Beispiel der eigene Ehrgeiz einen längeren Arbeitseinsatz erfordert und das Bedürfnis nach freudvoller und vertrauensvoller Gemeinschaft mehr Zeit mit guten Freunden verlangt. Eine einzelne Konfliktart kommt selten alleine, vielmehr addieren und vermischen sich oft mehrere miteinander, was die Konfliktlösung schwieriger und aufwändiger macht.

Der Grund für die überwiegend negative Bewertung von Konflikten liegt in ihrer emotionalen Dynamik. Frustration, Ärger, Wut und Enttäuschung kommen meistens mit ins Spiel. Der Prozess wird im Folgenden am Beispiel eines Konfliktes zwischen dem Vorgesetzten von Bert Ex, Hans Vormüller, und seinem Kollegen Peter Wichtig dargestellt:

1. Hans Vormüller möchte etwas Bestimmtes erreichen, zum Beispiel die Zusage für die Durchführung eines ihm wichtigen Projektes.
2. Peter Wichtig, dessen Zustimmung oder Mitwirkung benötigt wird, macht nicht mit.
3. Das Anliegen ist Hans Vormüller aber wichtig. Deshalb mobilisiert er Energie. Er gerät in Stress. Bestimmte Hormone wie zum Beispiel Adrenalin werden ausgeschüttet. Die Muskeln werden vermehrt mit Sauerstoff und Nährstoffen versorgt, und zwar zulasten des Gehirns. Infolge dessen nehmen die Reflexionsbereitschaft und das Reflexionsvermögen von Hans Vormüller rapide ab. Er bekommt einen „Tunnelblick", d. h., er nimmt nur noch eingeschränkt wahr, was um ihn herum passiert.
4. Wenn der Widerstand von Peter Wichtig erhalten bleibt und keine deeskalierenden Faktoren ins Spiel kommen, rutscht der Konflikt auf die nächste Stufe. Die Grautöne verschwinden und der Sachverhalt scheint nur noch ein Entweder-oder zuzulassen. Gefühlsmäßig gibt es nur noch eine einzige, objektiv richtige Option. Die Fähigkeit und Bereitschaft zu differenzieren nehmen weiter ab. Die Wahrnehmung wird immer enger und die Interpretationen der Verhaltensweisen von Peter Wichtig immer einseitiger. Gleichzeitig wird sich Hans Vormüller immer sicherer, dass er mit seiner Position und mit seinen Interpretationen richtig liegt.
5. Ohne deeskalierende Faktoren rutscht der Konflikt nun endgültig von der Sach- auf die Beziehungsebene. Nicht mehr alleine die Meinung oder die Absicht des anderen wird als verkehrt empfunden, sondern gleich die ganze Person. Dazu gehört, dass Hans Vormüller wie selbstverständlich Peter Wichtig schlechte Absichten unterstellt und er dessen Worte dementsprechend auf die Goldwaage legt, auch um ihm seine dunklen Intentionen nachweisen zu können. Die Frage lautet nun nicht mehr „Entweder – oder?" sondern „Du oder ich?". Negative Gefühle bestimmen, was gehört und was gesehen wird und wie das Ganze, um das es bei dem Streit geht, zu verstehen ist. Für Hans Vormüller bestätigt sich aufgrund seiner (selektiven) Wahrnehmung, was er zuvor angenommen und vermeintlich schon immer gewusst hat, nämlich dass die Position von Peter Wichtig genau wie sein Verhalten destruktiv und unakzeptabel ist. Hans Vormüller bemerkt nicht, dass die seiner Meinung nach glasklaren Zusammenhänge zu einem großen Teil das Produkt seiner eigenen Konstruktionen sind und dass die nachfolgenden Ereignisse zwischen ihm und Peter Wichtig einer selbsterfül-

lenden Prophezeiung folgen. Gefühle, Verhalten und Verstehen sind in einem engen Zirkel kurzgeschlossen.

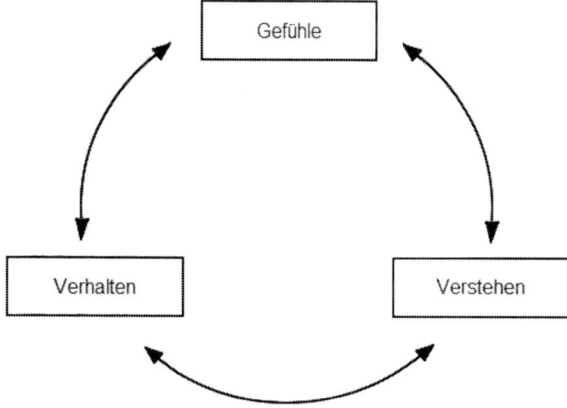

Abb. 19 Zirkel bei einer Konflikteskalation

Der Konflikt zwischen Hans Vormüller und Peter Wichtig wird sich wieder beruhigen und vielleicht sogar in einen vernünftigen Kompromiss münden. Die davor getroffenen negativen Annahmen übereinander und die damit verbundene Konfliktdynamik werden jedoch sehr wahrscheinlich nachwirken und dazu führen, dass es bis zur nächsten Konfliktrunde nicht lange dauern wird, gleichgültig, wie zutreffend und plausibel die Annahmen übereinander gewesen sind.

Damit dieser unproduktive und manchmal auch zerstörerische Ablauf nicht stattfindet, ist es notwendig, einen kühlen Kopf zu bewahren, auch wenn einem die eigenen Anliegen sehr wichtig sind und sich das Gegenüber, dessen Mitwirkung benötigt wird, sperrt. Die beschriebene Stressreaktion kommt unwillkürlich. Um ihr entgegenzuwirken, ist schon im Vorfeld der Auseinandersetzung Aufmerksamkeit in Bezug auf die eigenen Reaktionsweisen notwendig. Welche Art von Widerstand provoziert mich besonders? Und wenn ich an mein Gegenüber denke, mit dem ich es bald zu tun haben werde, wie gut versteht er es, „meine Knöpfe" zu drücken? Damit sind die sogenannten „Hot Buttons" gemeint, persönliche Reizpunkte, auf die wir besonders empfindlich reagieren (vergleiche die Überlegungen in den Abschnitten 2.6.4 und 2.7 in Teil I). Greift der andere möglicherweise meine Expertise oder meine Zuverlässigkeit an, bestreitet er meinen guten Willen oder stellt er sich einfach nur stur? Das alles sind mögliche Auslöser von „Hot Buttons". Und welche Gedanken, Gefühle und spontanen Absichten gehen bei mir gewöhnlich damit einher?

Durch Überlegungen solcher Art kann es gelingen, eine Art Frühwarnsystem zu installieren. Es hilft auch Bert Ex, sich nicht von der eigenen Emotionalität überrollen zu lassen. Durch Frühwarnsysteme entsteht die Chance für eine Atempause. Durch bewusstes Atmen (wichtig ist vor allem das tiefe Ausatmen; für das Einatmen sorgt der Körper von alleine), durch Ablenkung („Was habe ich noch gleich heute Abend vor?"), durch Selbstgespräche („Ganz ruhig bleiben" oder von eins bis zehn zählen) oder durch eine kurze Pause (aufstehen; nach Unterlagen in der mitgebrachten Tasche kramen; kurz den Raum verlassen, zum Beispiel, um auf die Toilette zu gehen etc.) kann eine erste Selbstberuhigung gelingen. Eine andere Möglichkeit ist es, sich selbst oder den anderen als Studienobjekt zu nehmen („Woher aus meiner Lebensgeschichte kenne ich das Gefühl?" oder: „Was wird der andere wohl als Nächstes tun?"). Bert Ex kann sich auch die ganze Szene als Film vorstellen, mit ihm selbst als Hauptdarsteller, den er als Beobachter kommentieren soll. Immer geht es darum, in der Situation für einen Moment den notwendigen emotionalen Abstand herzustellen, um aus der reflexhaften Stressreaktion herauszukommen und Handlungsfreiheit zurückzugewinnen. Bert Ex muss, so wie wir alle, ausprobieren, welches „Hausmittel" individuell am besten funktioniert.

Nach einer ersten Selbstberuhigung kann es Hans Vormüller im genannten Beispiel möglicherweise gelingen, der Frage nachzugehen, was Peter Wichtig *eigentlich* will. Welche – aus seiner Sicht – guten Absichten verfolgt er? Welche Wertmaßstäbe hat er? Wie sieht er die Welt? Und welche Bedürfnisse treiben ihn? Aus den Antworten können Ideen zum Brückenbau entstehen, vor allem, wenn Hans Vormüller klar ist, was *er* letzten Endes will. Recht haben, egal wie teuer es kommt? Muss er sich durchsetzen und gewinnen? Wenn er (vorübergehend) darauf verzichten kann, kann es ihm vielleicht in einer späteren Etappe gelingen, die eigenen Ziele und Bedürfnisse umso stärker nach vorne zu bringen.

Wenn Menschen in Stresssituationen geraten, reduziert sich ihr Verhaltensrepertoire. Mit Verhalten zu experimentieren, einmal etwas ganz anderes auszuprobieren, gelingt dann kaum noch. Stattdessen verstärken wir, genau wie Bert Ex, Hans Vormüller oder Peter Wichtig, unwillkürlich das, was wir am stärksten eingeübt haben und dementsprechend auch am besten können. Wenn es zum Beispiel unsere Stärke ist, rational-analytisch an Dinge heranzugehen, werden wir das unter Druck ganz besonders tun, vielleicht sogar so sehr, dass wir innerlich extrem eng, unkreativ und gefühlstaub werden. Wenn wir gut kommunizieren und Beziehungen gestalten können, werden wir unter Druck vielleicht unter allen Umständen versuchen, Harmonie herzustellen und dabei den inhaltlichen Kern der Sache aus den Augen verlieren. Wenn der andere ebenfalls unter Druck steht, wovon in Konfliktsituationen auszugehen ist, wird bei ihm dasselbe geschehen. Beide verlieren Handlungsflexibilität, und es kann zu einem andauernden und sich sogar verstärkenden Ineinander-Verkeilen der beiden Verhaltensmuster führen.

Viele Konflikte sind notwendig und unvermeidbar. Andere aber sind überflüssig und vermeidbar. Ein großer Teil davon sind Missverständnisse, die sich erst dann als solche herausstellen, wenn die Beziehung schon beschädigt ist, oder sie gehen auf unnötige Verletzungen des Konfliktgegners zurück, deren Ursache in zu geringer Sensibilität für die Situation des Konfliktgegners bzw. in mangelnder Selbstbeherrschung liegt. Deshalb ist es wichtig, auch bei größerer Erregung auf die eigenen Gefühle und Impulse zu achten. Das wird leichter unter der Annahme, dass der andere in *seiner* Welt, so wie *er* die Dinge sieht und interpretiert, gute Gründe für sein Verhalten hat und er angetrieben wird von grundsätzlich verständlichen und akzeptablen Bedürfnissen. Hilfreich ist darüber hinaus die Einstellung, dass Konflikte einen Sinn haben und Chancen beinhalten wie zum Beispiel eine Perspektivenerweiterung auf beiden Seiten bzw. eine Integration der widersprüchlichen Positionen auf höherem Niveau.

Die emotionale Stabilität in Konfliktsituationen hängt allgemein von der persönlichen Lebensgeschichte und von dem subjektiv empfundenen Sicherheitsgefühl ab. Als Quellen für Sicherheitsempfinden kommen grundsätzlich infrage:

- das Wissen um die eigene Qualifikation und Professionalität,
- gute und stabile soziale Beziehungen in der Familie, im Freundes- und Kollegenkreis,
- ein klares Wertesystem; dazu können auch spirituelle und religiöse Überzeugungen gehören,
- ökonomische Sicherheit,
- persönliche Fitness bzw. Gesundheit.

Lebensgeschichtlich bedeutsam sind vor allem frühe Erfahrungen in der Herkunftsfamilie und im näheren sozialen Umfeld. Spätere Erfahrungen müssen deutlich intensiver sein, um ähnlich starke Prägungen hervorzurufen.

5.3   Konfliktlösungsstile

Bevor Bert Ex einen Konflikt austragen kann, muss er ihn erkennen. Das ist nicht selbstverständlich. Manche Menschen scheuen sich so vor heraufziehenden Konflikten, dass sie konsequent wegsehen und ihre Wahrnehmungen, Gedanken und Gefühle verdrängen. Andere besitzen so wenig Sensibilität, dass sie tatsächlich auch die deutlichsten Signale übersehen. Häufig handelt es sich bei dieser Gruppe um Kopfmenschen.

Das bewusste Austragen eines Konfliktes setzt weiterhin voraus, dass er von den Beteiligten ernst genommen wird. Arroganz kann dies zum Beispiel verhindern. Wer sein Gegenüber nicht ernst nimmt, stellt sich auch dessen Konfrontation nicht („Ich habe kein Problem!").

Wenn Bert Ex einen Konflikt wahrnimmt und ernst nimmt, hat er verschiedene Handlungsoptionen:

- Er kann die Konfliktlösung an einen Dritten delegieren.
- Er kann den Konflikt – bewusst und nach kurzer Überlegung – ignorieren.
- Er kann nachgeben, also auf die Wünsche bzw. Forderungen seines Gegenübers vollständig eingehen.
- Er kann versuchen, seine eigenen Wünsche und Forderungen durchzusetzen.
- Er kann einen guten und tragfähigen Kompromiss anstreben.
- Er kann versuchen, einen Konsens zu erzielen.

In betrieblichen Zusammenhängen bedeutet *Konfliktdelegation* in der Regel die Übertragung der Konfliktlösung an eine hierarchisch höhere Stelle („Eskalation"). Der Dritte entscheidet. Konfliktmediation ist etwas grundsätzlich anderes. In diesem Fall übernimmt es ein Dritter, Möglichkeiten für eine einvernehmliche Lösung zwischen den Konfliktparteien auszuloten und zu vermitteln. Die Entscheidung über eine Konfliktlösung liegt klar bei den Beteiligten.

Für Fachexperten wie Bert Ex ist die Konfliktdelegation bzw. Eskalation eine einfache, unter Umständen sogar kluge Möglichkeit, mit nicht unmittelbar auflösbaren Meinungsunterschieden umzugehen, die zum Beispiel bestimmte Ziele oder Vorgehensweisen betreffen können. Sie spart Zeit und Energie, vor allem dann, wenn ansonsten eine länger andauernde gegenseitige Blockade droht oder wenn zu erwarten ist, dass die nächsthöhere Stelle ohnehin nach ihren Kriterien entscheiden wird, unabhängig davon, ob und wie sich die Konfliktparteien einigen werden. Allerdings sollte die höhere Stelle nicht ständig konsultiert werden, da sich das Mittel abnutzt, und es kann außerdem die Beziehung zu dem jeweiligen Schnittstellenpartner beschädigen. Wer erlebt, dass Konflikte niemals mit ihm persönlich ausgetragen werden, sondern immer über den Chef, der fühlt sich entweder nicht ernst genommen oder er schaut mit Befremden auf den anderen, in unserem Fall Bert Ex, der sich offenbar nicht traut, den direkten Weg zu gehen.

Hall (1969) hat ein Schema entwickelt, das ursprünglich auf Blake und Mouton (1964) zurückgeht und die übrigen fünf Handlungsoptionen in einen Zusammenhang mit den jeweiligen Zielen und Belangen bringt: das „Konzept der Konfliktlösungsstile". Jeder einzelne davon ist – je nach Situation und Zielsetzung – empfehlenswert oder nicht empfehlenswert. Und in jedem der fünf Fälle werden Kompetenzen verlangt, also bestimmte Fähigkeiten, dazu passende Einstellungen sowie Mut und Selbstbeherrschung.

Das Konzept wird in einem kartesischen Koordinatensystem abgebildet, wobei die Rechtsachse zur Darstellung der „Orientierung an meinen Zielen und Belangen" verwendet wird, die Hochachse dagegen zur Darstellung der „Orientierung an den Zielen und Belangen der Gegenseite". Die mögliche Spannweite der jeweiligen Orientierungen reicht von eins bis neun. Wer versucht, sich durchzusetzen, wird maximal (9) für die eigenen

Ziele und Belange kämpfen, wer ausweicht, flieht oder vermeidet, wird dies nur minimal (1) tun. Er wird sich nur minimal (1) nach den Zielen und Belangen der Gegenseite richten und sich auf den Konflikt überhaupt nicht einlassen. Wer (sofort) nachgibt und zu harmonisieren versucht, richtet sich maximal (9) nach den Zielen und Belangen der Gegenseite und minimal (1) nach den eigenen Zielen und Belangen. Für den Kompromiss (5/5) und den Konsens (9/9) ist es von daher notwendig, sowohl für die eigene Position offensiv und kraftvoll einzutreten als auch die Gegenposition ernsthaft zu respektieren und bei der Konfliktlösung zu berücksichtigen.

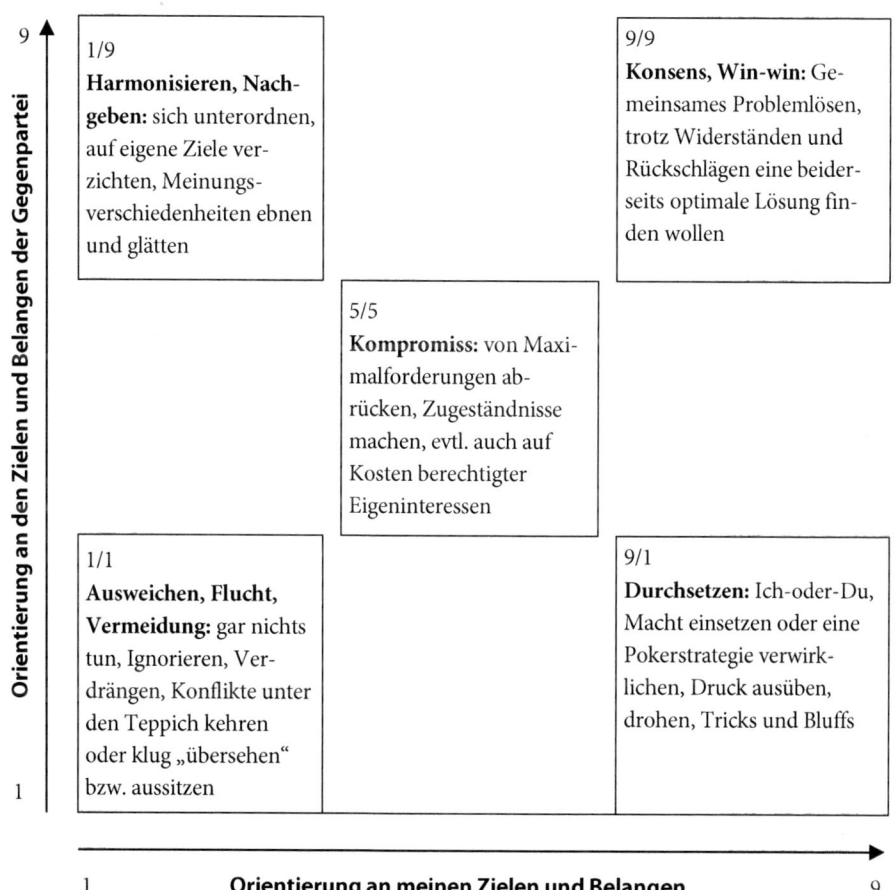

Abb. 20 Konfliktlösungsstile in Anlehnung an Hall (1969) sowie Blake und Mouton (1964)

Zu diesen fünf Konfliktlösungsstilen jeweils ein Beispiel:

Ausweichen/Flucht/Vermeidung

Hans Vormüller möchte, dass Bert Ex etwas Bestimmtes erledigt. Bert Ex legt den Auftrag aber unter einen bereits bestehenden Stapel auf seinem Schreibtisch und vergisst ihn „aus Versehen". Seinem Vorgesetzten geht er für eine Weile systematisch aus dem Weg. Bert Ex denkt, dass der Fall sich ohnehin bald von alleine erledigt. Würde er sich bemühen, würde die Arbeit seiner Meinung nach am Ende doch umsonst gewesen sein.

Diese Variante klingt zunächst wenig überzeugend. Sie hat allgemein betrachtet den Nachteil, dass sie oft nur einen kleinen Zeitgewinn bringt und der zunächst vermiedene Konflikt später eventuell noch stärker zurückkehrt. In manchen Situationen kann ein solches Verhalten jedoch auch klug sein, zum Beispiel dann, wenn Bert Ex Recht behält und sich die Angelegenheit tatsächlich ohne sein Zutun schon nach kurzer Zeit in Luft auflöst. Er musste sich gar nicht mit Hans Vormüller über Sinn und Notwendigkeit des Auftrages streiten. Allerdings hat er ihn in diesem Fall auch nicht ernst genommen.

Dieser Konfliktlösungsstil gleicht in gewisser Weise einem Energiesparprogramm, zumindest kurzfristig. Die Umwelt ist voll mit „Angeboten", sofort in einen Konflikt einzusteigen. Schon aus Kapazitätsgründen ist es völlig ausgeschlossen, alle diese „Angebote" anzunehmen. Deshalb ist es sinnvoll, jedes „Angebot" daraufhin zu untersuchen, ob sich das Einsteigen in einen Konflikt vor dem Hintergrund der eigenen Ziele und Werte wirklich lohnt.

Harmonisieren/Nachgeben

Hans Vormüller entscheidet im Widerspruch zu der Empfehlung von Bert Ex und weist ihn an, diese Entscheidung auch sofort umzusetzen. Davor hat es eine intensive Diskussion gegeben, in deren Verlauf Hans Vormüller die Ansichten seines Mitarbeiters verstanden und bedacht hat.

In diesem Fall verlangt es die Rolle von Bert Ex, die Entscheidung seines Vorgesetzten hinzunehmen. Es genügt, wenn er seine Bemühungen auf den Überzeugungsprozess beschränkt. Für die Entscheidung selbst muss er keine Verantwortung übernehmen, für ihre Umsetzung aber schon. In anderen Fällen, zum Beispiel bei der Auseinandersetzung mit Schnittstellenpartnern oder Kollegen, gelten ähnliche Überlegungen wie für die Variante „Ausweichen/Flucht/Vermeidung" („Energiesparprogramm"). Der Unterschied besteht darin, dass Bert Ex hier den Konflikt annimmt und dann nachgibt, während er sich im vorherigen Fall gar nicht erst auf den Konflikt einlässt. Die Beziehung kann davon profitieren, und ein Nachgeben an dieser Stelle kann ein vielleicht viel wichtigeres Zugeständnis der anderen Seite an anderer Stelle nach sich ziehen.

Durchsetzen

Bert Ex befindet sich im Streit mit seinem Kollegen Klaus Koll. Er benötigt dessen Zuarbeit für die Erledigung einer bestimmten Aufgabe. Klaus Koll hatte sie ihm auch für gestern schon zugesagt. Er hatte außerdem grünes Licht von seinem Vorgesetzten bekommen, zulasten eines anderen Projektes die notwendige Zeit für das Anliegen von Bert Ex zu verwenden. Da er die klare Verabredung nicht eingehalten hat und Bert Ex auf ihn angewiesen ist, macht er Druck.

Manche Fachexperten (und natürlich auch andere) tun sich schwer damit, direkt zu konfrontieren. Deshalb einige allgemeine Überlegungen zu dieser Konfliktlösungsvariante.

Druck machen bedeutet, auf den anderen persönlich und emotional einzuwirken, und zwar energisch, also mit einer Portion Aggression. Aggressionen sind grundsätzlich etwas Positives, denn sie dienen der Selbstbehauptung und der Selbstentfaltung. Viele Menschen haben im Laufe ihres Lebens gelernt, Aggressionen dauerhaft zu unterdrücken, was in vielen Situationen durchaus günstig sein kann. Wer aber vollständig verlernt hat, sich aggressiv durchzusetzen, wer also stark aggressionsgehemmt ist, wird mit großer Wahrscheinlichkeit und ohne es (immer) selbst zu bemerken, passiv aggressiv werden: Menschen auflaufen lassen, „aus Versehen" für den anderen wichtige Dinge übersehen oder vergessen, ihm Schuldgefühle verursachen, ihn selbst oder seine Leistung bei anderen herunterspielen etc. Passive Aggressionen schaden der Beziehung, zumindest mittel- bis längerfristig, ein offener Streit kann dagegen die Beziehung sogar stärken nach dem Motto „Reibung schafft Wärme".

In den meisten Fällen ist es weder günstig, seine Aggressionen vollständig zu unterdrücken, noch sie voll auszuleben. Sie zu zeigen, bedeutet, transparent und authentisch zu sein. Ungebremst können Aggressionen jedoch leicht „unter der Gürtellinie" treffen und die Beziehung nachhaltig beschädigen. Aggressionsgehemmte Menschen überschätzen meistens die zerstörerische Wirkung ihrer Wut und müssen lernen, sie zunächst in kleinen Portionen zu äußern. Andere Menschen müssen lernen, sich etwas stärker zu kontrollieren und ihre Aggressionen besser zu kanalisieren.

Durchsetzen muss nicht mit lautem Schreien, mit Tricks und Bluffs, mit Drohgebärden oder gar mit Gewaltanwendung verbunden sein. Zumindest das Letztere verbietet sich in jedem Fall. Durchsetzen kann stattdessen heißen, nachdrücklich und sehr bestimmt festzustellen, dass einem die eigene Position sachlich und/oder emotional sehr wichtig ist und man nicht locker lassen wird. Kurze, aber einleuchtende Begründungen gehören dazu. Emotionen dürfen oder sollten sogar erkennbar sein, sich aber nicht unkontrolliert aufschaukeln. Ein solcher Streit ähnelt dem zwischen Geschwistern in einer Familie, also zwischen prinzipiell Gleichen. Es kommt auf die persönliche Autorität an, nicht darauf, ob Eltern hinter einem stehen.

Konflikte können zerstören, aber auch vitalisieren und zwischen den Beteiligten eine besondere Nähe entstehen lassen. Man versteht den anderen dann besser, lernt, was ihm wirklich wichtig ist und spürt auch seine eigene Emotionalität viel deutlicher als in normalen Alltagsgesprächen. Deshalb haben leidenschaftlich geführte Konflikte, sofern sie fair bleiben und dem jeweils anderen der grundsätzliche Respekt nicht versagt wird, immer auch das Potenzial, die Beziehung zu verbessern.

Kompromiss

Bert Ex benötigt für sein eigenes Projekt die Zuarbeit seines Kollegen Ernst Ege. Dieser ist aber selbst überlastet, hat keine Zeit und steht unter Ergebnisdruck. Bert Ex zeigt Verständnis für seine Situation, erläutert umgekehrt seine eigene Situation und macht dabei deutlich, wie wichtig das Projekt für ihn selbst und auch für das Unternehmen ist. Die beiden einigen sich darauf, dass Ernst Ege im Rahmen seiner Möglichkeiten aktiv wird und dass Bert Ex den Kollegen bei einer anderen Gelegenheit kurzfristig unterstützt. Zusätzlich wird Bert Ex den Vorgesetzten von Ernst Ege persönlich informieren. Es ist Bert Ex klar, dass die Zugeständnisse des Kollegen nicht selbstverständlich sind und dankt ihm dementsprechend.

Ein guter Kompromiss zeichnet sich dadurch aus, dass er die wichtigsten strittigen Punkte beinhaltet; ein schlechter (fauler) Kompromiss geht auf den Kern des Problems gar nicht oder unzureichend ein. Man einigt sich auf Randaspekte und umgeht die sensiblen Punkte. Ein schlechter Kompromiss ist es auch, wenn von einem der Partner deutlich mehr Zugeständnisse verlangt werden als vom anderen.

Fragt man Menschen, welchen Konfliktstil sie persönlich bevorzugen, wird die Mehrzahl wahrscheinlich den Kompromiss nennen. Viele von ihnen werden sich jedoch in der Praxis tatsächlich eher durchsetzungsorientiert verhalten oder sehr frühzeitig nachgeben. Sie praktizieren in Wirklichkeit andere Konfliktlösungsstile. Ein guter Kompromiss balanciert Eigen- und Fremdinteressen. Damit eine gute Balance zustande kommt, muss unter Umständen hart miteinander gekämpft und verhandelt werden. Dies ist vermutlich ein Grund dafür, dass es bei Tarifverhandlungen oder bei Koalitionsgesprächen zwischen politischen Parteien oft sehr lang andauernde und nach Ritualen aussehende Nachtsitzungen gibt. Wenn man davon ausgeht, dass beide Konfliktparteien gute Gründe für ihre jeweilige Position haben, ist ein anstrengendes Ringen um den Kompromiss auch der Sache wegen notwendig. Wer zu früh nachgibt, der gibt auch seine berechtigten Argumente zu früh auf, und wer zu wenig Rücksicht auf die Argumente des anderen nimmt, der nimmt eventuell eine bestenfalls zweitbeste Sachlösung in Kauf. Gute Kompromisse verlangen ein offensives Vertreten der eigenen Position und gleichzeitig das ehrliche Bemühen, die Position des anderen sachlich wie emotional zu verstehen.

Konsens

Bert Ex überzeugt einen hochrangigen Manager seines Unternehmens, Herrn Direktor Obermeier, von einem bestimmten Investitionsobjekt. Am Anfang stand jedoch ein heftiger Konflikt. Bert Ex war zunächst nicht in die Diskussionen eingebunden. Als er sich unaufgefordert zu Wort meldete, wurde er gerügt. Herrn Obermeier gefiel es nicht, dass er sich einmischte. Bert Ex war aber von der sachlichen Richtigkeit seiner Überlegungen überzeugt, außerdem verspürte er große Lust, an diesem Projekt mitzuwirken. Herr Direktor Obermeier erkannte nach teilweise hitziger Diskussion die Vorteile des Investitionsprojektes und sieht nun gleichzeitig darin einen wichtigen Beitrag zur Erfüllung seiner eigenen Jahresziele.

Konsens bedeutet, dass beide Seiten in vollem Umfang zu ihrem Recht kommen und keine nennenswerten Zugeständnisse nötig sind. Das ist ein hoher Anspruch und nicht immer zu erreichen. Der Übergang von einem guten Kompromiss zu einem echten Konsens ist fließend, in beiden Fällen spricht man von einer Win-win-Situation. Oft kommt sie, wenn überhaupt, erst nach mehreren mühseligen Verhandlungsrunden zustande, in deren Verlauf den Konfliktparteien mehr und mehr klar geworden ist, was ihnen jeweils *wirklich* wichtig ist und was zunächst nur unverzichtbar *erscheint*. Am Anfang eines Verhandlungsmarathons stehen oft starre, unverrückbar erscheinende Positionen. Bewegung kann entstehen, wenn sich die Aufmerksamkeit beider Parteien auf die jeweils dahinter liegenden Interessen und Bedürfnisse richtet. In diesem Fall können sich neue Lösungsmöglichkeiten eröffnen.

Vergleicht man die fünf im Modell unterschiedenen Stile miteinander im Hinblick auf ihre jeweiligen Vor- und Nachteile und nimmt die Delegation als weitere Möglichkeit mit hinzu, gibt es keinen Grund, einen der dann sechs Konfliktlösungsstile einem anderen vorzuziehen. Situationen verändern sich und mit ihnen die Indikationen für oder gegen bestimmte Varianten. Teilweise liegt es auch in den Rollen begründet, welcher Konfliktlösungsstil jeweils angebracht ist. Eine Konfliktvermeidung bzw. das Aussitzen von Problemen bzw. Konflikten kann klug sein, gelingt aber oft nicht dauerhaft. Nachgeben ist in vielen Fällen unproblematisch und für Fachexperten wie Bert Ex manchmal qua Rolle notwendig. Wer nachgibt, der kommt aber eventuell immer wieder auf den wunden Punkt zurück und kartet dann nach, ohne es immer gleich zu merken. Sich durchzusetzen, ist u. a. für Vorgesetzte manchmal erforderlich und kann den Konflikt dauerhaft lösen, ohne gleichzeitig die Beziehung nachhaltig zu beschädigen. Allerdings kann der Unterlegene sofort anschließend anfangen, nach Möglichkeiten der Revanche zu suchen. Delegation an eine hierarchisch höhere Stelle kann Blockaden auflösen und funktioniert meistens. Bei einer Delegation (Eskalation) kann aber am Ende, wenn eine Entscheidung getroffen worden ist, die innere Akzeptanz der Beteiligten fehlen. Konsens und guter Kompromiss sind an sich gute Konfliktlösungen, weil sie der Sache gerecht werden, der Beziehung gut tun und deshalb große Stabilität versprechen. Beide sind aber meistens mit großem Aufwand verbunden, was nicht immer notwendig und im Hinblick auf die Sache gerechtfertigt ist. Außerdem ist am Anfang meistens nicht klar, ob ein guter Kompromiss bzw. ein Konsens überhaupt gelingen wird. Die anderen, an sich weniger stabilen Konfliktlösungsmöglichkeiten haben den Vorteil, dass sie schneller und energieökonomischer sind.

Vor diesem Hintergrund heißt Konfliktfähigkeit, je nach Situation die jeweils sinnvollste Variante auszuwählen und umzusetzen. So weit die Theorie. In der Realität kommt sofort die Schwierigkeit ins Spiel, dass Menschen – lebensgeschichtlich begründet – manche Verhaltensstile favorisieren und andere nur selten praktizieren. Eine persönliche Statistik zeigt normalerweise eine klare Ungleichverteilung der Stile. Beispielsweise könnte die Angst vor den Wirkungen der eigenen Aggressionen gegen die Option „Durchsetzen", und die Sorge um den Verlust von Respekt und Autorität oder auch die generelle Angst, zu kurz zu kommen, gegen die Option „Nachgeben" sprechen. Wer bislang wenig eingesetzte Konfliktlösungsstile stärker praktizieren möchte, beispielsweise um eine größere Flexibilität in Konfliktsituationen zu gewinnen, wird keinen anderen Weg finden, als sie zu praktizieren. Befürchtungen werden am besten durch gegenteilige Erfahrungen zerstreut. Allerdings empfiehlt es sich, solche persönlichen Lernexperimente bewusst auszusuchen, weil die ersten Lernschritte, wenn es um Verhalten geht, meistens von Unsicherheit und Ungeschicklichkeiten begleitet werden. Das Risiko könnte sonst unangemessen groß sein und die Versuchung, mit solchen Verhaltensexperimenten gleich wieder aufzuhören, ebenfalls.

Im Abschnitt 5.6.3 findet sich eine Übung zur Reflexion der eigenen Konfliktlösungsstile.

5.4 Win-win-Situationen und die Kunst, produktive Beziehungen zu gestalten

Wenn der zeitliche und emotionale Aufwand in Bezug auf das, worum es geht, in einem vernünftigen Verhältnis stehen, wenn die Konfliktlösung möglichst stabil sein soll und wenn die Beziehung wichtig ist, empfiehlt sich der Versuch einer Win-win-Lösung. Sie kann nicht erzwungen werden, auch nicht durch den Einsatz der weltbesten Rhetorik. Allerdings ist es möglich, die Wahrscheinlichkeit einer Win-win-Lösung durch das eigene Verhalten stark zu beeinflussen. Entscheidend sind dabei erneut die persönlichen Haltungen und Einstellungen.

Das Anstreben von Win-win-Lösungen gehört zu einer produktiven Kooperationskultur. Ein elementarer Teil davon sind die beiden folgenden *Maximen:*

1. So weit wie möglich das Gesicht und die Würde des anderen achten.
2. Zumindest längerfristig auf ein ausgeglichenes Verhältnis von Geben und Nehmen achten.

Diese beiden Grundsätze kann man überall auf der Welt finden. Sie gelten wahrscheinlich in den meisten menschlichen Kulturen. Gemeinschaften sind als solche stark gefährdet und drohen auseinanderzubrechen, wenn die Maximen auf Dauer nicht eingehalten werden.

Eine produktive Kooperationskultur zeichnet sich darüber hinaus durch folgende *Grundregeln und Prinzipien* aus:

- *Beziehungs- und Sachproblem voneinander trennen.* Wie bereits im Zusammenhang mit Konfliktdynamiken beschrieben, besteht sonst die Gefahr, dass der Konflikt von der Sach- auf die Beziehungsebene rutscht.
- *Gute Beziehungen dürfen nicht mit Einverständnis verwechselt werden.* Persönliche Andersartigkeiten sowie Unterschiede im Wahrnehmen, Denken, Fühlen und Bewerten sind normal und eine Voraussetzung für kreative Teamlösungen. Unterschiede sind wertvoll, sie können aber auch irritieren oder sogar provozieren. Versuchen, sie zu verstehen, ist auf jeden Fall produktiver als entweder zu schnell einverstanden zu sein oder sie abzuwerten oder gar zu bekämpfen. Bedeutende Unterschiede können unbequem sein, aber sie bringen auch persönliche Lern- und Entwicklungschancen mit sich.
- *Den anderen ernst nehmen und ihn persönlich ebenbürtig behandeln.* Dazu gehört u. a., ihm einen Vertrauensvorschuss zu geben in Bezug auf seine Motive und Absichten, jedenfalls bis zum Beweis des Gegenteils. Selbst wenn der andere mit ungeten Absichten in das Gespräch hineingehen sollte, wird das Vorschussvertrauen ansteckend wirken. Selbsterfüllende Prophezeiungen funktionieren in positiver Richtung genauso gut wie in negativer Richtung.
- *Auf die eigene Glaubwürdigkeit achten.* Das bedeutet u. a., sich möglichst berechenbar und nicht taktisch zu verhalten, ehrlich zu sein, aufrichtig und (selektiv) offen. Nicht alles muss ausgesprochen werden, aber das, was gesagt wird, muss stimmen. Dazu gehört auch, sich möglichst klar und eindeutig per „ich" zu äußern und sich nicht hinter einem „man" zu verstecken oder per „du" Vorwürfe, Ermahnungen oder Belehrungen zu kommunizieren.

Vor diesem Hintergrund lassen sich folgende *Empfehlungen* für das Erreichen einer Win-win-Situation formulieren:

- *Auf geeignete Rahmenbedingungen achten.* Es muss zum Beispiel genügend Zeit zur Verfügung stehen, und der Raum sollte möglichst gewährleisten, dass Unbeteiligte nicht mithören können.
- *Offenes und ehrliches Feedback aussprechen,* und zwar in einer Weise, die für den anderen akzeptabel ist. Zum Beispiel muss man, je nach Gegenüber, auf Sachlichkeit

und Logik achten oder immer wieder betonen, wie sehr man die Beziehung mit dem anderen schätzt.

- *Ärgernisse und Störungen beim Namen nennen,* erklären, was sie für einen bedeuten und welche Gefühle, Gedanken und Fantasien dadurch ausgelöst werden. Daraus können Wünsche oder Erwartungen an den anderen abgeleitet werden.

- *Versuchen, den anderen sachlich wie emotional so gut wie möglich zu verstehen.* Dabei helfen aktives Zuhören, Nachfragen und eventuell die Wiederholung des Gehörten mit eigenen Worten.

- *Annehmen, dass auch der andere ein ernsthaftes Interesse an einer Konfliktlösung hat* (sollte das nicht der Fall sein, kann man erneut auf eine Ansteckung der eigenen Haltung und auf eine selbsterfüllende Prophezeiung setzen) und dass er außerdem mit seinen Vorstellungen nicht zu 100 Prozent falsch liegen dürfte.

- *Ein Entweder-oder vermeiden und nicht annehmen, man müsse hier und jetzt gewinnen.* Konfliktlösung ist oft das Ergebnis eines mehrstufigen Prozesses, und ein Nachgeben jetzt kann sich längerfristig positiv auswirken.

- *Gegebenenfalls Metakommunikation,* also ein Gespräch über die Kommunikation selbst, *einstreuen:* „Sind wir noch beim eigentlichen Thema?", „Fühlen Sie sich von mir fair behandelt?" oder: „Meinen Sie, dass wir zu einer Lösung kommen werden, wenn wir so weitermachen wie bisher?" etc.

- Nicht die eine ultimativ richtige Lösung suchen, sondern das Problem aus den unterschiedlichen Perspektiven betrachten und kreativ nach alternativen Möglichkeiten suchen. Eventuell pragmatische Lösungsideen mit unterschiedlichen Reichweiten entwickeln.

5.5   Konstruktiv auf persönliche Angriffe reagieren

Win-win-Lösungen sind unter den genannten Voraussetzungen erstrebenswert. Leider sind sie nicht immer herstellbar, weil der gute Wille beider Partner dafür notwendig ist. Insbesondere dann, wenn der Machtunterschied zwischen Bert Ex und seinem Gegenüber sehr groß ist, kann es passieren, dass der andere, zum Beispiel ein höherrangiger Manager wie der Vertriebsleiter Fritz Attack, sich die Freiheit nimmt, die sachliche Ebene zu verlassen und einen persönlichen Angriff zu starten. Möglicherweise sind ihm die Argumente ausgegangen und/oder die emotionale Reizschwelle ist bei ihm sehr niedrig. Eventuell unternimmt er den Angriff aber auch ganz bewusst, um Bert Ex zu verunsichern. Dabei kann es sich um kleinere oder größere Provokationen handeln, um ein Vorführen mit unsinnigen Logeleien, um Belehrungen, Moralisierungen, das selbstherrliche Vergeben schlechter Zensuren, um Einschüchterungen, Beleidigungen, Spott oder andere

Unappetitlichkeiten. Natürlich ist das schlechter Stil, aber manchmal steckt, wie gesagt, Kalkül dahinter. Zur Durchsetzung ihrer Interessen attackieren dann manche den Fachexperten auch persönlich, meinen aber deren inhaltliche Position. Man könnte sagen, sie drücken absichtlich auf ihnen bekannte oder vermutete „Hot Buttons" des anderen. Wenn der Angegriffene das Gefühl bekommt, unterlegen zu sein, nicht kompetent, nicht engagiert genug, völlig daneben in seinem Äußeren, in seinem Verhalten oder worin auch immer, wird er meistens auch inhaltlich an Überzeugungskraft verlieren.

Persönliche Angriffe sind vor allem dann schwer zu kontern, wenn sie überraschend kommen. Es ist für Bert Ex deshalb hilfreich, bereits bei der Vorbereitung eines wichtigen Gespräches oder einer Präsentation diese Möglichkeit zu bedenken. Wer wird ihm gegenübersitzen? Wem traut er unfaire Manöver zu? Welche „Hot Buttons" könnte der Betreffende drücken? Diese bei sich selbst zu kennen, hilft zu vermeiden, allzu leicht überrumpelt zu werden. Löschen lassen sie sich kaum. Durch das bewusste Erleben gegenteiliger Erfahrungen (zum Beispiel: „Ich werde auch dann respektiert, wenn ich fachlich nicht brillant bin") relativieren sie sich aber, und der Reflex wird schwächer. Bert Ex kann dann leichter mit ihnen umgehen und sich selbst besser steuern.

Wenn der Machtunterschied zwischen Angreifer und Fachexperten, zum Beispiel Fritz Attack und Bert Ex, sehr groß ist und/oder wenn es gleichzeitig wichtig ist, dass die Beziehung über die Auseinandersetzung hinaus intakt bleibt, verbietet es sich, mit gleicher Münze zurückzuzahlen. Ein offener Gegenangriff könnte mehr schaden als nutzen. Andererseits geht es aber auch um die eigene Gesichtswahrung und darum, den Respekt des anderen nicht ganz zu verlieren. In solchen schwierigen Dilemmasituationen hat sich eine gestufte Reaktion, je nach Härte und Penetranz des persönlichen Angriffs, bewährt:

1. *Überhören:* Ignorieren bzw. Recht geben, wo der andere Recht hat
2. *Sachlich bleiben:* Registrieren, aber möglichst am Thema festhalten
3. *Wirkung zeigen:* Das Problem auf der Beziehungsebene thematisieren
4. *Abgrenzen:* Die Kommunikation vorläufig stoppen
5. *Kommunikation abbrechen*

Diesen Phasen folgt auch Bert Ex in der Auseinandersetzung mit dem ungemütlichen Vertriebsleiter Fritz Attack. Dieser will, dass Bert Ex auf der Stelle eine Sonderaufgabe für ihn erledigt, die nicht unmittelbar zu seinem Aufgabengebiet gehört. Bert Ex ist grundsätzlich dazu bereit, allerdings nicht sofort. Er möchte zunächst eine für ihn sehr wichtige Präsentation fertig vorbereiten, die er am nächsten Morgen halten wird. Fritz Attack macht daraufhin Druck und kommuniziert haltlose Unterstellungen („Sie wollen sich doch nur drücken") und Abwertungen („Bei Ihnen und bei allen anderen in der Gruppe Vormüller hat noch nie etwas funktioniert").

Zunächst geht Bert Ex auf die Provokationen gar nicht ein (Stufe 1: „Ignorieren"). Er gibt Fritz Attack sogar teilweise recht („Ich verstehe, dass die Sache für Sie dringend ist") und schweigt zu dem Rest seiner Aussagen. Das hätte auch für Fritz Attack gut sein können, zum Beispiel wenn er gerade einen schlechten Tag gehabt hätte und lediglich Dampf hätte ablassen müssen. Bert Ex wäre in diesem Fall persönlich gar nicht gemeint gewesen, sondern hätte nur als unfreiwilliger Blitzableiter fungiert. Die Generosität, eine Unverschämtheit zu überhören und weiterhin höflich und sachlich zu bleiben, so als wäre nichts geschehen, kann grundsätzlich die Wahrscheinlichkeit erhöhen, dass sich der andere etwas später dafür entschuldigt. Wenn der Konflikt kühl geblieben ist, fällt das normalerweise leichter als nach einer heftigen Eskalation. Falls der andere jedoch schweigt, könnte Bert Ex später, nachdem sich die Aufregung gelegt hat, in geeigneter Weise darauf zurückzukommen. Je nach „Härtegrad" des Erlebten genügt möglicherweise schon ein mit Augenzwinkern vorgebrachter humorvoller Satz.

In unserem Beispiel beruhigt sich Fritz Attack leider nicht und setzt seine Provokationen fort. Bert Ex geht deshalb auf die nächste Stufe: „Registrieren, sachlich bleiben und möglichst am Thema festhalten". Er antwortet: „Ich möchte jetzt nicht auf Ihre Meinung über mich und meine Kollegen eingehen, sondern lieber bei Ihrem Sachanliegen bleiben." Er hätte auch rückfragen können („Wie meinen Sie das?" oder „Was wollen Sie mir in der Sache damit sagen?"). Laut zu denken, ist eine andere Möglichkeit des Umgangs damit („Interessant, so also denken Sie über unsere Abteilung") oder eine positive Konnotation („Gerade weil Sie für uns so wichtig sind, will ich mir Ruhe und Zeit für Ihren Auftrag nehmen"). Etwas riskanter, aber kreativ ist es, auf eine provozierende Aussage oder Frage bewusst unsinnig zu antworten („Ja, in China ist es heute auch sehr warm"). Wenn Fritz Attack dann verwirrt sagt, das habe er nicht verstanden, kann Bert Ex - augenzwinkernd – antworten: „Ich habe Sie eben auch nicht verstanden." Diese Variante bedeutet ein elegantes Aussteigen aus dem üblichen Erwartungsmuster. Ohne ein tatsächliches oder symbolisches Augenzwinkern dabei kann sich Fritz Attack allerdings selbst provoziert bzw. auf den Arm genommen fühlen. Der Streit könnte dann weiter eskalieren.

Leider bleibt Fritz Attack in unserem Beispiel dabei, Bert Ex massiv anzugreifen. Nun wechselt dieser zur dritten Stufe: „auf der Beziehungsebene thematisieren". Der Angriff von Fritz Attack spielt sich zwar von vornherein vor allem auf der Beziehungsebene ab, aber erst jetzt, nachdem es auf den Stufen zwei und drei keine Beruhigung gegeben hat, antwortet Bert Ex auf der Beziehungsebene und zeigt Wirkung. Er sagt zunächst nur: „Das kränkt mich!" In den meisten Fällen lässt dieser Satz den anderen innehalten. „Was macht Sie so ärgerlich?", setzt Bert Ex fort. Es geht bei dieser Frage um Bedürfnisse. Bedürfnisse zu haben, ist legitim, nicht dagegen die gerade erlebte Form ihrer Befriedigung. Die Fokussierung auf Bedürfnisse ist generell ein guter Ansatzpunkt, um in eine Deeskalationsspirale zu kommen.

Fritz Attack antwortet auf diese Frage nicht und beschimpft stattdessen Bert Ex weiter, sogar noch heftiger („Sie sind einfach zu blöde. Wer hat Sie überhaupt eingestellt?"). Nun folgt Stufe vier: „Abgrenzen". „Das geht gegen meine Würde", sagt Bert Ex. Mit diesem Satz kann er fast immer persönliche Angriffe auf ihn stoppen und den anderen zur Besinnung bringen. „So möchte ich unser Gespräch nicht fortsetzen", sagt er danach. Manchmal kann das Gespräch nach einer kurzen Schweigephase wieder neu und konstruktiver aufgenommen werden.

Fritz Attack hört jedoch nicht auf damit, Bert Ex zu drohen („Ich werde dafür sorgen, dass Sie hier ganz große Schwierigkeiten bekommen") und zu beleidigen („Sie Volltrottel!"). Nun hilft nur noch Stufe fünf: „Kommunikation abbrechen". Bert Ex wiederholt den Satz: „So möchte ich unser Gespräch nicht fortsetzen", und ergänzt: „Vielleicht sollten wir das Gespräch später, zum Beispiel morgen, fortführen." Daraufhin verlässt Bert Ex mit einem kurzen Gruß den Raum.

Natürlich kann ein Gesprächsabbruch kränken, aber die Alternativen Gesichtsverlust oder offener Streit wären wahrscheinlich noch schlechter. Bei einer eventuellen Wiederaufnahme des Gesprächs, zum Beispiel am nächsten Tag, sollte Bert Ex erneut betont sachlich auftreten und nicht etwa beleidigt. Vielleicht spricht Fritz Attack den Konflikt noch einmal an, entschuldigt sich und versucht, zu einer konstruktiven Lösung zu kommen. Falls nicht, kann Bert Ex eine günstige Gelegenheit suchen, um den Konflikt zu klären. Falls Fritz Attack erneut und immer wieder persönlich wird, ist eine grundsätzliche Beziehungsklärung erforderlich. Notfalls muss sich Bert Ex dann einen Beistand, der mächtiger ist als er selbst, oder sogar einen anderen Arbeitsplatz suchen.

Die beschriebene Stufenfolge von eins bis fünf kann man auch als Sequenz ineinander übergehender Phasen verstehen:

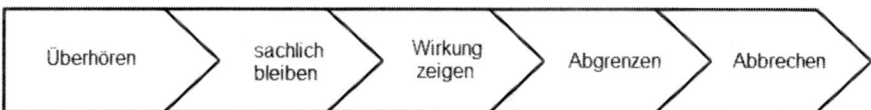

Abb. 21   Reaktionen auf persönliche Angriffe

Die Kunst besteht darin, das Gesicht des anderen so weit wie möglich zu wahren („Man sieht sich meistens mehrfach"), ohne sich selbst aufzugeben bzw. unter dem Druck des anderen einzuknicken.

Wichtiger als die jeweils gewählten Sätze ist wiederum die passende innere Haltung, denn sie ist dafür verantwortlich, welche Worte uns in der Situation einfallen. Außerdem ist sie für den Konfliktgegner spürbar und ansteckend. Eine positive und konstruktive Haltung hilft uns, nicht in einen „Nahkampf" einzusteigen, der in der Sache nichts bringt und meistens zu einer dauerhaften Beschädigung der Beziehung führt. Hilfreich kann es auch sein, sich klar zu machen, dass der andere einen wahrscheinlich nicht persönlich meint, auch wenn er persönlich wird. Meistens dient der Fachexperte eben „nur" als eine Art Blitzableiter.

5.6   Übungen und Reflexionen zum Thema Konflikte

In diesem Abschnitt geht es um die Untersuchung der eigenen Impulse und Verhaltensmuster in Konfliktsituationen. Je besser man einen Konflikt und seinen eigenen Anteil daran versteht, desto leichter fällt es gewöhnlich, konstruktiv mit ihm umzugehen. Einen Anteil am Konflikt zu haben, bedeutet nicht automatisch, dass man Schuld daran hat. Irgendwie tragen wir immer zu den Konflikten bei, in die wir involviert sind, denn soziale Situationen sind grundsätzlich von Wechselseitigkeit gekennzeichnet.

5.6.1   Selbstanalyse konflikthafter Beziehungen

Die folgende Checkliste dient der Reflexion einer konkreten Konfliktsituation. Lehnen Sie sich einfach kurz zurück und versuchen Sie, sich in diese Situation hineinzuversetzen:

- Worum geht es bei dem Konflikt?
- Wie ist die Ausgangslage?
- Was tut wer?
- Wann hat dieser Konflikt begonnen (eine bestimmte Situation, ein fortbestehendes Grundproblem ...)?
- Welche markanten Phasen gibt es in der Geschichte dieses Konfliktes (Eskalationen, Beruhigungen ...)?
- Welche Personen sind mit mir am Konflikt direkt und indirekt beteiligt (auf der Bühne bzw. hinter der Bühne)?
- Welche Rolle spielen in dem Konflikt die jeweiligen Aufgaben und Verantwortlichkeiten der Beteiligten?
- Was sind ihre jeweiligen Interessen und Positionen (Fakten, Annahmen, Hypothesen ...)?
- Was sind meine eigene Position und Absicht?
- Wie fühle ich mich?
- Was genau regt mich am Verhalten der beteiligten Personen auf, und was vermute ich, ärgert andere Konfliktbeteiligte an meinem Verhalten?
- Welche Verhaltensmuster treffen in unguter Weise aufeinander? Auf welche Weise verkeilen sie sich ineinander?
- Was passiert, wenn der Konflikt unverändert fortbesteht?

- Welchen Gewinn ziehen die einzelnen Beteiligten aus dem Fortbestehen des Konfliktes?
- Was hat eventuell die Organisation davon?
- Was müsste ich tun, um den Konflikt zu verschärfen?
- Was müsste ich unterlassen, um den Konflikt zu beruhigen?

5.6.2 Der rote Faden persönlicher Erfahrungen mit Autoritäten und mit Konflikten

Wie ist der rote Faden Ihrer persönlichen Erfahrungen mit Autoritäten und mit Konflikten? Denken Sie dabei an ausgesprochene oder unausgesprochene Sätze (Was hat zum Beispiel Ihr Vater in Konfliktsituationen immer wieder gesagt oder was hätte er sagen können?) und Ereignisse (Was war konkret geschehen?). Welche Gedanken, Gefühle und Schlussfolgerungen haben Sie daraus gezogen? Denken Sie an für Sie lebensgeschichtlich wichtige Phasen. Das können sein:

- Kindheit und frühe Jugendzeit,
- Ihre Zeit als Heranwachsender und während der Ausbildung,
- die Zeit Ihres Berufseinstiegs,
- Ihre jüngere berufliche Vergangenheit.

Schreiben Sie Ihre Einfälle möglichst spontan auf ein Stück Papier und versuchen Sie danach, Ihrem persönlichen Verhaltensmuster in konflikthaften Drucksituationen auf die Spur zu kommen.

5.6.3 Bevorzugte versus vernachlässigte Konfliktstile

Wir favorisieren normalerweise manche Verhaltensstile und praktizieren andere nur selten (vergleiche die Matrix nach Hall (1969) im Abschnitt 5.3 in diesem Kapitel). Unsere persönliche Statistik zeigt deshalb im Regelfall eine klare Ungleichverteilung der Konfliktstile. Wie sieht Ihre Statistik aus?

- Welche zwei oder drei Konfliktstile praktizieren Sie am häufigsten? Welche Vorteile ergeben sich daraus?
- Welche zwei oder drei Konfliktstile praktizieren Sie am wenigsten? Was hindert Sie daran, sie häufiger einzusetzen? Was könnten Sie gewinnen, wenn Sie diese häufiger praktizieren würden?

In Teams arbeiten

6

Bert Ex verbringt, wie die meisten anderen Fachexperten auch, einen großen Teil seiner Arbeitszeit in Teams. Häufig handelt es sich um Projektteams, manchmal auch um Task Forces, Qualitätsgruppen oder Prozessteams. Komplexe Aufgaben- und Problemstellungen verlangen heute mehr Expertise, als in einem einzelnen Kopf gespeichert werden kann. In Teams sollen sich die Einzelexpertisen ergänzen und, wenn es gut läuft, auch vergrößern. Expertenteams übernehmen in der Organisation prinzipiell die gleiche Rolle, wie sie einem einzelnen Fachexperten zugeordnet wird: Sie sollen Probleme lösen bzw. Innovationen einleiten und ihre Überlegungen den maßgeblichen Entscheidern in angemessener Weise vermitteln.

6.1   Auf einen Blick

Teams haben gegenüber anderen Formen der Zusammenarbeit große Leistungsvorteile bei der Lösung komplexer und neuartiger Problemstellungen. Dafür müssen bestimmte Rahmenbedingungen erfüllt sein (Art der Aufgabe, Gruppengröße, Gruppenstruktur, Umfeld) und ein starkes Gefühl der Zusammengehörigkeit bestehen, auf dessen Grundlage sich hohe Arbeitsmotivation und Kreativität entfalten können. Ein gutes Team braucht ein attraktives, gemeinsames Zentrum, das mehr Anziehungskraft besitzt als alternative Möglichkeiten wie zum Beispiel die Erledigung der Aufgaben am regulären Arbeitsplatz. Die wichtigsten Erfolgsfaktoren der Teamarbeit sind geeignete Ziele und adäquates Zielcontrolling, passende Aufgaben und Rollen, funktionale Spielregeln und Werte, gegenseitige Unterstützung, ein positives soziales Klima, das u. a. eine konstruktive Streitkultur möglich macht, und regelmäßige Reflexionsrunden. Die Geschichte eines Teams beginnt mit seinem Aufbau und seiner Konfiguration. Dabei spielt die Ernennung des Teamleiters und der Teammitglieder eine Hauptrolle. Beim Arbeitsstart, dem „Kick-off", werden die Weichen für die spätere Interaktion gestellt, bei der es letztlich auch um Lernen und um die Aufrechterhaltung und Förderung des Wir-Gefühls geht. Für virtuelle Teams gelten manche Überlegungen in besonderem Maße, denn es ist schwieriger, sozialen Bedürfnissen über große Entfernungen hinweg gerecht zu werden. Damit die großen Vorteile dieser Arbeitsform zum Tragen kommen, sind zumindest hin und wieder auch persönliche Begegnungen („Face to Face") notwendig, damit Vertrauen zwischen den Teammitgliedern entstehen und erhalten bleiben kann. Wichtiger noch als bei realen Teams sind dort für jeden Einzelnen das Gefühl von Sinnhaftigkeit der Gesamtaufgabe, die Bedeutung des eigenen Beitrages und das Vertrauen in die Gültigkeit der gemeinsamen Normen und Regeln. Um während der Arbeit das höchstmögliche Leistungsniveau zu erreichen, ist bei allen Teams die Aufrechterhaltung eines dynamischen Gleichgewichtes zwischen (scheinbar) widersprüchlichen Orientierungen und Handlungstendenzen notwendig. Es geht dabei darum, eine möglichst fruchtbare Spannung zwischen Führung und Selbstorganisation, Nähe und Distanz, Planung und Handlung, Inhalt, Methoden und Beziehung, Struktur und Prozess herzustellen. Ohne bremsenden Gegenpol wäre jeder Wert in Gefahr, überwertig und damit schädlich für das Leistungsziel zu werden. Prozesshaft und teilweise in Widersprüchen zu denken, steht auch im Zentrum des Dialogkonzeptes von William Isaacs (2002). Dabei handelt es sich gleichermaßen um ein Konzept, eine Methode und um eine Philosophie. Mithilfe des Dialogkonzeptes lässt sich implizites Wissen aufdecken, explizites Wissen verknüpfen und neues Wissen generieren. Dafür sind ein bestimmtes Arbeitsklima erforderlich, bestimmte individuelle Fähigkeiten und Haltungen sowie die Besetzung von vier komplementären Teamrollen. Dialogische Gesprächsphasen herzustellen, ist nicht einfach und recht voraussetzungsreich. Auf der anderen Seite steht aber das Potenzial, in hochproduktiver Weise miteinander zu denken und Innovationen zu generieren.

6.2   Was sind Teams und was können sie leisten?

Teams haben gegenüber herkömmlichen Formen der Zusammenarbeit große Leistungsvorteile, wenn bestimmte Bedingungen erfüllt sind. Allerdings ist nicht jede Aufgabe für ein Team geeignet. Und nicht alles, was sich Team nennt, ist tatsächlich eines.

Nach allgemeinem Verständnis bedeutet Teamarbeit, dass mindestens drei und höchstens zehn Personen in direkter (Face-to-Face-)Beziehung über eine längere Zeitspanne hinweg an einem gemeinsamen Ziel arbeiten. Dabei nehmen die einzelnen Teammitglieder verschiedene Rollen wahr, sie kooperieren selbstorganisiert und (teil-)autonom innerhalb bestimmter Rahmenbedingungen. Von außen kommen gewöhnlich die Zielvorgaben und die Ressourcen in Form von Arbeitsmitteln und Geld. Bei der Aufgabenerfüllung sind die Teammitglieder voneinander abhängig, so wie bei einer Sportmannschaft der Einzelne auf seine Mitspieler angewiesen ist, wenn er das Spiel gewinnen will. Das Team arbeitet auf der Grundlage gemeinsamer Normen und Spielregeln, es ist verbunden durch ein mehr oder weniger starkes Wir-Gefühl.

Angesichts zunehmender und sich weiter beschleunigender Veränderungen im wirtschaftlichen Umfeld (Globalisierung, Digitalisierung) bieten Teams einen Ort, an dem motivierte Menschen besonders schnell und flexibel ihre unterschiedlichen Fähigkeiten, Erfahrungen und Kompetenzen zusammenbringen können, um neuartige Antworten auf komplexe Problemstellungen zu finden. Die formalen Organisationsstrukturen werden in Zukunft wahrscheinlich noch differenzierter und variabler, als sie heute schon sind, und an die Stelle festgeschriebener Zuordnungen und Verfahren könnten zunehmend Teams und aus verschiedenen Teams zusammengesetzte Netzwerke treten, die sich temporär um bestimmte Problemlagen herum gruppieren. Eine solche Organisation hat allerdings nicht nur Vorteile, sondern auch Nachteile, wie zum Beispiel ein ständig hohes Maß an Unbestimmtheit und die Notwendigkeit häufiger Umorientierungen. Für die beteiligten Menschen bedeutet das eine hohe emotionale Belastung. Gerade die emotionale *Ent*lastung durch Routinen, starke Arbeitsteilung und Verantwortungsbündelung an der Spitze waren Kennzeichen klassischer Organisation. Nicht wenige Menschen fühlen sich heute überfordert und wünschen sich die stabilen Verhältnisse früherer Jahre wieder herbei.

Flexibilität, Tempo und das in einer Organisation vorhandene und nutzbare Wissen sind zu wettbewerbsentscheidenden Faktoren geworden. Daraus erklärt sich weitgehend der Bedeutungszuwachs von Teams und auch von Fachexperten, wie schon im ersten Teil dieses Buches skizziert wurde. In Teams können sich ihre Expertisen puzzleartig ergänzen. So kann in Teams neues Wissen entstehen. Teams sind potenziell leistungsstärker als das beste Teammitglied alleine bzw. als die Summe der Einzelleistungen, sofern es sich um die Bewältigung von innovativen, kreativen Aufgaben und/oder um die Lösung von neuartigen, komplexen Problemstellungen handelt. Eine Formel für Teamarbeit könnte lauten: 2 + 2 = 5. Die Praxis zeigt allerdings, dass mindestens genauso häufig 2 + 2 = 3 herauskommt. Falls Bert Ex Mitglied eines Teams ist, entscheidet sein Verhalten mit darüber, welche Summe es am Ende sein wird. Die Art und Weise, wie er kommuniziert, motiviert und mit Konflikten umgeht, hat Einfluss auf die anderen Teammitglieder und damit auf den Prozess und das Ergebnis. Natürlich ist sein möglicher Einfluss als Teamleiter besonders groß, aber auch als einfaches Teammitglied kann er große Wirkung erzielen.

6.3 Erfolgsfaktoren der Teamarbeit

Synergieeffekte (2 + 2 = 5) entstehen dann, wenn die Prozessgewinne größer sind als die Prozessverluste. Damit dies geschieht, müssen die Rahmen- und Strukturbedingungen, die Zielorientierung und Zielidentifikation der Teammitglieder, die verwendeten Arbeitsmethoden sowie die Kultur des Teams passen.

6.3.1 Prozessgewinne und Prozessverluste

Von Prozessgewinnen kann man dann sprechen, wenn durch das Miteinander der Teammitglieder ein Prozess entsteht, der im Vergleich zu separierter Einzelarbeit Leistungsvorteile generiert. Prozessverluste entstehen umgekehrt dann, wenn gerade durch die Interaktion Leistungsnachteile entstehen. Prozessgewinne entstehen vor allem durch

- *Motivationseffekte:* gegenseitiges Anspornen und Ermuntern.
- *Fehlerausgleichseffekte:* Vorteile entstehen hier u. a. durch die allgemeine Verteilung von Wissen und Erfahrung im Team und durch die Vielfalt der Perspektiven (mehrere Augenpaare sehen mehr als eines).
- *Kreativitätseffekte:* wechselseitige Anregungen bei gleichzeitig höherem Motivationsniveau.
- *Lerneffekte:* die Teammitglieder lernen voneinander und miteinander.
- *Gedächtnisleistungen:* durch das positive und hohe Energieniveau im Team sowie durch die wechselseitigen Anregungen wachsen die individuellen Gedächtnisleistungen. Unabhängig davon ist das kollektive Gedächtnis dem Gedächtnis jedes Einzelnen weit überlegen: Was der eine vergessen hat, erinnert der andere.

Mögliche Prozessverluste ergeben sich dagegen vor allem aus

- *„sozialem Faulenzen":* heimlicher oder auch offensichtlicher Rückzug Einzelner durch mangelndes Engagement und Interesse. Das Motto lautet: „Toll, ein anderer macht`s." Solche Verhaltensweisen haben die schlechte Tendenz, sich im Team auszubreiten.
- *Koordinationsproblemen und Kommunikationsverlusten:* zum Beispiel durch unterschiedliche Erwartungen und Verhaltensstile der Teammitglieder, durch unterschiedliche Fachsprachen, durch unklare Vorgaben, allzu grobe Planung oder durch Konflikte im Team.
- *„Groupthink",* d. h. reduzierten Realitätssinn im Team durch fortwährende wechselseitige Selbstbestätigung („Es kann nicht wahr sein, was nicht wahr sein darf"): Das Weltbild des Teams wird im Fall von „Groupthink" außer Frage gestellt. Dadurch treten Phänomene auf, die man in extremen Formen bei Sekten sehen kann: Nach außen igelt sich die Gruppe ein oder tritt aggressiv auf, im Inneren werden Kritik und Widerspruch sorgfältig vermieden, um die bestehende Einmütigkeit und Harmonie nicht zu gefährden. Das Team ist in einem solchen Fall dabei, kollektiv zu verdummen, fühlt sich aber gleichzeitig kompetent und überlegen.

6.3.2 Rahmen- und Strukturbedingungen

Rahmen- und Strukturbedingungen bilden die Grundlage für die Interaktion im Team. Sie können das Leistungspotenzial des Teams sichern, sie können aber auch, wenn sie ungeeignet sind, das Motivationsniveau drastisch senken und nutzlose Konflikte auslösen. Die wichtigsten Beispiele für Rahmen- und Strukturbedingungen sind:

- Art, Inhalt und Aufteilung der *Aufgabe:* Sie muss insgesamt für eine Gruppe geeignet sein, nämlich sinnvoll unterteilbar sowie komplex bzw. innovativ. Andernfalls ist es besser, die Aufgabe in die Linie bzw. an den zuständigen Fachmann zu übergeben. Innerhalb des Teams ist die Zuordnung der individuellen Teilaufgaben entsprechend den jeweiligen Interessen und Fähigkeiten wichtig. Damit ist auch gleichzeitig die notwendige Akzeptanz der Teammitglieder sichergestellt.
- Die *Gruppe* sollte nicht mehr als zehn Mitglieder umfassen, besser nur fünf bis sieben, weil sonst immer einige aus dem Blickfeld fallen und in diesem Sinne eine direkte Kommunikation Face to Face nicht mehr möglich ist. Wenn der Blickkontakt innerhalb der Gruppe (jeder kann jeden sehen) verloren geht, wird es sehr wahrscheinlich bald eine Differenzierung in Untergruppen geben.
- Die *Mitgliederzusammensetzung* sollte heterogen sein, und zwar sowohl im Hinblick auf die vertretenen Kompetenzen als auch auf die Persönlichkeiten. Synergien setzen Unterschiedlichkeit voraus. Die Unterschiede dürfen aber auch nicht zu groß werden, weil sich die Teammitglieder sonst nicht mehr verstehen können. Ungünstig sind außerdem zu große fachliche und intellektuelle Leistungsunterschiede im Team.
- Zur Struktur des Teams gehören auch ihre *Spielregeln und Werte.* Es kann sinnvoll sein, sie am Anfang der gemeinsamen Arbeit festzulegen, denn sie können Orientierung stiften und einen gewissen Disziplinierungseffekt bewirken. Sie müssen aber immer wieder daraufhin überprüft werden, ob sie (noch) gelebt werden, ob sie funktional im Sinne der Zielerreichung sind (Unterstützen oder behindern sie diese?) und ob sie von allen akzeptiert werden. Spielregeln und Werte stabilisieren sich oder bilden sich in neuer Form während der gemeinsamen Arbeit auf gruppendynamische Weise heraus. Mit ihnen können sich die Teammitglieder identifizieren und durch sie kann das Team insgesamt zu einer unverwechselbaren „Persönlichkeit" werden.
- Das *Umfeld* (der Auftraggeber für das Team sowie die direkt oder indirekt beteiligten Abteilungen und Personen) spielt für die potenzielle Leistungsstärke des Teams ebenfalls eine wichtige Rolle. Hilfreich sind u. a. klare Zielvereinbarungen mit dem Team und Verhaltenserwartungen an das Team, klare Aussagen bezüglich der verfügbaren Ressourcen wie Zeit und Geld sowie generell Transparenz und Zuverlässigkeit in der Zusammenarbeit mit dem Team. Fatal, aber in der Praxis leider weit verbreitet, sind Interessenkonflikte im Umfeld, die als Machtkampf hinter dem Rücken des Teams

ausgetragen werden. Solche Konflikte werden häufig über kurz oder lang in das Team importiert, ohne dass den Beteiligten immer klar wird, dass sie Stellvertreterkämpfe austragen, die sie selbst gar nicht auflösen können. Die Leistungsfähigkeit des Teams kann dadurch beträchtlich sinken.

Falls Bert Ex Teamleiter ist, sollte er versuchen, Einfluss zu nehmen, damit die Rahmen- und Strukturbedingungen so funktional wie möglich werden. Seine Arbeit kann durch sie sehr erleichtert oder auch sehr beeinträchtigt werden. Falls Bert Ex nur ein einfaches Teammitglied ist, ist sein Einfluss normalerweise geringer. Er kann aber im Rahmen seiner Möglichkeiten die Themen adressieren und auf die wahrscheinlichen Vor- und Nachteile hinweisen.

6.3.3   Zielorientierung und Arbeitsmethoden

Im Zentrum der Erfolgsfaktoren von Teamarbeit stehen die Ziele und das Zielcontrolling. Wenn sich die Teammitglieder mit den Zielen identifizieren, sind sie hoch motiviert. Um den Sachfortschritt messen oder zumindest qualitativ überprüfen zu können, müssen Ziele klar und eindeutig formuliert sein. Das ist die Grundlage für ein regelmäßiges und systematisches Zielcontrolling: Woran können die Teammitglieder und die Außenstehenden feststellen, dass sie dem Ziel nähergekommen sind? Bert Ex sollte deshalb zu Beginn der Teamarbeit versuchen, über das Gespräch mit allen wichtigen Beteiligten ein möglichst einheitliches Zielverständnis herzustellen. Manchmal wissen selbst die Auftraggeber anfangs nur ungefähr, was am Ende herauskommen soll. Darüber hinaus ist es in der Regel sinnvoll, so offen wie möglich zu thematisieren, was das Ziel für jeden Einzelnen bedeutet, welche Zielkonflikte eventuell bestehen und was in ihren Augen die gemeinsame Arbeit attraktiv oder unattraktiv macht. Den Überzeugten (vielleicht gehört Bert Ex dazu) kann es so am ehesten gelingen, die Skeptischen und Reservierten für die gemeinsame Sache zu gewinnen. Zumindest kann am Ende ein gemeinsames (vielleicht inoffizielles) Gruppenziel stehen, das von allen akzeptiert wird und das Beste darstellt, was in der gegebenen Situation machbar erscheint. In der Praxis wird die Frage nach der Motivation der Einzelnen oft vermieden, unter Umständen sogar tabuisiert, mit der Folge immer wieder auftauchender Enttäuschungen, Missverständnisse und Konflikte. Bert Ex könnte hier mit der Erläuterung seiner Position beginnen und damit mit gutem Beispiel vorangehen. In der Rolle des Teamleiters kann er das leichter als als einfaches Teammitglied.

Zu den sinnvollen Arbeitsmethoden gehören neben einem angemessenen Zielcontrolling u. a. Techniken der analytischen Problemlösung (siehe zum Beispiel NORAD, 1999), der kreativen Ideenfindung (siehe zum Beispiel Bosse, 2007) oder der Arbeitsplanung (siehe zum Beispiel Rinza, 1998). Sie unterstützen die Zusammenarbeit durch Effektivität (sie zeigen Wirkung) und Effizienz (sie vermeiden unnötigen Aufwand). Arbeitsmethoden sollen hier aber nicht näher betrachtet werden. Für die Qualität der Arbeit ist die praktizierte Teamkultur wichtiger als die verwendeten Methoden. Von ihr hängt es ab, ob sich die Teilnehmer engagieren, ob es ihnen gelingt, sich zu verständigen, und ob sie ihr Wissen einbringen und austauschen können.

6.3.4 Teamkultur

Die Kultur eines Teams lässt sich als das Bündel der praktizierten Werte und Regeln beschreiben. Sie sind ein Strukturmerkmal (siehe Abschnitt 6.3.2) und bestimmen den Geist und Stil der Zusammenarbeit. Es geht bei Kultur mit anderen Worten um die Arbeitsatmosphäre und damit um die gelebten Emotionen. Gefühle sind so etwas wie der Kitt, der Teams zusammenhält.

In größeren Organisationen war solcher Kitt vor wenigen Jahrzehnten noch nicht notwendig. Vorbilder waren u. a. das Militär und die staatlichen Bürokratien. Kennzeichnend für sie waren die Hierarchie, geradlinige und eindeutige Anweisungs- und Berichtswege sowie eine klare Entweder-oder-Logik, die im Zweifel oben entschieden wurde. Auf die Sache kam es an, Gefühle spielten (offiziell) keine Rolle. Ausgewiesene Fachleute waren für die Planung auch detaillierterer Abläufe und Zuständigkeiten verantwortlich. Die lange Zeit übliche und selbstverständliche Trennung zwischen Kopf- und Handarbeit hatte hier eine Begründung. Das Gebilde „Organisation" wurde durch Macht und Regeln zusammengehalten.

Diese Operationsweise ließ keinen Raum für Teamarbeit. Jeder hatte im Rahmen seiner Stellenbeschreibung zu funktionieren, alles Weitere ging ihn nichts an. Die Arbeitsweise eines Teams sieht dagegen völlig anders aus. Routinen sind zweitrangig, weil sich Teams am erfolgreichsten mit neuartigen Aufgabenstellungen beschäftigen, für die es meist noch keine Routinen gibt bzw. für deren Erledigung erst noch Routinen erfunden werden müssen. Gefühle spielen neben der Sache eine wichtige Rolle. Positive Gefühle sind eine Voraussetzung für Kreativität, Motivation und Zusammenhalt. Wenn die Mitglieder eines Teams nicht aus innerer Überzeugung dabei sind, werden sie das Team verlassen, entweder tatsächlich oder durch „Dienst nach Vorschrift", also inneren Rückzug. Kreativität und Synergie bleiben dann auf der Strecke.

Ein gutes Team braucht ein gemeinsames, attraktives Zentrum, das mehr Anziehungskraft besitzt als alternative Möglichkeiten wie zum Beispiel die Mitwirkung in einem anderen Team, die Erledigung der eigenen Aufgaben jenseits des Teams oder auch ein rechtzeitiger Feierabend. Dieses gemeinsame Zentrum sorgt für die notwendigen Bindungskräfte im Team.

Kreativität, Engagement und Zusammengehörigkeitsgefühl hängen eng mit den folgenden Aspekten einer Teamkultur zusammen:

- Der empfundene *Sinn* der gemeinsamen Arbeit: Wenn die Teammitglieder Anlass, Hintergrund, Sinn und Bedeutung der gemeinsamen Arbeitsanstrengung verstehen und die entsprechenden Ziele für herausfordernd, aber erreichbar halten, entsteht gewöhnlich eine starke Motivationswirkung.

    Bert Ex sollte deshalb als Teamleiter oder auch als einfaches Teammitglied auf die Transparenz der Zusammenhänge achten und bei Bedarf Sinn und Bedeutung der Aufgabe thematisieren.

- Die *Gruppe* an sich: Wenn sich alle mit ihr identifizieren und darauf vertrauen, dass sie in dieser Zusammensetzung erfolgreich sein wird, entwickelt sich ein starkes Wir-Gefühl. Die Menschen kommen gerne zusammen und sind stolz auf ihr Team.

    Diesen Effekt kann Bert Ex als Teamleiter durch gemeinsame Veranstaltungen und gemeinschaftsfördernde Maßnahmen (gemeinsames Mittagessen, spontane Zusammenkünfte etc.) unterstützen. Als einfaches Teammitglied kann er solche Treffen anregen.

- Ein Wir-Gefühl produziert ein positives soziales Klima und umgekehrt. Letzteres ist gekennzeichnet durch *ehrliche und offene Kommunikation* sowie gegenseitigen *Respekt* und *Vertrauen*. Dies ist u. a. eine Voraussetzung dafür, dass auch negative Gefühle benannt werden können, ohne dass damit die Beziehungen ernsthaft gefährdet würden. Und dadurch wiederum kann verhindert werden, dass sich spezifische Denk- und Redeverbote ausbreiten und negative Stimmungen aufschaukeln können.

    Ein gutes soziales Klima gründet auf positiven Erfahrungen miteinander. Informelle Treffen, Feiern oder bestimmte Events können dazu beitragen, aber auch die Thematisierung (scheinbar) „heißer" Themen. Gelingt das in respektvoller und gleichzeitig ehrlicher und nicht verklausulierter Art und Weise, kann dies zu wichtigen Klärungen führen und obendrein für die nachfolgenden Interaktionen als positives Beispiel in Erinnerung bleiben.

    Das Verhalten von Bert Ex kann dabei beispielgebend sein. Als Teamleiter übt er ohnehin eine Vorbildwirkung aus, und als einfaches Teammitglied kann er zumindest deutliche Akzente in die positive Richtung setzen. Natürlich benötigt er dafür Mut und ein gutes Gespür für den richtigen Zeitpunkt und den richtigen Ton.

- Ein weiteres Merkmal eines positiven sozialen Klimas ist die *gegenseitige Unterstützung* bei der Erledigung individueller Aufgaben. Dahinter steht eine Haltung, die auch gute Sportmannschaften auszeichnet: Hat einer im Team Schwierigkeiten oder macht einen Fehler, helfen ihm die anderen und versuchen gegebenenfalls, den Fehler auszubügeln. Alle fühlen sich verantwortlich für die Gesamtaufgabe, auch wenn jeder zu-

nächst einmal seine eigenen Aufgaben zu erledigen hat. Die Gewissheit, dass falls nötig geholfen wird, stärkt gleichzeitig das Gefühl, ein beachteter und damit ernst ge-
nommener Teil der Gruppe zu sein. Es kann gleichzeitig das Vertrauen in die eigene
Wirksamkeit und die Identifikation mit der Gruppe stärken.

Bert Ex sollte als Teamleiter zur gegenseitigen Unterstützung ermuntern und unmittelbar anerkennen und loben, wenn er sie wahrnimmt. Umgekehrt sollte er genau
nachfragen und eventuell auch kritisieren, wenn er die gegenseitige Unterstützung
vermisst. Bert Ex kann so dazu beitragen, dass sich dieser Wert im Team etabliert. Als
einfaches Teammitglied sollte Bert Ex am besten mit gutem Beispiel vorangehen und
gegebenenfalls die gute oder auch mangelnde gegenseitige Unterstützung thematisieren.

- Die praktizierte *Streitkultur* ist ein anderes Merkmal der Teamkultur. Die Heterogeni-
  tät der Teilnehmer birgt die Chance für intelligente und originelle neue Lösungen. Mit
  der Unterschiedlichkeit der Menschen wächst jedoch auch das Konfliktpotenzial im
  Team, und zwar umso mehr, je engagierter sie an die Aufgabe herangehen. Damit
  wird der Konflikt in einem guten Team notwendig und zum Normalfall. Wird er
  nicht konstruktiv ausgetragen oder setzt sich der Stärkste einseitig und autoritär
  durch, bleiben Ideen ungenutzt oder sie kommen mangels wirklicher Beteiligung von
  Teammitgliedern gar nicht erst zustande.

  Bert Ex sollte als Teamleiter darauf achten, dass Konflikte an die Oberfläche
  kommen und bearbeitet werden. Außerdem sollte er aufpassen, dass bei allem Engagement die Zuhörbereitschaft und der gegenseitige Respekt im Team erhalten bleiben
  und Abwertungen vermieden werden. Für Bert Ex als einfaches Teammitglied gilt
  dasselbe, auch wenn sein Einfluss geringer ist.

- Engagement und Zusammengehörigkeitsgefühle können darüber hinaus durch die
  bewusst miteinander geteilte *Professionalität* bzw. durch gemeinsame Arbeitsstandards gestärkt werden. Die „professionelle Handschrift" des Teams, die Ähnlichkeit
  des Wissens, der Vorgehensweisen und der Techniken kann Stolz und Bindung erzeugen. Voraussetzung dafür sind bewusst wahrgenommene Erfolgserlebnisse und
  deren Rückführung auf teamspezifische Arbeitsweisen.

  Es kann sich deshalb lohnen, wenn Bert Ex als Teamleiter Zeit zur gemeinsamen
  Selbstvergewisserung reserviert („Was macht uns in professioneller Hinsicht eigent-
  lich aus?") oder zur gemeinsamen professionellen Weiterentwicklung. Als einfaches
  Teammitglied kann Bert Ex Vergleichbares vorschlagen.

  Das Bewusstsein, hohe und spezifische Arbeitsstandards zu besitzen und auch
  praktisch umsetzen zu können, verbindet. Weitere *geteilte Vorstellungen* über sich
  selbst und die anderen, über Rollen, Regeln und Werte können zusätzlich das
  Zusammengehörigkeitsgefühl verstärken. Das Wissen, dass man sich im Team über

solche Dinge einig ist, lässt die Menschen innerlich näher zusammenrücken. Auf der anderen Seite tragen ständige wechselseitige Bestätigungen und Bestärkungen die Gefahr von „Groupthink" in sich, also mangelnde Differenzierung und eingeschränkter Realitätssinn.

Bert Ex kann wiederum durch sein eigenes Verhalten dazu beitragen, dass die positiven Effekte wirksam und Grenzen zum „Groupthink" nicht überschritten werden.

- *Ein- bzw. Abgrenzung* kann ebenfalls zusammenschweißen. Gemeint ist eine „Wir-sind-wir-Mentalität", die Rivalität und Selbstbewusstsein gegenüber anderen Gruppen oder generell gegenüber einem „Außenfeind" ausdrückt, aber schnell in Arroganz umkippen kann.

  Auch hier sind es vor allem die eigene Umsichtigkeit und das eigene Verhalten, das Bert Ex zur Verfügung hat, um positive Effekte zu erzeugen bzw. zu verstärken und die negativen zu vermeiden. Wenn er zum Beispiel den Eindruck hat, dass die Abgrenzung gegenüber anderen zu stark geworden und teilweise vielleicht zu einer vollständigen Gegnerschaft oder sogar Feindschaft geworden ist, kann er dies zum Thema machen und eventuell für Kontakte bzw. Gesprächsgelegenheiten zusammen mit den anderen sorgen.

  Nicht zuletzt können *gemeinsame Symbole und Rituale, feste Orte und/oder Zeiten* die Identifikation mit der Gruppe erhöhen, wenn sie von allen geteilt und ernst genommen werden. Mit ihnen wird die Gemeinsamkeit quasi zelebriert und damit wechselseitig bestätigt und bestärkt.

  Bert Ex kann solche Strukturen sowohl als Teamleiter als auch als einfaches Teammitglied vorschlagen.

- Ein wichtiger Erfolgsfaktor für die Teamarbeit ist nicht zuletzt die Durchführung von *Reflexionsrunden* mit dem Ziel, die Teamerfahrungen kritisch zu untersuchen. Solche bewusst geplanten oder spontan vorgenommenen Auszeiten können ein bedeutender Teil der Teamkultur sein. In den Fokus könnten dabei u. a. der erreichte Sachfortschritt, die eingesetzte Arbeitsmethodik, die Qualität von Kommunikation und Zusammenarbeit oder die jeweilige individuelle Zufriedenheit rücken. Solche Reflexionsrunden haben einen doppelten Sinn: Sie sind wie eine Teaminspektion zu verstehen und dienen der Selbstvergewisserung („Sind wir noch auf der richtigen Spur?", „Stimmen unsere Grundannahmen und Arbeitsvorstellungen noch?", „Ist in der Gruppe alles o. k.?") und sie ermöglichen gemeinsames Lernen.

  Bert Ex kann solche Reflexionsrunden vorschlagen und als Teamleiter auch einführen. Während der Reflexionsarbeit sollte er einerseits auf Gründlichkeit und andererseits auf Lockerheit und Kreativität achten. Eine verbissene, sehr kritische Haltung schadet eher, mit einer Prise Humor geht es viel besser. Vor allem sollte es im Team nicht zu wechselseitigen Vorwürfen kommen.

Die genannten Erfolgsfaktoren der Teamarbeit spielen während der gesamten „Lebenszeit" eines Teams eine Rolle, allerdings sind sie, je nach Teamphase, unterschiedlich bedeutsam.

6.4   Teamphasen managen

Wenn von Teams die Rede ist, geht es meistens um Projektteams, so auch im folgenden Abschnitt. Projekte kann man als zeitlich befristete Quasi-Organisationen verstehen und in bestimmte Phasen unterteilen. Jede Phase bringt spezifische Anforderungen mit sich, die Bert Ex bewältigen muss, wenn er mit dem Team erfolgreich sein möchte. Dabei kann es ihm helfen, wenn er die im letzten Abschnitt besprochenen Erfolgsfaktoren im Blick behält.

Aufbau und Konfiguration: Die Geschichte eines Teams beginnt mit der Entscheidung, eine Gruppe für die Lösung bestimmter Probleme zu bilden und zu beauftragen. Grundlagen dafür sind eine zumindest grobe Zielvorstellung, die später verfeinert werden kann, und ein dementsprechender Zuschnitt der Gesamtaufgabe. Dafür werden dann der Teamleiter und die anderen Teammitglieder ausgewählt. Falls Bert Ex zum Teamleiter ernannt wird, kann er versuchen, auf die Auswahl seiner Kolleginnen und Kollegen Einfluss zu nehmen. Die strukturellen Bedingungen werden geklärt, wie zum Beispiel individuelle Freistellungen der Teammitglieder von ihren Regelaufgaben, Kommunikations- und Abstimmungswege, verfügbare Räumlichkeiten etc. Bert Ex sollte in dieser Phase darauf achten, dass die im Abschnitt 6.3.2 genannten und im spezifischen Fall auch relevanten Rahmenbedingungen zumindest größtenteils erfüllt werden.

Arbeitsbeginn: Zu diesem Zeitpunkt kommen die Teammitglieder am besten mit der Auftraggebergruppe (Steuerkreis bzw. Steering Committee) oder ihren Vertretern persönlich zusammen und veranstalten einen sogenannten Kick-off. Je nach Besonderheit und Komplexität des Projektthemas kann dieser bis zu drei Tage dauern. Am Ende sollten alle Teammitglieder verstehen, was der Anlass und die Hintergründe des Projektes sind, sie sollten sich mit den Zielen identifizieren und daran glauben, dass sie erreicht werden können. Jedem Einzelnen sollte weiterhin klar sein, worin sein persönlicher Beitrag besteht und wozu er wichtig ist. Jeder Einzelne sollte erwarten können, dass er seinen individuellen Beitrag leisten kann, dass die äußeren Bedingungen also günstig und die verfügbaren Ressourcen ausreichend sein werden. Nicht zuletzt sollte am Ende des Kick-offs ein gutes Gefühl des Miteinanders im Team vorherrschen, d. h. wechselseitiger Respekt und auch ein wenig Vorfreude auf die bevorstehende Zusammenarbeit. Erzwingen lässt sich ein solches Ergebnis nicht, wenn aber genügend Zeit verfügbar ist, um positive Erfahrungen miteinander zu teilen, steigt die Wahrscheinlichkeit dafür. Verschiedene Teamübungen kommen zu diesem Zweck infrage. Außerdem sollten genügend viele Möglichkeiten für informelle Begegnungen vorhanden sein.

Bert Ex sollte aktiv darauf hinwirken, dass diese Kick-off-Ziele so weit wie möglich erfüllt werden, denn seine Motivation und die spätere Leistung im Team (seine eigene wie die der ganzen Gruppe) werden stark davon abhängen. Sollte Bert Ex ein einfaches Teammitglied sein, kann und sollte er ebenfalls versuchen, diese Themen ins Gespräch zu bringen.

Inhaltlich wird es im Kick-off zunächst um den Kontakt untereinander gehen. Die Menschen müssen sich persönlich und von ihrer fachlichen Seite her kennenlernen. Beziehungen entstehen, werden aufgefrischt oder gestärkt, und auch die jeweils individuellen Haltungen gegenüber dem Gesamtprojekt und dessen Bewertungen sollten erkennbar werden. Dafür muss einige Zeit (eventuell bis zu ein Tag) verwendet werden. Weiterhin werden Projektpläne diskutiert und in diesem Zusammenhang die Ziele eventuell weiter konkretisiert, unter Umständen auch (teilweise) reformuliert. In diesem Zusammenhang wird es eine Rollen- und Aufgabenklärung geben sowie ein erstes Regelwerk zu Kommunikation, Führung und Zusammenarbeit.

Erhaltung und Förderung des Wir-Gefühls: Ein guter Projektstart ist eine solide und vielversprechende Grundlage für die anschließende Zusammenarbeit. Normalerweise entstehen aber auch in diesem Fall früher oder später Schwierigkeiten, die unterschiedliche Ursachen haben können. Es gilt dann, den Zusammenhalt und das wechselseitige Vertrauen aufrechtzuerhalten, die Motivation zu stärken und auftretende Konflikte konstruktiv zu bearbeiten. Wie üblich bei Teamarbeit, wird Bert Ex dabei intellektuell und emotional gleichermaßen gefordert sein. Im Wesentlichen kommt es darauf an, dass er glaubwürdig und authentisch bleibt, ehrlich ist und Klartext reden kann, dass er aber gleichzeitig auch ernsthaft und (weitgehend) unvoreingenommen zuhören und ein gewisses Maß an Empathie entwickeln kann, um zu verstehen, wie es seinem jeweiligen Gesprächspartner in der Situation gerade geht und was er ihm emotional zumuten kann.

Besonders in der Anfangsphase eines Projekts spielt die Gruppendynamik mit vielen Konflikten und Emotionen eine große Rolle. Sie gibt dem Team letztendlich Struktur, denn es geht um Normen, Regeln und (informelle) Rollen der Zusammenarbeit. Gruppendynamische Prozesse können, wie schon gesagt, dazu führen, dass die tatsächlichen Spielregeln bald ganz andere sind als die zuvor ausgemachten. Bert Ex sollte nicht versuchen, Emotionen herauszunehmen und aufkommende Konflikte im Keim zu ersticken. Eventuell sollte er sogar Konflikte schüren, wenn es seiner Meinung nach zu ruhig zugeht und er gleichzeitig das Gefühl hat, dass Wichtiges unausgesprochen bleibt. Allerdings sollte er mit seiner ganzen persönlichen Autorität dazwischengehen, wenn die Emotionen überkochen und der Konflikt destruktiv wird, indem Einzelne zum Beispiel persönlich abgewertet und vielleicht sogar beleidigt werden.

Lernen: Nach einiger Zeit der gemeinsamen Arbeit ist es wichtig, einmal innezuhalten, um miteinander darüber nachzudenken, wie es vorangeht und ob es Optimierungs- oder vielleicht sogar Umsteuerungsbedarf gibt. Die grundlegenden Fragen dazu lauten: Was machen wir eigentlich? Wie machen wir das? Wozu führt das? Wollen wir das? Es geht um Reflexionsrunden, wie sie in Abschnitt 6.3.4 betrachtet worden sind. Die Frequenz solcher Reflexionsrunden (mit Blick vor allem auf den Stand der Arbeitsergebnisse, auf die Ziele und Projektpläne, auf die Arbeitsweise, auf Kommunikation, Kooperation, Regeln und Prozesse) hängt u. a. vom Stand des Projektfortschritts ab. Anfangs sollte Bert Ex darauf drängen, häufiger solche „Inspektionen" durchzuführen; später, wenn vieles eingespurt ist und gut läuft, kann die Frequenz geringer werden.

Die Phasen „Erhaltung und Förderung des Wir-Gefühls" und „Lernen" gehen in der Praxis ineinander über und wechseln sich ab. Sie sind nicht nach einem einzigen Durchgang abgeschlossen. Beendet sind sie erst, wenn das Gesamtprojekt beendet ist.

Beendigung: Besonders dann, wenn es sich nicht um ein kleines, alltägliches Projekt gehandelt hat, sondern um etwas Größeres und Bedeutsameres, ist es wichtig, am Ende die gemeinsamen Erfolge und die (hoffentlich) gute Zusammenarbeit angemessen zu würdigen. Einerseits ist es sinnvoll, die Lessons Learned noch einmal zusammenzutragen, damit Fehler sich nicht endlos wiederholen. Andererseits kann eine kleine (unter Umständen auch größere) Feier den würdevollen Abschied sehr erleichtern. Abschied nehmen müssen die Teammitglieder voneinander, jedenfalls was die Zusammenarbeit in diesem konkreten Projekt betrifft, aber auch von ihrer eigenen Identifikation mit dem Thema. Gerade dann, wenn Bert Ex viel Herzblut in das Projekt investiert hat, kann ihm ein kleines Ritual helfen, sich davon wieder zu lösen. Gelingt es ihm nicht, innerlich loszulassen, wird er sich nur schwer mit ähnlichem Herzblut in einem neuen Projekt engagieren können.

6.5 Virtuelle Teams

Alles bisher Festgestellte gilt unverändert, teilweise sogar in besonderem Maße auch für virtuelle Teams. Es handelt sich dabei um Gruppen, deren Mitglieder örtlich und zeitlich versetzt auf der Grundlage von gemeinsamen Zielen zusammenarbeiten und informationstechnisch vernetzt sind (siehe zu dem Thema u. a. Konradt und Hertel, 2002). Häufig sind die Teammitglieder über verschiedene Kontinente verteilt und es kommt selten, manchmal sogar überhaupt nicht zu persönlichen Treffen. In letzterem Fall ist es geradezu unmöglich, gute und vertrauensvolle Beziehungen untereinander aufzubauen. Dem großen Vorteil, dass im Rahmen virtueller Teams Experten aus aller Welt rund um die Uhr zusammengebracht werden können, stehen unterschiedliche Nachteile gegenüber. Dazu gehört die oft vergleichsweise geringere Identifikation mit der gemeinsamen Aufgabe und dem Team sowie ein erhöhtes Risiko von Irritationen und unnötigen Konflikten, weil man eben weit auseinander ist, sich weniger gut kennt und es weniger Gemeinsamkeiten, aber dafür größere kulturelle Unterschiede gibt. Die Kommunikation untereinander findet häufig mittels E-Mail und Telefon- bzw. Videokonferenzen statt. Der Informationsgehalt gegenüber einer Face-to-Face-Begegnung ist dann stark reduziert, wodurch größere Spielräume für Vermutungen, ungeprüfte Annahmen und Interpretationen entstehen. Dies wird noch dadurch verstärkt, dass die Kommunikation für die meisten nicht in ihrer Muttersprache stattfindet. Weil das Vertrauensniveau oft geringer ist als bei realen, standortgebundenen Teams, werden Missverständnisse sehr wahrscheinlich, und diese können schnell zu negativen Gefühlen und Polarisierungen führen. Für die erfolgreiche Arbeit eines virtuellen Teams kommt es deshalb ganz besonders auf die Fähigkeiten, Haltungen und das Verhalten des Teamleiters und der einzelnen Teammitglieder an. Wichtiger noch als bei realen Teams sind außerdem für jeden Einzelnen das Gefühl einer Sinnhaftigkeit der Gesamtaufgabe, die Bedeutung des eigenen Beitrages und das Vertrauen in die Gültigkeit der gemeinsamen Normen und Regeln.

Falls Bert Ex ein virtuelles Team leitet, sollte er deshalb besonders darauf achten, dass der Leistungsprozess für alle möglichst transparent ist und es keine informationsbezogene Bevorzugung von lokalen Teammitgliedern gibt. Für den Einzelnen muss klar sein, wozu sein individueller Beitrag notwendig ist, und Bert Ex sollte häufig Feedback geben – je weiter entfernt ein Teammitglied arbeitet, desto mehr. Generell sollte er dafür sorgen, dass es zwecks sozialer Integration genügend viele Möglichkeiten für persönliche Treffen gibt, auch informeller Art, und dass mithilfe von sinnvollen Ritualen und Symbolen, vielleicht auch durch eine gemeinsame Teamseite im Intranet, eine Gruppenidentität aufgebaut und gepflegt wird.

Als Teamleiter muss Bert Ex eine besondere Sensibilität für die Bedürfnisse der Mitarbeiter sowie für das generelle Klima im Team entwickeln, und zwar umso mehr, je seltener Face-to-Face-Kontakte stattfinden. Er benötigt außerdem Sensibilität und Toleranzbereitschaft hinsichtlich kultureller Unterschiede im Team. Gegebenenfalls muss er bereit und imstande sein, zwischen verschiedenen Kulturen zu vermitteln. Coaching sollte sein bevorzugter Stil sein, d. h., er sollte sich primär als Sparringspartner verstehen, der mehr fragt als sagt und damit Hilfe zur Selbsthilfe gibt. Direkte Anweisungen sollten dementsprechend Ausnahmefälle bleiben. Aufgrund der oft großen Entfernungen zwischen den Beteiligten können Direktiven ohnehin vergleichsweise leicht ignoriert bzw.

unterlaufen werden. Bert Ex helfen in jedem Fall ein relativ niedriges Kontrollbedürfnis und eine hohe Vertrauensbereitschaft.

Selbstverständlich benötigt er darüber hinaus die Fähigkeit, adäquat mit elektronischen Medien zu kommunizieren, wozu die Kenntnis technischer Möglichkeiten und noch mehr die der sozialen und emotionalen Wirkungen der verschiedenen Medien gehört. Für welche Ziele ist der Austausch via E-Mail zweckmäßig, wofür genügen Telefon- und Videokonferenzen, und für welche Anlässe sind persönliche Treffen unverzichtbar? Als Faustformel könnte dienen: Je einfacher und eindeutiger die Informationen sind, desto besser sind E-Mails für ihren Austausch geeignet. Je komplexer und/oder emotional brisanter dagegen die Themen sind, desto eher werden Face-to-Face-Begegnungen notwendig sein. Telefon- und Videokonferenzen liegen mit ihren Möglichkeiten dazwischen.

Falls Bert Ex ein einfaches Mitglied eines virtuellen Teams ist, hat er gewöhnlich weniger Einfluss. Er kann aber Schwierigkeiten ansprechen und Vorschläge begründen, wenn er Handlungsbedarf oder Verbesserungsmöglichkeiten sieht. Um auch als einfaches Mitglied eines virtuellen Teams erfolgreich zu sein, muss er bestimmte persönliche Anforderungen erfüllen. Dazu gehören intrinsische Motivation (aus der Sache selbst heraus) und eine besondere Identifikation mit der Aufgabe, weil er relativ autonom arbeitet und Bestärkungen und Ermunterungen durch andere Teammitglieder weitgehend fehlen. Aus demselben Grund benötigt Bert Ex die Fähigkeit zum Selbstmanagement sowie Tugenden wie Gewissenhaftigkeit, Verlässlichkeit und Verantwortungsbewusstsein in Bezug auf die Gesamtaufgabe. Wegen der Besonderheiten virtueller Arbeit hilft es ihm außerdem, wenn er ein nur geringes Bedürfnis nach festen Strukturen hat, also gut mit unbestimmten, mehrdeutigen Situationen zurechtkommt und flexibel auf rasch wechselnde Situationen reagieren kann.

6.6   Balancen austarieren

Teamarbeit zeigt dann ihr größtes Potenzial, wenn es um die Lösung von komplexen Problemen geht. Für Routineaufgaben, die nach einem definierten Standard immer in gleicher Weise ausgeführt werden, eignet sich vielmehr die Linie. Zu Routine darf auch die Arbeit *innerhalb* von Teams nicht werden. Um das höchstmögliche Leistungsniveau zu erzielen, gilt es, für ständig wechselnde Situationen und Fragestellungen immer wieder neue Balancen zwischen (zumindest auf dem ersten Blick) widersprüchlichen Orientierungen und Handlungstendenzen zu finden. Scheinbar schließen diese sich aus, aber tatsächlich stehen sie in einem notwendigen Spannungsverhältnis. Wenn ein Aspekt überwertig wird – zulasten seines Gegenübers – verringert sich das Leistungspotenzial des Teams. Dazu folgende Beispiele:

Stark führen und Selbstorganisation zulassen: Besonders zu Beginn eines „Teamlebens" ist starke Führung wichtig. Wenn die Gruppe erstmals zusammenkommt, herrschen meistens Gefühle von Unsicherheit, Nervosität, Spannung und Neugierde vor. Es ist in dieser Zeit vor allem die Sache von Bert Ex (wenn er das Treffen leitet), seine Rolle deutlich zu machen, für Orientierung zu sorgen und vor allem durch das eigene Beispiel dazu beizutragen, dass sich Lockerheit, Vertrauen und Sympathie breitmachen können. Bert Ex wird in dieser Phase als Fixpunkt dringend gebraucht. Wenn die Gruppe mit ihrer eigentlichen Arbeit beginnt, kommt es zu ersten Konflikten. Dabei geht es um die Sache, aber gleichzeitig wird offener oder verdeckter Streit über die gültigen Regeln und Werte ausbrechen, über die interne Hackordnung und über die Verteilung von Kompetenzzuschreibungen, Sympathie und Einfluss. Inoffizielle Ranglisten, Koalitionen und Interessengemeinschaften entstehen. Bert Ex sollte, wie bereits gesagt, den Konflikten Zeit und Raum geben, denn sie sind notwendig für die Herausbildung einer selbst geschaffenen Struktur. Allerdings muss er mäßigend eingreifen, wenn Destruktivität und persönliche Angriffe überhand nehmen. In aller Regel wird anschließend das Bedürfnis nach Ruhe und Frieden dominieren. Die Aufmerksamkeit der Gruppe geht dann nach außen, Widerspruch innerhalb des Teams wird weniger geschätzt, weil die Streiterei nicht schon wieder losgehen soll. In dieser Phase sollte Bert Ex den möglicherweise unterdrückten Widerspruch stärken, indem er zum Beispiel selbst Kontrapunkte setzt, provoziert und differenziert oder indem er andere in solchem Verhalten unterstützt. Der Konflikt wird ohnehin wieder in das Team zurückkehren, aber es hat (hoffentlich) gelernt, produktiver als am Anfang damit umzugehen. Das Team hat Erfahrungen miteinander gemacht, Struktur ist erkennbar, und die Beziehungen sind belastbarer geworden. Bert Ex sollte nun wieder (stärker) in den Hintergrund rücken.

Der Prozess verläuft nicht zwangsläufig in genau dieser Abfolge. Auch wird er nicht unbedingt in einen stabilen und produktiven Endzustand münden. Vor- und Rückschritte sowie wellenartige Bewegungen sind üblich. Gruppendynamische Konflikte flammen auf und legen sich wieder, Strukturen bilden sich und zerfließen möglicherweise wieder. Wichtig ist, dass sich nach einer akzeptablen Zeit die Aufmerksamkeit der Gruppe vor allem auf die Sache konzentriert und nicht auf die Gruppe selbst. Das Verhalten des Leiters spielt dafür eine Schlüsselrolle. Einmal ist seine starke Präsenz notwendig, ein anderes Mal sollte er das Feld der Gruppe überlassen und sich selbst stark zurücknehmen, ein weiteres Mal liegt das bestmögliche Leiterverhalten dazwischen. In diesem Sinne muss Bert Ex ständig neu entscheiden, welche Balance er austariert zwischen freier Selbstorganisation der Gruppe und direktivem Eingreifen.

Nähe und Distanz: Teams benötigen ein gewisses Maß an Nähe bzw. Zusammenhalt (Kohäsion). Ausgedrückt wird es u. a. durch das Wir-Gefühl. Dieses ist Folge und Voraussetzung dafür, dass sich einigermaßen stabile und belastbare Beziehungen entwickeln, dass sich die Mitglieder engagieren und gegebenenfalls Konflikte eingehen, die sie konstruktiv austragen können. Ein zu starkes, nicht irritierbares Wir-Gefühl ist jedoch unter dem Gesichtspunkt des Leistungsvermögens der Gruppe auch ungünstig. Eine hohe Kohäsion führt tendenziell zu einem Gleichklang des Denkens, Fühlens und Bewertens in der Gruppe. Wenn alle nur noch Dasselbe denken, geht die Kreativität verloren, und eine kollektive Vernebelung (Groupthink) setzt ein. Das Team kann in einer solchen Phase für seine Mitglieder zum Selbstzweck werden und als „Closed Shop" mit einer kräftigen Portion Arroganz nach außen auftreten. Eine immer wieder hergestellte kritische Distanz zur Gruppe ist deshalb genauso wichtig wie die grundsätzliche Aufrechterhaltung von Nähe und Zusammenhalt.

Planen und Handeln: In der Praxis gibt es nicht wenige Teams, für die einzig und alleine das Handeln zählt. Sie verstehen sich selbst als pragmatische Macher, sind jedoch tatsächlich oft weder effektiv noch effizient. Von außen wirken sie aktionistisch. Sie arbeiten unter Umständen mit viel Energie und Enthusiasmus, verlaufen sich aber regelmäßig und wiederholen immer wieder dieselben Fehler. Wo sie am Ende landen, ist sehr vom Zufall abhängig, und Lernen findet kaum statt. Auf der anderen Seite gibt es Teams, die über die Phasen der Reflexion und Planung nur schwer hinauskommen. Oft treibt sie die Illusion, die Zukunft mit allen ihren Möglichkeiten und Fallstricken durch Nachdenken und durch Planung einfangen zu können. Weil sie damit nie fertig werden können, arbeiten sie zwar möglicherweise sehr konzentriert und angestrengt, aber es bleibt eine Art Trockenschwimmen, ohne reale Ergebnisse. Wenn sie nach langer Vorlaufzeit irgendwann tatsächlich an die Umsetzung gehen, können sich die Verhältnisse bereits wieder grundlegend verändert haben – was sie dann nicht selten zu der Schlussfolgerung führt, dass sie nicht genügend geplant haben. Bert Ex sollte insbesondere als Teamleiter darauf drängen, dass vor einer Aktion so viel geplant wird wie nötig, dass aber die Gruppe auch schnell und entschlossen handelt. Die Zukunft lässt sich ohnehin kaum voraussehen. Wenn das Gelände weitgehend unbekannt ist, ist ein Vorgehen in bewusst gesetzten kleinen Schritten günstig, das sich selbst als experimentell versteht, und das Reflexionsschleifen zwecks Lernen von vornherein vorsieht.

Inhalt, Methoden und Beziehung: Teamarbeit lässt sich analytisch in diese drei Ebenen differenzieren. Auf der Inhaltsebene geht es um die Sachthemen, deretwegen das Team zusammengekommen ist. Auf der Methodenebene geht es um den roten Faden, d. h. um die zielorientierte Strukturierung des Vorgehens und der Aufgaben sowie um die dafür geeigneten (Denk-)Werkzeuge. Auf der Beziehungsebene geht es um die Interaktion der Gruppenteilnehmer und um das Klima der Zusammenarbeit. Um gute Arbeitsergebnisse erzielen zu können, sind Engagement, Aufmerksamkeit und Präsenz auf allen drei Ebenen erforderlich. Ein einseitiges Übergewicht der Sachebene kann zu lange andauernden und wenig zielführenden akademischen Diskussionen führen, ein einseitiges Übergewicht der Methodenebene kann zu fruchtlosem „Methodismus" führen, zu ziellosen Spielereien oder Prinzipienreitereien mit vielleicht sogar ideologischem Eifer („Die Methode verlangt einfach, dass wir dieses und jenes machen, gleichgültig, worum es eigentlich geht"). Ein einseitiges Übergewicht der Beziehungsebene kann dazu führen, dass sich alle im Team prima fühlen, das Ziel und die Aufgaben aber tendenziell aus dem Blick geraten. Stattdessen kann so etwas wie eine dauerhafte Partystimmung entstehen. Bert Ex sollte darauf achten, dass keine dieser Ebenen vernachlässigt und keine überwertig wird. Dementsprechend sollte er jeweils auf der Ebene intervenieren, die seiner Einschätzung nach gerade zu wenig Aufmerksamkeit erfährt, vielleicht mit Vorschlägen zum weiteren Vorgehen. Damit zieht er gleichzeitig Aufmerksamkeit von der seiner Meinung nach gerade überbetonten Ebene ab.

Struktur und Prozess: Strukturiertes Arbeiten im Team ist wichtig, damit die Zielorientierung nicht verloren geht und es hinreichend effektiv und effizient zugeht. Zu viel Struktur kann jedoch zu viel (Schein-)Sicherheit bzw. Selbstberuhigung mit sich bringen mit der Folge, blind gegenüber der Komplexität der Wirklichkeit zu werden. Vorgedachte Prozesse und Verfahren können – besonders dann, wenn sie sehr elaboriert und kompliziert sind – dazu führen, dass sich die Menschen immer nur um sich selbst und die immer wieder gleichen Überlegungen und Vorstellungen drehen. Dies gleicht dann einem Denkgefängnis oder dem Aufenthalt in einer milchigen Käseglocke. Wenn Teams mit der Lösung neuartiger und komplexer Problemsituationen beschäftigt sind, dominiert das Nicht-Wissen. Es fehlen dann systematisch Überblick und Durchblick. Solche Situationen werden im Allgemeinen als sehr spannungsreich und unangenehm erlebt, vor allem von Menschen, die zu ihrer eigenen Sicherheit viel Struktur brauchen. Besonders bei ihnen wächst das Bedürfnis, sich mittels rascher Strukturierung in bewährter Form oder durch Rückgriff auf Routinen und früher funktionierende Lösungen wieder zu entspannen. Der Preis dafür ist der Verzicht auf ein besseres Verständnis der Situation und die Chance auf eine wirklich innovative Alternative. Durch zu rasches Rückgreifen auf Bekanntes schwindet die Chance auf die Entdeckung von etwas wirklich Neuem. Prozessorientiertes Handeln bedeutet, die Aufmerksamkeit auf den Weg zu richten, den man gerade beschreitet, und sich möglichst unvoreingenommen überraschen zu lassen von unerwartet auftauchendem Rückenwind und Gegenwind, von Abkürzungen und Sackgassen, von Klippen, Hindernissen und willkommenen Rutschbahnen.

Bert Ex sollte darauf achten, dass die Spannung durch Nicht-Wissen nicht zu schnell wieder aufgelöst wird. Auf der anderen Seite sollte er aber auch registrieren, wenn zu lange strukturlos und ineffizient in der Problemsituation herumgestochert wird, ohne dass sich Ergebnisse abzeichnen, und es deshalb zu wachsender Frustration bei den Beteiligten kommt.

Balancen situativ auszutarieren, ist eine anspruchsvolle Aufgabe, die Fingerspitzengefühl und Erfahrung voraussetzt. Nur dann, wenn Bert Ex damit erfolgreich ist, kann das Team sein maximales Leistungspotenzial erreichen. Er benötigt eine Mannschaft, die sich auf seine Interventionen einlässt, was u. a. ein gutes Vertrauensverhältnis verlangt. Leichter wird es, wenn das Team insgesamt erfahren und dementsprechend eingespielt ist.

6.7 Dialoge als die Kunst, miteinander zu denken

Prozesshaft zu denken und sich von neuen Perspektiven und Betrachtungsweisen überraschen zu lassen, steht auch im Mittelpunkt des Dialogkonzeptes von William Isaacs, das er Mitte des vergangenen Jahrhunderts am Massachusetts Institute of Technology (MIT) entwickelt hat. Es handelt sich um ein Konzept für einen adäquaten Umgang mit Komplexität und beschreibt die Bedingungen einer Kommunikation in Teams, die es möglich macht, Unterschiede in den vorhandenen Vorstellungen, Erfahrungen und Wissensbeständen für alle sichtbar und fruchtbar werden zu lassen. Der Dialog kann dadurch Lösungen – insbesondere innovative Lösungen für komplexe und widersprüchliche Problemlagen – hervorbringen. Er kann interaktiv implizites Wissen aufdecken (explizieren), explizites Wissen verknüpfen und neues Wissen generieren. Der Dialog ist in diesem Sinne auch eine Methode, die bestimmte Fähigkeiten und Haltungen verlangt und definierte Rollen für ihre Umsetzung braucht.

Für die Kommunikation im Team lassen sich auf der Basis des Dialogkonzeptes vier Phasen unterscheiden, die sich im Hinblick auf ihr Potenzial zum Austausch und zur Generierung von Wissen stark unterscheiden:

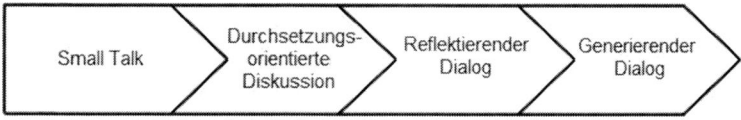

Abb. 22 Vier Phasen der Kommunikation im Team

1. *Small Talk:* Diese Kommunikationsweise dominiert gewöhnlich am Anfang einer gemeinsamen Teamarbeit, vor allem dann, wenn man sich untereinander und auch die bevorstehende Aufgabe noch nicht (gut) kennt. Man ist nett und unverbindlich,

hält sich an Konventionen und versucht vor allem, sich selbst in ein positives Licht zu rücken. Die eigenen Gedanken werden vorgestellt, aber nur so weit, wie man glaubt, gehen zu können, ohne den anderen nennenswert zu provozieren. Es geht mehr um Kontakt als um die Sache, man will nicht in eine ernsthafte und kontroverse Diskussion einsteigen.

2. *Durchsetzungsorientierte Diskussion:* In dieser Phase wird es konflikthaft. Nachdem die Zusammenarbeit im Team ernsthaft begonnen hat, lassen sich die relevanten Unterschiede nicht mehr länger verbergen. Sie sind notwendig für die Erzielung neuer und origineller Lösungen. In einer durchsetzungsorientierten Diskussion werden vor allem die bekannten inhaltlichen Positionen vorgetragen. Das Tempo und die Aufregung nehmen zu, die Durchsetzung eigener Standpunkte steht im Vordergrund. Es wird wenig bis gar kein Bezug aufeinander genommen. Das Zuhören konzentriert sich vor allem darauf, verwertbare Schwächen in der Argumentation des anderen zu entdecken. Jeder möchte gewinnen, weil er sich sehr mit seinen eigenen Gedanken identifiziert („Ich bin meine Position"). Die Gedanken der Verlierer einer durchsetzungsorientierten Diskussion gehen auch meistens verloren. Genau deshalb ist dieser Kommunikationsstil von niedriger Qualität, denn der Unterlegene hatte möglicherweise zumindest in Teilbereichen recht, aber er war nicht aggressiv, laut, raffiniert oder sonst etwas genug.

3. *Reflektierender Dialog:* Bei diesem Kommunikationsstil verlangsamt sich das Tempo erheblich. Die Teilnehmer hören sich zu mit dem Ziel, den anderen sachlich („Wie kommst du darauf?") und emotional („Warum ist dir das so wichtig?") so gut wie möglich zu verstehen. Man lernt *voneinander.* Gedankengänge werden offengelegt und gemeinsam erkundet, Einschätzungen und Wirkungszusammenhänge gemeinsam überprüft. Dabei wird u. a. deutlich, dass man vieles sehr unterschiedlich und kontrovers betrachten kann und es selten nur ein einziges „Richtig" gibt. Durch den gemeinsamen Erkundungsprozess kann die Kontextgebundenheit des eigenen Wissens erkennbar und implizites Wissen greifbar und benennbar werden. Introspektion („Was lässt das Gehörte in mir anklingen?") als Zugang zur eigenen Intuition und zum impliziten Wissen wird wichtiger als Außenorientierung. In diesem Zusammenhang relativieren sich auch die eigenen Ansichten und Überzeugungen. Die Bereitschaft, sich von einem Teil seines eigenen Gedankengutes zu lösen, auch wenn es sich teilweise um jahrelang aufrechterhaltene persönliche Grundüberzeugungen handelt, und sich gleichzeitig für ganz neue Vorstellungen zu öffnen, ohne dass diese in Umrissen schon klar und formulierbar wären, führt zur vierten Phase.

4. *Generierender Dialog:* Das im Laufe der vorherigen Phasen entstandene Klima lässt das Gefühl von Zusammengehörigkeit wachsen und öffnet einen Zugang zu tieferen Schichten der Intuition. Der reflektierende Dialog ist in der Regel eine Vorstufe des generierenden Dialogs. Energievolle und chaotische Phasen wechseln sich ab mit

nachdenklichen und stillen. Neue Ideen entstehen, ohne dass man identifizieren könnte, wessen Beitrag genau dafür ursächlich war. Im Idealfall wird im Team die individuelle Positionen flüssiger, die Verbindungen zwischen den unterschiedlichen Gedanken deutlicher, die schlussfolgenden Bewertungen werden verzögert und die handlungsleitenden mentalen Modelle teilweise neu strukturiert. Die Überlegungen der Teammitglieder fließen ineinander, es entsteht ein „Flow" und mit ihm neue Erkenntnisse, Gedanken und Handlungsimpulse. Man lernt *miteinander*. Allerdings kann man einen solchen Prozess nicht erzwingen. Es lassen sich lediglich Bedingungen herstellen, die das Auftreten solcher hochproduktiver Phasen der Teamarbeit wahrscheinlicher werden lassen. Dazu gehören u. a. die Fähigkeit und die Bereitschaft, vorübergehende Konfusionen, Irritationen und Verunsicherungen in Kauf zu nehmen und auszuhalten. Außerdem sind die Haltungen und Kompetenzen der Beteiligten wichtig. Nicht die Durchsetzung von Einzelinteressen darf sie leiten, sondern ein gemeinsames Lerninteresse. Das setzt Hierarchiefreiheit (auch in den Köpfen der Menschen) und eine reduzierte Konkurrenzdynamik voraus sowie einen grundsätzlich wertschätzenden Umgang miteinander.

Erfahrungen mit dem Konzept zeigen, dass für das Funktionieren von reflektierenden und generierenden Dialogen vier Rollen besetzt sein müssen: Die des „Movers" (Initiator), des „Opposers" (Herausforderer), des „Followers" (Unterstützer) und des „Bystanders" (Prozessbeobachter).

Ein *Mover* initiiert und sagt, was er zu sagen hat, was ihm wichtig ist und worum es ihm geht. Er sagt zum Beispiel, in welche Richtung sich die Gruppe seiner Meinung nach bewegen sollte. Er greift Themen auf, macht Vorschläge und bringt damit den Prozess voran. Das Gegenteil oder negatives Mover-Verhalten bedeutet, wichtige Gedanken und Impulse zurückzuhalten, sei es aus Scheu oder aus taktisch-politischen Gründen. Negatives Mover-Verhalten ist auch leeres Gerede – etwas sagen, nur damit es gesagt ist, ohne nennenswerte Substanz.

Ein *Opposer* stellt sich dem Mover entgegen, überprüft seine Aussagen kritisch auf Genauigkeit und stimmige Zuordnung und nimmt eventuell gegenteilige Standpunkte ein. Er bleibt dabei aber respektvoll und ist grundsätzlich bereit, sich überzeugen zu lassen. Dadurch wird sein Verhalten konstruktiv. Ein negatives Opposer-Verhalten bedeutet, die Mover-Position alleine mit dem Ziel anzugreifen, sie zu zerstören.

Der *Follower* unterstützt den Mover. Er versucht, sich in den anderen einzufühlen, und fragt dafür vertiefend nach. Dabei versetzt er sich in dessen Gedankengebäude und hilft, es von innen weiter auszubauen. Damit schärft er die Mover-Position und verdeutlicht ihr Potenzial für das gemeinsame Ziel. Negatives Follower-Verhalten bedeutet, lediglich papageienhaft das zu wiederholen, was der Mover bereits gesagt hat, ohne den Mehrwert der Vertiefung.

Der *Bystander* schließlich beobachtet die Interaktion, äußert seine Wahrnehmungen über vorhandene Muster und weist auf die seiner Meinung nach fehlenden Aspekte im Gespräch hin. Er bewahrt die Ambivalenz und verlangsamt oder beschleunigt den Prozess. Er bremst zum Beispiel, wenn in der Gruppe die Tendenz übermächtig wird, die unterschiedlichen und widersprüchlichen Aussagen im Raum zu rasch zu bewerten, zu ordnen und in den gewohnten Zusammenhang zu bringen. Er beschleunigt, wenn sich die Gruppe offensichtlich gedanklich im Kreis dreht. Negatives Bystander-Verhalten bedeutet, als Schiedsrichter zu handeln und einseitig bestimmte Bewertungsmuster ins Spiel zu bringen.

Für einen funktionierenden Dialog ist es wichtig, dass möglichst alle vier Rollen jederzeit besetzt sind. Die Rolleninhaber können dabei wechseln. Es ist sogar günstig, wenn jeder jede Rolle ausfüllen kann, weil dann jeder die Lücke füllen kann, wenn er bemerkt, dass gerade eine Rolle unbesetzt ist.

Der Dialog ist ein anspruchsvolles Konzept. Unter bestimmten Voraussetzungen wird es nicht zu einem generierenden Dialog kommen können. Das wird zum Beispiel dann der Fall sein, wenn unpassende Rahmenbedingungen wie zu wenig Zeit, ein ungeeigneter Raum oder gravierende Unterschiede in den Erwartungen und Interessen der Auftraggeber verglichen mit denjenigen der Gruppe zu verzeichnen sind. Weiterhin kann der Dialog an einem nicht passenden Situationsverständnis der Beteiligten scheitern („Worum soll es hier eigentlich gehen?"), an ungeeigneten Haltungen und Einstellungen, einem Mangel an gegenseitiger Wertschätzung und Vertrauen oder einfach an fehlendem fachlichen und methodischen Wissen. Möglicherweise gibt es auch innerhalb der Gruppe unüberwindbare Unterschiede bei den Bedürfnissen, Interessen und Leistungsansprüchen.

Ein Dialog lässt sich normalerweise nicht einfach so herstellen. Bert Ex kann natürlich seinen Teamkollegen vorschlagen, in eine dialogische Kommunikation einzutreten. Wenn diese aber das Konzept noch gar nicht kennen bzw. in der Praxis des Dialogs ungeübt sind, kann dessen Potenzial kaum ausgeschöpft werden. Günstig sind vorgeschaltete Trainings. Insbesondere das flexible Ausfüllen der vier Rollen muss geübt werden. Mancher Mitarbeiter ist zum Beispiel stark fixiert auf die Rollen des Movers und des Opposers. Er kann dann gut kämpfen und plädieren, aber er kann schlecht zuhören und die Situation und Position des anderen neugierig und weitgehend unvoreingenommen erkunden. Bei anderen Mitarbeitern mag es umgekehrt sein. Und nicht jeder ist imstande, sein typisches Verhaltensmuster und seine dahinterliegenden Einstellungen und Haltungen kurz- und mittelfristig zu verändern.

Auf der anderen Seite steht das große Potenzial des Dialogs. Die Dialogmethode ist gleichermaßen ein Konzept wie eine Methode und eine Philosophie. Bert Ex kann, wie gesagt, wesentlich dazu beitragen, Wissen in der Organisation zu verknüpfen und zu vermehren sowie neue Ideen zu generieren. Und Wissen ist letztlich der entscheidende Faktor im globalen Wettbewerb.

Die in Teil III behandelten sechs Handlungsaspekte (Wissen kommunizieren, Überzeugen, Beraten, Fragen, Konflikte handhaben, in Teams arbeiten) beinhalten einen Großteil des Alltaglebens von Bert Ex in seiner Rolle als Fachexperte und Wissensunternehmer. Immer geht es darum, relevante Teile seines Wissens für die Organisation nutzbar werden zu lassen. Er kann, wie gesehen, eine Menge tun:

- *Wissenskommunikation:* Bert Ex kann Sachinhalte verständlich vermitteln und, um sie auch annehmbar werden zu lassen, sich dabei glaubwürdig und rollenkonform verhalten.
- *Überzeugen:* Bert Ex kann einen anderen dazu bewegen, aus freien Stücken Ideen, Vorstellungen und Empfehlungen anzunehmen und umzusetzen.
- *Beraten:* Bert Ex kann einen anderen dabei unterstützen, eine situativ und persönlich stimmige Entscheidung in eigener Verantwortung zu treffen.
- *Fragen:* Bert Ex kann so fragen, dass sich für den anderen neue Perspektiven, Verstehensmöglichkeiten und Handlungsoptionen eröffnen.
- *Konflikte handhaben:* Bert Ex kann das Seine dafür tun, dass es durch den Konflikt in der Sache vorangeht und die Beziehung am Ende sogar gestärkt ist.
- *In Teams arbeiten:* Bert Ex kann dafür sorgen, dass im Team so miteinander gedacht und gesprochen wird, dass das gemeinsame Ergebnis am Ende besser ist, als es Einzelne im Team hätten erreichen können.

In Bezug auf seine Wirksamkeit ist Bert Ex aber immer abhängig von den Bedingungen um ihn herum und vom Verhalten der anderen Organisationsmitglieder, insbesondere der Führungskräfte. Hierauf richten sich die nachfolgenden abschließenden Überlegungen. Von Bert Ex verabschieden wir uns an dieser Stelle mit den besten Grüßen.

Abschließende Überlegungen:
Zur Führung von Fachexperten

Wie schon am Anfang dieses Buches festgestellt, ist Wissen zur wettbewerbsentscheidenden Ressource auf den Weltmärkten geworden. Gleichzeitig hat sich das prinzipiell verfügbare Wissen in den letzten Jahren und Jahrzehnten vervielfacht. Kein Linienmanager ist heute mehr imstande, alle für eine schwierige strategische Entscheidung relevanten Informationen und Wissenselemente in seinem Kopf zu speichern und zu verarbeiten. Zwar sind mehr oder weniger große Informations- und Wissenslücken bei komplexen Fragestellungen unvermeidbar, aber die Qualität von Entscheidungen kann deutlich steigen, wenn der Manager kompetente Fachexperten hinzuzieht, die ihn auf der Grundlage zusätzlichen und auch stärker verifizierten Wissens beraten. In diesem Sinne sind Linienmanager von Fachexperten abhängig geworden.

Die Abhängigkeit gilt aber auch umgekehrt. Ob das Leistungspotenzial der Fachexperten für das Unternehmen wie gewünscht nutzbar wird, hängt u. a. von der Qualität der Führung ab – von dem praktizierten Führungsverhalten einerseits und von der Gestaltung leistungsfördernder und motivierender Rahmenbedingungen andererseits. Führungskräfte unterschiedlicher Ebenen definieren die Strukturen und haben großen Einfluss auf die Unternehmenskultur, in der sich Fachexperten bewegen. Sie verantworten die jeweils gegebenen Verhältnisse, die verfügbaren Ressourcen und Technologien und auch die Klarheit der Prioritäten. Linienmanager entscheiden in diesem Zusammenhang auch, ob sie zu strategischen Überlegungen Fachexperten hinzuziehen bzw. ob sie diese zumindest über die für sie relevanten Eckpunkte informieren.

Ob sich der einzelne Fachexperte persönlich und in seiner Rolle ernst genommen fühlt und ob er bei seiner Entfaltung als Selbstunternehmer unterstützt wird, das entscheidet vor allem die Qualität der unmittelbaren Führungsbeziehung Vorgesetzter – Fachexperte. Ein traditionelles Führungsverständnis, das vor allem auf Anweisungen und strikte Kontrolle setzt, würde scheitern. Fachexperten wollen anders geführt werden, nämlich so, wie es ihrer eigenen Mentalität und ihren Bedürfnissen entspricht.

Fachexperten unterscheiden sich in mancherlei Hinsicht von anderen Gruppen in Organisationen. Dazu gehört insbesondere ihr Verhältnis zur Arbeit. Geld, Statussymbole und Karriere sind dem Fachexperten nicht gleichgültig, aber fasziniert ist er vor allem von „seinen" Themen und den damit verbundenen fachlich anspruchsvollen Inhalten. Damit kann er sich identifizieren, sie inspirieren und sie motivieren ihn, und zwar intrinsisch (der Sache wegen). Extrinsische Motivation (einer Belohnung wegen) wirkt im Vergleich dazu deutlich schwächer. Natürlich reagieren auch Fachexperten auf kräftige finanzielle Anreize, aber der Effekt verpufft relativ schnell und ruft neue, d. h. höhere Erwartungshaltungen hervor. Das ist bei anderen Mitarbeitergruppen auch so, aber bei Fachexperten müssen die äußeren Anreize stärker sein, um zu wirken, und die Folgen für das Unternehmen sind besonders schädlich. Extrinsische Motivation kann nämlich mit der Zeit die „natürliche" intrinsische Motivation verdrängen, und damit versiegen auch spontane Eigeninitiativen und Kreativität. Große Teile des Wissenspotenzials bleiben dann inaktiv und entwickeln sich nicht weiter.

Fachexperten sind dann gut, wenn sie sich mit den Themen beschäftigen, die sie faszinieren, und wenn sie ihre Arbeit so erledigen, wie es ihnen am besten passt. Damit ist ihr Arbeitsstil gemeint, der auch die Ordnung auf ihrem Schreibtisch oder die Struktur ihrer Arbeitszeit betrifft. Fachexperten legen großen Wert auf relative Autonomie und Selbstorganisation. Kreativität und der problemorientierte Einsatz von Wissen und Erfahrung verlangen Freiheit und ein hohes Maß an Vertrauen. Im Gegenzug sind Fachexperten meistens sehr loyal und durchaus daran interessiert, hochwertige Fachbeiträge für eine gute Zukunft ihres Unternehmens zu leisten.

Für fachlich gute Arbeit erwartet (auch) der Fachexperte Anerkennung. Dabei geht es ihm nicht um die bekannten Floskeln. Auf die kann er nicht nur verzichten, sie würden ihn sogar ärgern und könnten ihn in seiner Leistungsbereitschaft abbremsen. Anerkennung genießt er dann, wenn sie von kundiger Seite kommt und ehrlich ist, am liebsten von anderen Fachleuten, durchaus aber auch von Vorgesetzten, wenn diese zumindest grob abschätzen können, was seine Leistung fachlich bedeutet.

Tendenziell ist der typische Fachexperte ein Perfektionist und schätzt Kontinuität. Dinge nur „halb richtig" zu machen, weil ständig die Themen und ihre Prioritäten wechseln, frustriert ihn. Dafür erwartet er zumindest Verständnis. Gleichzeitig hat er aber auch ständig neue Ideen, die er gerne diskutieren und voranbringen möchte, wenn er das Gefühl hat, vom Management in seiner Rolle ernst genommen zu werden. Damit sich seine Ideen in die richtige Richtung entwickeln, ist es wichtig, dass er auch in die relevanten strategischen Diskussionen eingebunden ist.

Ein interessantes Anschauungsbeispiel für die Wirksamkeit von Fachexperten ist der offensichtliche Erfolg von Open-Source-Software durch virtuelle Gemeinschaften freiwillig und ohne Bezahlung arbeitender Programmierer. Hier gibt es keine hierarchisch denkende Zentrale, die top-down anweist und kontrolliert. Open-Source-Gemeinschaften sind selbstorganisiert und leben zuallererst von dem Spaß an der Arbeit. Die Mitglieder sind hoch identifiziert, mit der Sache wie mit der Community. Anerkannter Teil einer professionellen Gemeinschaft zu sein, auf die man stolz ist, in der man sich über „Peer Reviews" weiterentwickeln kann, in der man über den Austausch Anerkennung und Status erhält und Werte und Regeln antrifft, mit denen man sehr einverstanden ist, weil man sie selbst mit entwickelt hat und sich auf ihre Einhaltung und gegebenenfalls Sanktionierung verlassen kann – das zählt.

Für die Führung von Fachexperten ergeben sich daraus interessante Hinweise. Vorrangig wichtig ist es, den Spaß an der Arbeit und die Faszination an den Themen so gut es geht zu erhalten oder zu vergrößern. Gleichzeitig ist die Förderung des Austauschs notwendig – einerseits mit dem Management und andererseits mit anderen Fachexperten, innerhalb wie außerhalb des Unternehmens. Natürlich müssen intelligente Regelungen verhindern, dass im Rahmen von unternehmensübergreifender Kommunikation „aus Versehen" Firmengeheimnisse herausgetragen werden.

Ein Vorgesetzter sollte als Grundlage für sein Führungshandeln Vertrauen in die Kompetenz und in die Loyalität seiner Mitarbeiter und speziell seiner Fachexperten entwickeln und dieses auch zeigen. Die fachliche Komplexität des Themas wird er ohnehin kaum vollständig durchdringen können. Er muss den Nutzen von Arbeitsergebnissen richtig einschätzen können, weil er auf dieser Grundlage Entscheidungen trifft, aber den Aufwand und auch die Qualität anspruchsvoller Wissensarbeit wird er in vielen Fällen nicht zuverlässig beurteilen können. Kreative Denkprozesse sind prinzipiell nicht berechenbar, sie verlaufen selten geradlinig, gehen viele Umwege und folgen keinem vorgezeichneten Weg. Eine direkte Steuerung und Kontrolle, die Standardisierung von hochwertiger Wissensarbeit oder andere mechanistische Ansätze zielen deshalb ins Leere. Natürlich ist das eine Erkenntnis, die manche Führungskräfte stark unter Spannung setzt, weil sie dem klassischen Selbstverständnis von Management widerspricht. Hochwertige Wissensarbeit funktioniert jedoch am besten bei einem Führungsstil, der in erster Linie Sinn vermittelt, der inspiriert und auf kooperationsfördernden Werten beruht. Integrität, Fairness und Sensibilität für die Bedürfnisse der Mitarbeiter sowie für das Klima im Team lassen Vertrauen wachsen und sorgen dafür, dass sich ein kreatives, lern- und leistungsförderndes Klima ausbreitet. Eine so verstandene Führung schließt angemessene Formen der Leistungs- und Verhaltenskontrolle nicht aus. Sie sollten jedoch überwiegend als konstruktives Feedback, als unterstützende Rückkoppelung verstanden werden, die hilft, Orientierung zu gewinnen und sich professionell weiterzuentwickeln.

Experten schätzen Expertise. Wenn sich Vorgesetzte professionell verhalten, wenn sie wissen, was sie wollen, strategisch klar sind, attraktive, anspruchsvolle und realistische Ziele verfolgen und auch in Sachen Mitarbeiterführung überzeugen können, dann ist ihnen der Respekt ihrer Mitarbeiter sicher und sie können auf eine hoch produktive Zusammenarbeit mit ihnen bauen.

Literatur

Allingham, Michael (2002): „Choice Theory: A very short introduction"; Oxford

Ardelt-Gattinger, Elisabeth; Lechner, Hans und Schlögl, Walter (Hrsg.) (1998): „Gruppendynamik – Anspruch und Wirklichkeit der Arbeit in Gruppen"; Göttingen

Baecker, Dirk (1999): „Organisation als System"; Frankfurt am Main

Baecker, Dirk (2003): „Organisation und Management"; Frankfurt am Main

Berne, Eric (1964): „Games people play"; New York

Blake, Robert und Mouton, Jane (1964): „The Managerial Grid: The Key to Leadership Excellence"; Houston

Bohm, David (1998): „Der Dialog"; Stuttgart

Bosse, Ari (2007): „Das kollektive Genie. Die Innovationsleistung rollengestützter Gruppen", Marburg

Cialdini, Robert B. (2010): „Die Psychologie des Überzeugens"; Bern

Corssen, Jens (2003): „Der Selbst-Entwickler"; München

Dörner, Dietrich (1992): „Die Logik des Misslingens"; Hamburg

Geißner, Hellmut (1986): „Rhetorik und politische Bildung"; Frankfurt am Main

Gerhards, Sandra und Trauner, Bettina (2007): „Wissensmanagement, 7 Bausteine für die Umsetzung in der Praxis"; München

Gigerenzer, Gerd (2008): „Bauchentscheidungen. Die Intelligenz des Unbewussten und die Macht der Intuition"; München

Gomez, Peter und Probst, Gilbert (1995): „Die Praxis des ganzheitlichen Problemlösens"; Stuttgart

Hall, Jay (1969): „Conflict management survey: A survey on one's characteristic reaction to and handling conflicts between himself and others"; Canoe

Hartmann, Martin; Funk, Rüdiger und Nietmann, Horst (1992): „Präsentieren"; Weinheim

Hasler-Roumois, Ursula (2007): „Studienbuch Wissensmanagement"; Zürich

Hölscher, Stefan (2011): „Leben mit Drive. Die Entfaltung von Kreativität, Kraft, Leistung und Lust"; Paderborn

Hölscher, Stefan; Reiber, Wolfgang; Pape, Karin und Loehnert-Baldermann, Elizabeth (2006): „Die Kunst gemeinsam zu handeln. Soziale Prozesse professionell steuern"; Heidelberg

Hüther, Gerald (2004): „Die Macht der inneren Bilder. Wie Visionen das Gehirn, den Menschen und die Welt verändern"; Göttingen

Hüther, Gerald (2005): „Bedienungsanleitung für ein menschliches Gehirn"; Göttingen

Isaacs, William (2002): „Dialog als Kunst gemeinsam zu denken"; Bergisch Gladbach

Kantor, David (1995): „Four Player Model". In: Dialogos Inc. (2000): Manuskript, S. 1–17; Cambridge

Katzenbach, Jon R. und Smith, Douglas K. (1993): „The Wisdom of Teams"; New York

Kilian, Dietmar; Krismer, Robert; Loreck, Stefan; Sagmeister, Andreas und Sigl, Karin (2006): „Wissensmanagement. Werkzeuge für Praktiker"; Innsbruck

Klein, Stefan (2005): „Alles Zufall. Die Kraft, die unser Leben bestimmt"; Hamburg

Konradt, Udo und Hertel, Guido (2002): „Management virtueller Teams", Weinheim

Malik, Fredmund (2001): „Führen, Leisten, Leben"; München

Neuberger, Oswald (1995): „Mikropolitik"; Stuttgart

NORAD (1999): „The Logical Framework Approach, Handbook for objectives-oriented planning" (http://www.norad.no/en/tools-and-publication/publication?key=109408), fourth edition

Pruckner, Maria (2005): „Die Komplexitätsfalle"; Norderstedt

Reinhardt, Rüdiger und Eppler, Martin (2004): „Wissenskommunikation in Organisationen. Methoden, Instrumente, Theorien"; Heidelberg

Rinza, Peter (1998): „Projektmanagement. Planung, Überwachung und Steuerung von technischen und nichttechnischen Vorhaben"; Heidelberg

Scharmer, Claus Otto (2007): Leading from Theory U to our future as it emerges. SoL The Society for Organizational Learning. Zu Bestellen über orders@solonline.org

Schein, Edgar H. (2000): „Prozessberatung für die Organisation der Zukunft"; Köln

Schein, Edgar H. (2001): „Karriereanker"; Darmstadt: Lanzenberger Dr. Loos Stadelmann

von Schlippe, Arist und Schweitzer, Jochen (1997): „Lehrbuch der systemischen Therapie und Beratung"; Göttingen

Schulz von Thun, Friedemann (1990–1999): „Miteinander reden", Teil 1 bis 3; Hamburg

Schwarz, Gerhard (1987): „Die Heilige Ordnung der Männer"; Wiesbaden

Schwarz, Gerhard (2001): „Konfliktmanagement. Konflikte erkennen, analysieren, lösen"; Wiesbaden

Stewart, Ian und Joines, Vann (1990): „Die Transaktionsanalyse"; Freiburg im Breisgau

Thaler, Richard H. und Sunstein, Cass R. (2011): „Nudge. Wie man kluge Entscheidungen anstößt"; Berlin

Willke, Helmut (1998): „Systemisches Wissensmanagement"; Stuttgart

Der Autor

Wolfgang Reiber, Diplomvolkswirt, Diplomhandelsleh-
rer und Supervisor, verfügt über langjährige Erfahrungen in verschiedenen Positionen bei renommierten
Großunternehmen der Chemischen Industrie. Seit 1996
ist er als Managementberater, Trainer und Coach für
zahlreiche Unternehmen und Organisationen im In-
und Ausland tätig. Seine Arbeitsschwerpunkte liegen in
den Bereichen Training für Führungskräfte und Fachexperten, Ausbildung von Prozessberatern, Laterale
Führung und Selbstmanagement, Coaching, Team- und
Organisationsentwicklung.

Kontakt

reiber@metrionconsulting.de

Mehr Erfolg und weniger Stress
↗

Leicht umzusetzende Praxistipps
eines erfahrenen Coaches

Stress gehört zum Berufs- und Privatleben der meisten Menschen dazu. Immer mehr Menschen bekommen jedoch durch Stress gesundheitliche Probleme. Das wiederum führt zu vermehrten Ausfallzeiten in den Unternehmen und stellt somit zunehmend auch eine volkswirtschaftlich interessante Komponente dar.

Peter Buchenau
Der Anti-Stress-Trainer
10 humorvolle Soforttipps
für mehr Gelassenheit
2010. 158 S.
Br. € (D) 14,90
ISBN 978-3-8349-1808-6

Strategien und Tipps
für Motivation und Erfolg –
vom Motivationsexperten

Motivation ist für Dirk Schmidt der Motor des Erfolgs und gleichzeitig der Ausdruck einer tiefen Sehnsucht nach Glück. Der Motivationsexperte macht zunächst deutlich, warum letztlich alles eine Frage der Motivation ist und wie diese Kraft wirkt. In 88 kurzen Kapiteln beschreibt er sehr anschaulich und leicht verständlich den Weg zu mehr Erfolg und Lebensfreude. Dabei vertritt er das Prinzip der kleinen Schritte.

Dirk Schmidt
Motivation
88 Strategien, Impulse und Tipps
für eine hohe Selbstmotivation
2011. 292 S.
Br. € (D) 34,95
ISBN 978-3-8349-2614-2

In entscheidenden Momenten
selbstbewusst und sicher

Wie es gelingt, in wichtigen Momenten souverän, kompetent und zuverlässig zu agieren und sich für verantwortungsvolle Aufgaben erfolgreich zu empfehlen, zeigt dieser Ratgeber ganz praxisnah auf. Karrierekommunikation stellt ein direkt umsetzbares Instrumentarium zur Verfügung, um karriereentscheidende Situationen sicher zu bewältigen - auch bei unsicherem Arbeitsplatz.

Matthias Dahms
Karriere braucht Kommunikation
Über die Kunst sich im Unternehmen optimal zu positionieren
2010. 208 S.
Br. € (D) 29,95
ISBN 978-3-8349-2077-5

Stand: Januar 2012. Änderungen vorbehalten.
Erhältlich im Buchhandel oder beim Verlag.

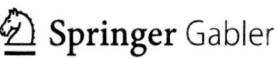 **Springer** Gabler

Abraham-Lincoln-Straße 46. D-65189 Wiesbaden
Tel. +49 (0)6221 / 3 45 - 4301 . springer-gabler.de

Printed by Printforce, the Netherlands